Oliver Decker, Christoph Türcke,
Tobias Grave (Hg.)
Geld

Folgende Titel sind u. a. in der Reihe »Psyche und Gesellschaft« erschienen:

Angelika Holderberg (Hg.): Nach dem bewaffneten Kampf. Ehemalige Mitglieder der RAF und Bewegung 2. Juni sprechen mit Therapeuten über ihre Vergangenheit. 2007.
Oliver Decker, Christoph Türcke (Hg.): Kritische Theorie – Psychoanalytische Praxis. 2007.
Ali Magoudi: Mitterand auf der Couch. Ein psychoanalytisches Rendezvous mit dem französischen Staatspräsidenten. 2007.
Marcus Emmerich: Jenseits von Individuum und Gesellschaft. Zur Problematik einer psychoanalytischen Theorie und Gesellschaft. 2007.
Angela Kühner: Kollektive Traumata. Konzepte, Argumente, Perspektiven. 2007.
Florian Steger (Hg.): Was ist krank? Stigmatisierung und Diskriminierung in Medizin und Psychotherapie. 2007.
Boris Friele: Psychotherapie, Emanzipation und Radikaler Konstruktivismus. Eine kritische Analyse des systemischen Denkens in der klinischen Psychologie und sozialen Arbeit. 2008.
Hans-Dieter König: George W. Bush und der fanatische Krieg gegen den Terrorismus. Eine psychoanalytische Studie zum Autoritarismus in Amerika. 2008.
Robert Heim, Emilio Modena (Hg.): Unterwegs in der vaterlosen Gesellschaft. Zur Sozialpsychologie Alexander Mitscherlichs. 2008.
Hans-Joachim Busch, Angelika Ebrecht (Hg.): Liebe im Kapitalismus. 2008.
Angela Kühner: Trauma und kollektives Gedächtnis. 2008.
Burkard Sievers (Hg.): Psychodynamik von Organisationen. Freie Assoziationen zu unbewussten Prozessen in Organisationen. 2009.
Tomas Böhm, Suzanne Kaplan: Rache. Zur Psychodynamik einer unheimlichen Lust und ihrer Zähmung. 2009.
Lu Seegers, Jürgen Reulecke (Hg.): Die »Generation der Kriegskinder«. Historische Hintergründe und Deutungen. 2009.
Christoph Seidler, Michael J. Froese (Hg.): Traumatisierungen in (Ost-)Deutschland. 2009.
Hans-Jürgen Wirth: Narcissism and Power. Psychoanalysis of Mental Disorders in Politics. 2009.
Hans Bosse: Der fremde Mann. Angst und Verlangen – Gruppenanalytische Untersuchungen in Papua-Neuguinea. 2010.
Benjamin Faust: School-Shooting. Jugendliche Amokläufer zwischen Anpassung und Exklusion. 2010.
Jan Lohl: Gefühlserbschaft und Rechtsextremismus. Eine sozialpsychologische Studie zu Generationengeschichte des Nationalsozialismus. 2010.
Markus Brunner, Jan Lohl, Rolf Pohl, Sebastian Winter (Hg.): Volksgemeinschaft, Täterschaft und Antisemitismus. 2011.
Hans-Jürgen Wirth: Narzissmus und Macht. Zur Psychoanalyse seelischer Störungen in der Politik. 4., korrigierte Auflage 2011.

»Psyche und Gesellschaft«
Herausgegeben von Johann August Schülein und Hans-Jürgen Wirth

Oliver Decker, Christoph Türcke, Tobias Grave (Hg.)

GELD

**KRITISCHE THEORIE
UND PSYCHOANALYTISCHE PRAXIS**

Mit Beiträgen von Jean Clam, Martin Eichler,
Hannes Gießler, Rolf Haubl, Robert Heim, Horst Kurnitzky,
Claus-Dieter Rath und Sonja Witte

Psychosozial-Verlag

Bibliografische Information der Deutschen Nationalbibliothek
Die Deutsche Nationalbibliothek verzeichnet diese Publikation
in der Deutschen Nationalbibliografie; detaillierte bibliografische Daten
sind im Internet über http://dnb.d-nb.de abrufbar.

Originalausgabe
© 2011 Psychosozial-Verlag
Walltorstr. 10, D-35390 Gießen
Fon: 06 41 – 96 99 78 – 18; Fax: 06 41 – 96 99 78 – 19
E-Mail: info@psychosozial-verlag.de
www.psychosozial-verlag.de
Alle Rechte vorbehalten. Kein Teil des Werkes darf in irgendeiner Form
(durch Fotografie, Mikrofilm oder andere Verfahren)
ohne schriftliche Genehmigung des Verlages reproduziert
oder unter Verwendung elektronischer Systeme verarbeitet, vervielfältigt
oder verbreitet werden.
Umschlagabbildung: 50-Schilling-Banknote »Sigmund Freud«, 1986.
Umschlaggestaltung & Satz: Hanspeter Ludwig, Gießen
www.imaginary-art.net
Druck: Majuskel Medienproduktion GmbH, Wetzlar
www.majuskel.de
Printed in Germany
ISBN 978-3- 8379-2128-1

Inhalt

Editorial 7

Rolf Haubl
Wenn Mehr nicht genug ist:
Verdirbt Geld den Charakter? 15

Claus-Dieter Rath
Die Honorarforderung des Psychoanalytikers 39
Aspekte des Umgangs mit der Bezahlung
der psychoanalytischen Arbeit

Jean Clam
Die Realisierungsmächtigkeit des Geldes 63
Ein psychoanalytischer Ansatz
zur Deutung des (Un-)wesens des Geldes

Robert Heim
Zur psychoanalytischen Numismatik 79

Horst Kurnitzky
Tauschverhältnisse 115
Die Kunst, mit Geld und guten Worten
ans Ziel der Wünsche zu gelangen

Hannes Gießler
»Raubt der Sache die gesellschaftliche Macht ...« 135
Zur Aufhebung des Geldes

Martin Eichler
GELD UND GERECHTIGKEIT 157

Sonja Witte
GELD GEGEN STRICH 173
  Über die Kunst der Ware, scheinbar keine zu sein

AUTORINNEN UND AUTOREN 191

Editorial

Im Oktober 2009 fand in Leipzig zum dritten Mal die Tagung »Kritische Theorie – Psychoanalytische Praxis« statt. Dass daraus einmal eine Reihe werden würde, war bei der ersten Veranstaltung vier Jahre zuvor noch nicht abzusehen. Damals machten wir einfach einen Test: ob zwei kritische Wissenschaften, die jahrzehntelang in enger Verbindung gestanden hatten, sich nach einer Zeit des Auseinanderdriftens wieder zusammenführen lassen.

Es war keineswegs selbstverständlich, dass es zwischen den beiden überhaupt eine Verbindung gab. Ihre jeweiligen Gegenstände, die Gesellschaft auf der einen und das Individuum auf der anderen Seite, könnten dem ersten Anschein nach unterschiedlicher kaum sein. Noch heute ist eine ähnlich markierte Fächergrenze – die zwischen Soziologie und Psychologie – Anlass für permanente Abgrenzungsbemühungen auf beiden Seiten. Aber Kritische Theorie und Psychoanalyse ähneln sich schon darin frappant, dass sie ihren jeweiligen Gegenstand als Ausdruck eines generellen gesellschaftlichen Antagonismus wahrnehmen. Das Spannungsverhältnis von Gesellschaft und Individuum unter globalen kapitalistischen Bedingungen erwies sich, bei aller Verschiedenheit der Themen und Vorgehensweisen, als ihre gemeinsame Präokkupation, aus der neue Einsichten über das Subjekt und die Gesellschaft zu erlangen waren. Das führte schon bei der Übernahme des Instituts für Sozialforschung durch Max Horkheimer zu einer nicht nur räumlichen Nähe zum ebenfalls in Frankfurt am Main ansässigen Süddeutschen Institut für Psychoanalyse um Karl Landauer und Frieda Fromm-Reichmann – denn dank der Intervention Horkheimers konnte sich das psychoanalytische Institut an der Universität behaupten. Auch fand die Absicht, die klinische Erfahrung der Psychoanalyse gesellschaftstheoretisch zu nutzen, ihren programmatischen und personellen Ausdruck in der Verpflichtung des Psychoanalytikers Erich Fromm an das Institut für Sozialforschung.

Allerdings: Während die Kritische Theorie an psychoanalytischer Theoriebildung sehr interessiert war, blieb sie gegenüber dem Quell dieser Einsichten, der klinischen Praxis, äußerst reserviert. Dies war das Thema unserer ersten Tagung, welche Adornos Vorbehalte gegen die psychoanalytische Therapie zum Anlass nahm, Kritische Theorie und psychoanalytische Praxis erneut miteinander ins Gespräch zu bringen.

Dieses Bemühen setzen wir seither unter unterschiedlichen thematischen Aspekten fort. Diesmal bestand das Tagungsthema aus einem einzigen Wort: Geld. Wir hatten den Titel gewählt, ehe die weltweite, von Grundstücksspekulationen in den USA ausgelöste Finanzmarktkrise losbrach. Sie bestätigte nachträglich unsere Wahl, übrigens auch die des Tagungsortes – wieder tagten wir in der Alten Handelsbörse zu Leipzig. Auf deren Parkett zeigte sich dann die Brisanz unseres schlichten Tagungstitels.

Denn die Rolle des Geldes für den globalen Kapitalismus ist kaum zu überschätzen. Aber ist seine Bedeutung allein ökonomisch zu erfassen? Sogar Banker räumen ein, dass in den Bewegungen des Finanzmarkts viel Psychologie steckt. Nur von Tiefenpsychologie sprechen sie gewöhnlich nicht: davon, wie es kommt, dass Geld eine derart libidinöse Besetzung auf sich zieht. Die Finanzkrise rief also geradezu danach, das Geld erneut ins Fadenkreuz von kritischer Gesellschaftstheorie und Psychoanalyse zu nehmen. In diesem Band sind verschiedene Vorträge der Tagung im Herbst 2009 versammelt.

Ausgehend von einem Fall, in den ein junger Mann und sein Vater verwickelt sind, erörtert *Rolf Haubl* die Psychodynamik von Gier und Moralität bei hochspekulativen Geldgeschäften und die unterschiedlichen Geldstile, die sich daraus in verschiedenen Generationen ergeben. Während die Älteren noch den moralischen Maßstab eines durch eigene Arbeit und Sparen verdienten Wohlstands hochhalten, wird unter den Jüngeren das von den Versprechungen des Finanzmarkts genährte Risikoverhalten immer attraktiver. Geld wird weniger als Speichermedium wahrgenommen, das Rückhalt und Sicherheit gewährt, und immer mehr als Mittel zur puren Befriedigung von Bedürfnissen, womöglich von solchen, die noch gar nicht bestehen und vom

Geld überhaupt erst geschaffen werden. Ob es die Versprechungen des Finanzmarkts sind, die die Kleinsparer fahrlässig und hemmungslos machen, oder ob die Sehnsucht der Kleinsparer nach dem großen Glück die Spirale in Gang setzt, ist für Haubl unentschieden. Aber er verfolgt die Dynamik bis in die Verästelungen der Anlageberatungen von Banken und in die Geldstile, die er typologisch entwickelt. Frauen und Männer haben in der Gesellschaft unterschiedliche Lebenslagen und mit diesen sind auch unterschiedliche Entwicklungsaufgaben verbunden. Haubl diskutiert deren Einfluss auf Geldstile, schätzt aber mit Blick auf die wirtschaftliche Krise die Frage, ob »Lehman-Sisters« eine andere Entwicklung an den Finanzmärkten angestoßen hätten, eher skeptisch ein.

Wofür wird ein Psychoanalytiker bezahlt und was erfahren wir, angesichts der Bedeutung dieser Bezahlung für Analytiker und Analysand, über die Bedeutung des Geldes? Beginnend mit Freud und seinem »Prinzip der Stundenmiete«, konstatiert *Claus Dieter Rath* zwei Bedeutungen des Geldes: die Machtgewinnung bzw. Selbsterhaltung und das sexuelle Motiv. In Raths Sichtung der Freud'schen Korrespondenz findet er den vom Briefautor immer wieder erörterten Gegensatz von therapeutischer und wissenschaftlicher Arbeit. Die Therapie soll die Wissenschaft nicht verdrängen, sondern sie ermöglichen; auch, indem sie die finanzielle Grundlage für die wissenschaftliche Erörterung ihrer Befunde bietet. Aber nicht nur das: Die Honorarforderung kommt dem Begehren des Analytikers entgegen, gleichzeitig erhält dieses durch die Honorarforderung ein Regulativ. Bereits in frühen Briefen an Carl-Gustav Jung bezeugt Freud die Schwierigkeit der psychoanalytischen Therapie mit einem Imperativ: »Nur nicht heilen wollen!« Die Honorarforderung des Psychoanalytikers stellt den Aspekt der analytischen Arbeit in den Vordergrund. Die analytische Arbeit hat mit dem in die analytische Arbeit investierten Geld des Analysanden nicht nur einen Anker in eine Realität außerhalb der Psychoanalyse. Das Geld fungiert auch als Äquivalent zur investierten Arbeit des Analytikers, sie findet im Honorar ihre triebhafte Entsprechung.

Robert Heim zieht die psychoanalytische Situation als Taktmesser am gesellschaftlichen Puls heran, um Auskunft über die sich wandelnde gesellschaftliche Bedeutung des Geldes zu erlangen – und ihre Kontinuitäten. Aus Dreck, zuvörderst aus menschlichen Ausscheidungen, Gold und zuletzt Geld zu machen, dieses alchimistische Versprechen scheint sein spätes Echo im Finanzmarktkapitalismus zu finden – für Heim eine Wiederkehr des Verdrängten. Die scheinbare Unausweichlichkeit der ökonomischen Krisen ist identisch mit der Unbewusstheit des gesellschaftlichen Fortgangs. Grund genug für eine psychoanalytische Numismatik: eine Untersuchung des Genießens und des Gesetzes des Geldes gleichermaßen. Ohne Begierde und Genuss kann das Geld nicht seine Kraft entwickeln, es bezieht diese aus der in ihm aufgespeicherten Befriedigung. Eine Genealogie des Geldes muss an der triebhaften und paradoxen Verbindung von Geld und Körper ansetzen, wie es der psychoanalytische Nexus Geld/Kot seit Freud zum Ausdruck bringt. Ein Paradox bleibt die Verbindung, weil aus der Sicht Heims das triebökonomische Ziel – die Befriedigung körperlicher Bedürfnisse – augenscheinlich ohne das Gegenteil – eine Steigerung des Mangels – nicht zu haben ist. Und diese Paradoxie führt ihn zum Opfer als Ursprung des Tausches und des Gesetzes gleichermaßen. Die Eigenlogik des Geldes wiederum, zwischen Endlichkeit des Bedürfnisses und Transzendenz desselben, führt zu einem Schuldverhältnis. Ohne Schuld ist weder das Genießen als individuelle noch das Geld als allgemeine Ökonomie in die Welt gelangt, so seine Annahme. Die Schuld ist eine Klammer zwischen beiden und wirkt, mit Heims Worten, als Imperativ. Diesem ist das Genießen genauso unterworfen wie das von Marx so bezeichnete »automatische Subjekt« des Schatz bildenden Kapitalisten: die beständige Gier nach mehr. Mit der Objektbeziehungstheorie wird dieser Befund zugespitzt. Die Gier, so Heims Quintessenz, tritt an die Stelle der Lust; die Geldökonomie befeuert diese Gier und gewährleistet mit der Aussicht auf das im unendlichen Geldvermögen angelegte unendliche Genießen scheinbar den Austritt aus der Triebökonomie.

Mit seinen Überlegungen zur Spannung von »Geld-Haben« und Genießen schließt *Jean Clam* an diese Überlegungen an. Dabei verschiebt er den Fokus von der Dynamik eines Versprechens zur Dynamik des Habens. Geld bleibt in Gesellschaften ambivalent. Wenn auch eingestandenermaßen alle individuellen und kulturellen Objekte ambivalent sind, so zeichnet doch das Verhältnis zum Geld eine Eigenheit aus. Die Verfügung über Geld enthebt von der Notwendigkeit zur Symbolisierung des Begehrten. »Geld-Haben« ist Clam Chiffre für die Verfügung über mehr Geldmittel, als der private Verzehr selbst auf höchstem Niveau erforderlich macht. Der so bezeichnete Zustand des »Geld-Habens« müsste nun eigentlich mit der Desymbolisierung des Begehrens einhergehen. Dass Geldbesitzer diesem Schicksal nicht in jedem

Fall erliegen, gelingt nur durch spezifische sozialisatorische Symbolisierungserfahrungen, welche die Realverfügbarkeit des Geldes absichern. Diese von Clam in Anlehnung an Sartre beschriebene Realisierung und Irrealisierung von Objekten bleibt aber nicht ohne Konsequenzen für materialistische Utopien. Denn was ist von einer Utopie zu halten, deren Versprechen die Abstellung eines jeden Mangels in situ ist? Nicht das symbolisierte Haben, sondern das konkrete materielle Haben, der unbedenkliche, also nicht zu symbolisierende Genuss wäre das Ziel. Clams Kritik an dieser materialistischen Utopie besteht in der Annahme, dass, wenn die Symbolisierung des Begehrten verbannt wird, das Subjekt verloren geht.

Der Tausch ist der Ursprung aller sozialen Beziehung, hierin befindet sich *Horst Kurnitzky* in Übereinstimmung mit Marcel Mauss. Das Allgemeine des Austauschs, der kommunikative Akt ist aber kein der menschlichen Spezies allein zukommender. Pflanzen tauschen sich über Botenstoffe aus, wenn Fressfeinde nahe sind, Tiere kommunizieren miteinander in komplexen Signalen und selbst der menschliche Körper ist die Kommunikation seiner Zellen. So sehr diese Prozesse schon solche des Austauschs sind, sind sie doch keine der sozialen Kommunikation, wie Kurnitzky feststellt. Soziale Kommunikation beginnt nicht mit einem Ende, setzt dieses aber seiner Interpretation nach voraus: Mit dem Abnabeln wird die befriedigende Verbindung des Fötus zum mütterlichen Körper beendet. Die daraus folgende Versagungserfahrung bringt die zweite Bedingung des sozialen Tauschs hervor: Die Scheidung von Ich und Nicht-Ich ist die basale Voraussetzung von Kommunikation. Soziale Kommunikation braucht Mangel und Befriedigung, welche durch ein Objekt vermittelt sind. Mit einem Wort: das Triebschicksal. Hier sieht Kurnitzky mit René Spitz eine Ersetzungslogik am Werk, in der nicht nur das erste Objekt durch seine psychische Repräsentanz ersetzt wird, sondern dann auch Gesten, Sprache, Symbolsysteme an seine Stelle treten. Zunächst dienen alle nur einem Zweck. Es sind Umwege auf dem Weg zum Ziel der Triebbefriedigung. Dann aber schwingt sich der Mensch, in Identifikation mit der versagenden Person, zur Negation des Triebes auf. Das »Nein« wird zum Beginn der Kommunikation, die nicht mehr nur der unmittelbaren Triebbefriedigung dient. Diese Logik findet Kurnitzky nicht nur in der kindlichen Entwicklung, sondern auch im Opfer am Werk. In dem Moment, in dem das Opfer nicht mehr nur die Funktion hat, die Götter zu besänftigen, stiftet es soziale Praxis. In der Identifikation mit dem »Nein« der vergötterten Natur werden soziale

Ge- und Verbote aufgestellt, welche den Egoismus, die Aneignung zügeln. Denn uneingeschränkte Aneignung strebt zunächst das Individuum an, nicht das Kollektiv. Ungezügelter Egoismus, stellt Kurnzitky mit Adam Smith fest, erhält seine Zügel durch soziale Regeln.

Die Undurchschaubarkeit des ökonomischen Geschehens und die Eigensinnigkeit des Geldes sind für *Hannes Gießler* starke Gründe, Karl Marx zu konsultieren. Mit ihm stellt er fest, dass das Geld das Schicksal aller Produkte gegenüber seinen Produzenten teilt; es wird fetischisiert. Aber mit der Marx'schen Wertformanalyse – Fundstelle auch jenes Fetischbegriffs – drängt sich ein Problem auf. Die Marx'sche Analyse ist vom Ziel der Emanzipation der Menschen getragen und gerade seine Geldtheorie macht die Tücken dieses Projektes sichtbar. Was wäre, so stellt Gießler die Frage, wenn der fetischhafte Charakter der Produkte durchschaut und die gesellschaftliche eine bewusste Praxis würde? Droht, wie Adorno in Aussicht stellte, mit der Aufhebung des Geldes dessen vermittelte Herrschaft in eine unmittelbare, faschistische Herrschaft einzumünden? Wenn bis zur Warenproduktion die Individuen durch die unmittelbare Gewalt von Stammes- oder Knechtschaftsverhältnissen in die Gesellschaft eingebunden wurden, dann ist die Emanzipation des Individuums an die Versachlichung der gesellschaftlichen Beziehungen geknüpft – und diese an das Geld. Die Gefahr, mit der Abschaffung des Geldes gleichzeitig nur die Form unmittelbarer Herrschaft zu installieren, ob als Planwirtschaft oder als Faschismus, ist deutlich. Was das bedeutet, diskutiert Gießler am Beispiel des bürgerlichen Rechts. Das Naturhafte der gesellschaftlichen Gewalt würde nicht abgemildert, wie es für das Bemühen bürgerlichen Rechts um Billigkeit kennzeichnend ist; das Auseinanderfallen von Rechtsnorm und Rechtsrealität würde nicht zugunsten der versöhnten Realität, sondern auf Kosten der sachlichen Norm gelöst. Gießlers Relektüre der Marx'schen Utopie von der Aufhebung des Geldes legt jenes Moment der Gefahr frei, welches zum Staatsterrorismus über seine Mitglieder führen kann, und mündet in einer Reinterpretation zentraler Stellen der *Kritik des Gothaer Programms*.

Mit der Formulierung von einem »perversen Gebrauch des Geldes« wählt *Martin Eichler* eine analytische Ebene, die er von der ökonomischen unterscheidet und die begrifflich von Ferne an den Fetischbegriff erinnert. Gemeint ist aber etwas anderes: Geldbesitz stattet Individuen mit Macht aus, die ihnen ohne Geld nicht zukommt. Geld ermöglicht, sich relativ frei zur gesellschaftlichen Ordnung zu verhalten, führt aber zur Monetarisierung von Menschen wie Dingen. Nun wird aber nicht jeder beliebige Vorgang als perverser Gebrauch des Geldes angesehen, sondern nur ausgewählte. Wie wird ein moralisches, genauer ein Werturteil über den Geldgebrauch gefällt: Was ist perverser und was ist gerechter Tausch? Diese Grenze ist ohne eine Unterscheidung von Wert und Geld nicht zu finden. Sowohl im ökonomischen als auch im moralischen Kontext ist diese Unterscheidung relevant. Eichler beginnt mit der moralischen Wertfrage, der Angemessenheit von Verbrechen und Strafe im Urteil. Hegels Untersuchung führt zu einem Wert beider, die doch der Sache nach verschieden sind. Das Verhältnis von Verbrechen und Strafe wird durch ein Drittes ermittelt: durch die mit beiden einhergehenden Verletzungen. Ähnlich könnte es sich bei der behaupteten Identität des Wertes im Tausch von zwei Dingen verhalten. Die Gerechtigkeit des Tauschs wird, so argumentiert Eichler mit Aristoteles, nicht über den Bedarf ermittelt; der Bedarf ist die Bedingung, nicht aber das Wesen des Tauschs. Im Tausch wird zunächst eine Verhältnismäßigkeit hergestellt. Aber das Instrument, mit dem für Ungleiches eine Identität behauptet wird, ist das Geld. Geld bildet also nicht nur die Gleichheit bzw. Ungleichheit ab, sondern stellt sie durch den Maßstab auch her. Damit ist die Frage nach dem gerechten Austausch auch eine Frage nach dem Medium der Gleichheit.

Anhand der Arbeiten des mexikanischen Künstlers Santiago Sierra zeigt *Sonja Witte* den Skandal auf, den der Tausch von Geld gegen menschliche Körper erregt. Im Medium der Kunst wird die Unmöglichkeit des gerechten Tauschs thematisiert. Sierras Arbeiten sind vor allem Performance, auch wenn sie einen Nachklang in seinen fotografischen Dokumentationen finden. Der Künstler engagiert Arbeitslose oder Drogenabhängige, um sie in seine künstlerischen Arbeiten einzubinden. Dabei liegt den Performances ein Skript zugrunde; es beinhaltet Aufträge, die abgearbeitet werden müssen. Ob als öffentliche Masturbation oder in Form einer ebenso öffentlichen Kennzeichnung von Körpern durch Tätowierungen werden in der Performance Körper verwendet – gegen Geld. Das Exempel für Wittes Untersuchung ist das Tätowieren eines Strichs auf den Rücken von Prostituierten. Damit entwickelt sie ein Verständnis der Kunstwerke, welches jenes Diktum Adornos vom Scheitern des Kunstwerks im Moment seines Erfolgs aufgreift. Witte bedient sich dabei einer Kontrastierung der Performances von Sierra zu Donald Judds »specific objects«. Beide wollen, so Witte, das Objekt nicht repräsentieren, sondern es präsentieren. Und in beider Kunst geschieht mehr. Sierra zahlt Geld für einen

Strich (auf dem Rücken der von ihm engagierten Prostituierten) und stellt damit zunächst nicht mehr dar als die Verfügbarkeit im Tauschakt Arbeitskraft gegen Geld. Die von jeder sinnvollen Produktion abgelöste, beschädigende Verwendung menschlicher Körper, wird im Verständnis Wittes jedoch zu einer künstlerischen Darstellung der Marx'schen Wertformanalyse. Auch hier steht ein Strich an prägnanter Stelle: G-W-G'.

Undokumentiert lassen müssen wir leider die Beiträge von Gunnar Heinsohn und Robert Kurz sowie die lebendige und kontroverse Diskussion.

Oliver Decker, Christoph Türcke, Tobias Grave

Wenn Mehr nicht genug ist: Verdirbt Geld den Charakter?

Rolf Haubl

Der folgende Fall stammt zwar noch aus den letzten DM-Tagen, für mich ist er aber bis heute ein Lehrstück geblieben, das auch Aufschluss über die Sozio- und Psychodynamik der aktuellen »Finanzkrise« bietet:

Im Mittelpunkt steht ein junger Mann, der einzige Sohn kleinbürgerlicher Eltern. Sein Vater hält sich zugute, ein Leben lang rechtschaffen gearbeitet und deshalb heute etwas »auf der hohen Kante« zu haben, sodass er und seine Frau gelassen ihrem Alter entgegensehen können. Seinen Sohn sucht er von Kindheit an auf sein Arbeitsethos zu verpflichten. Gleichzeitig erwartet er aber auch, sein Sohn solle es weiter bringen als er selbst, da dieser ja die besseren Startbedingungen vorgefunden habe. Der Sohn fühlt sich seit der Schulzeit unter einem enormen Leistungsdruck, die Investition, die sein Vater in seine Ausbildung macht, zu rechtfertigen.

Der Vater ist der Überzeugung, dass Personen seiner eigenen sozialen Herkunft, die aber heute ökonomisch besser gestellt sind als er, dies häufig nicht durch eigene Leistung, sondern durch Begünstigung oder sonst wie, mithin eigentlich unverdient geschafft haben. Den Neid, der dieser Überzeugung entspricht, erlebt er jedoch nicht bewusst, weil er ihn kompensieren kann: Da er sich selbst alles, was aus ihm geworden ist, sogar gegen Widerstand habe erkämpfen müssen, fühlt er sich den vermeintlichen Günstlingen gegenüber moralisch überlegen. Dass sein Sohn BWL studiert, findet seine Zustimmung.

Schon bald ist der Sohn von allem fasziniert, was mit Börse zu tun hat. Er schließt sich einer Studierendengruppe an, die zu Übungszwecken Börsengeschäfte simuliert, d. h., mit echten Aktienkursen, wenn auch ohne echtes Geld, auf Anlagengewinne spekuliert. Da er bei dieser Simulation einigen Erfolg hat, wird sein Wunsch immer drängender, sein Können unter realen Bedingungen unter Beweis zu stellen.

Der junge Mann träumt vom schnellen Geld. Seine Traumwelt sind die großen Börsen dieser Welt mit ihrer fiebrigen Atmosphäre. Besonders faszinieren ihn legendäre Berichte von riesigen Verlusten, die kurz darauf von noch riesigeren Gewinnen wieder wettgemacht werden. Er liest sie als Versicherung, dass Verluste nie endgültig, sondern immer nur vorübergehend sein werden.

Aus seiner Identifikation mit den Helden der Börse heraus verachtet er seinen Vater für dessen kleinbürgerlichen Stolz auf ein rechtschaffenes Arbeitsleben. So macht er sich über dessen Vorsicht lustig, sein Erspartes lediglich in Bundesschatzbriefen anzulegen. Dagegen entwirft der Sohn das visionäre Bild zwar riskanter, aber ab einer bestimmten Geldsumme sicher kalkulierbarer Börsengeschäfte, die seinen Vater auf einen Schlag mehr Geld verdienen lassen würden, als er in seinem bisherigen Leben zusammengespart hat.

Es dauert einige Monate, dann hält der Vater diesem Druck seines Sohnes nicht länger stand; er lässt sich von dessen Faszination anstecken und stellt ihm 90.000 DM, den größten Teil der familiären Ersparnisse, zur Verfügung, um sie an der Börse zu vervielfachen. Stattdessen ist das Geld in kürzester Zeit durchgebracht, die väterliche Lebensleistung vernichtet. Den Sohn befällt panische Angst, dies seinem Vater sagen zu müssen, weshalb er ständig neue Geschichten von Reinvestitionen erfindet, um ihn hinzuhalten. Offensichtlich ahnt dieser die Katastrophe, wagt aber seinerseits nicht, seinen Sohn zur Rede zu stellen, und lässt sich deshalb von ihm auch immer wieder vertrösten.

In der Gruppe zeigt sich, dass der junge Mann keine Schuldgefühle gegenüber seinem Vater empfindet. Weit gefehlt: Ihm bereite es viel größere Probleme, dass er versagt habe und sich deswegen schämen müsse; denn warum er versagt habe, verstehe er nicht. Und so läge er nachts wach und grübele voll innerer Unruhe darüber nach, wie er wieder zu Geld kommen könne, das den momentanen Verlust in einen Gewinn verwandele, um den ihn alle beneiden.

Entwertung der Lohnarbeit

Der Vater verkörpert eine Generation, für die es selbstverständlich ist, für Geld zu arbeiten, wobei die zu leistende Lohnarbeit eher nicht als Selbstverwirklichung verstanden wird, die über die monetäre Belohnung hinaus in sich belohnend wäre. Gearbeitet wird nur, um Geld zu verdienen, das dann eine Wahlfreiheit verschafft, die entfremdete Lohnarbeit nicht bietet. Denn Geld suggeriert nicht nur die Freiheit, sein Leben so zu gestalten, wie man möchte, es realisiert diese Freiheit auch, zumindest in dem Maße, wie jeder ohne Ansehung seiner Person kaufen kann, was es an Gütern und damit an Gutem zu kaufen gibt. Geld macht gleich, denn der Markt kennt nur einen einzigen Unterschied: mehr oder weniger davon zur Verfügung zu haben. Deshalb kommt es darauf an, sich möglichst viel Geld zu beschaffen. Lohnarbeit ist nur einer von verschiedenen Wegen und – das Alltagsbewusstsein weiß immer schon darum – keiner, der große finanzielle Sprünge erlaubt.

Wenn der Vater in der Fallgeschichte sich über »Günstlinge« mokiert, von denen er sich in seinem Leben übervorteilt fühlt, dann bringt er damit zweierlei zum Ausdruck: Zum einen verweist er auf Wege, sich Geld zu beschaffen, die nicht durch die von der bürgerlichen Gesellschaft propagierte Leistungsgerechtigkeit gedeckt sind, denn »Günstlinge« erhalten mehr Geld, als sie verdienen. Zum anderen wird eine tiefe Kränkung darüber spürbar, dass die monetäre Bewertung seiner Arbeitsleistung von einer Arbeitsmarktdynamik abhängt, die er nicht beeinflussen kann. Dies sind Bedingungen, die Millionen von Menschen den Traum von einem arbeitsfreien Einkommen und Vermögen träumen lassen. Eine Variante dieses Traumes ist es, einen enormen Lotto-Jackpot zu knacken. Freilich kommt das nur selten vor. Arbeitsfreies Einkommen und Vermögen für sehr viel mehr Menschen verspricht die Finanzwirtschaft: nicht länger für Geld zu arbeiten, sondern Geld arbeiten zu lassen.

Entmoralisierung des Gewinnstrebens

Gewinnstreben ist nicht nur ein legitimes Interesse unternehmerischen Handelns, sondern auch ein legitimes persönliches Motiv jedes Gesellschaftsmitgliedes. Worauf es ankommt, ist die ethische Begrenzung dieses Strebens. Fehlt es an einer solchen Begrenzung, resultiert eine Rücksichtslosigkeit, die vor keinen sozialen Bindungen haltmacht. In dieser Hinsicht beeindruckt an der Kasuistik besonders, dass der Sohn überhaupt keinen

Zugang zu einer moralischen Reflexion seines Handelns hat. Er ist derart von den Gewinnmöglichkeiten absorbiert, die er fantasiert, dass er sich gar keinen Verlust vorstellen kann, für den er sich zu verantworten hätte. Seine Reflexion bleibt über den Verlust hinaus ganz auf die investitionstechnischen Aspekte seines Handelns beschränkt, was als psychische Verarmung erscheint. Die Funktion einer solchen Beschränkung besteht in einer Blockierung der Empathie für alle, die durch das eigene Handeln zu Schaden kommen können.

ENTHEMMUNG DER RISIKOBEREITSCHAFT

Verdirbt Geld den Charakter? Die Behauptung, dass es dies tut, ist moralisch voreingenommen. Keine Frage. Dass Geld – genauer: die Geldkultur einer Gesellschaft – den Sozialcharakter seiner Mitglieder formt, dürfte dagegen unstrittig sein (Heinemann 1988). Auch wenn Geldstile (Hallowell/Grace 1991) auf den ersten Blick als individuelle Merkmale erscheinen, bilden sie sich doch auf dem Hintergrund gesellschaftlicher Prozesse, durch die sie sich auf den zweiten Blick als Varianten kollektiver monetärer Ideale erweisen, die historischen Veränderungen unterliegen. Diese Ideale definieren Erwartungen, wie Geld sozial erwünscht gehandhabt werden soll.

In der Geschichte des Kapitalismus war dies einst das Ideal des Sparens. Inzwischen hat sich das Ideal in Richtung eines kalkulierten finanziellen Risikoverhaltens verändert, das als kollektives monetäres Ideal des neoliberalen Kapitalismus gelten darf. Es hat das Ideal des Sparens zwar nicht völlig zu Fall gebracht, aber doch erheblich unter Druck gesetzt. Das neue, risikofreundliche Ideal verlangt, Geld ohne Gewissensbisse für Konsumgüter auszugeben und ebenfalls ohne Gewissensbisse finanzielle Engpässe, die infolgedessen entstehen, durch die Aufnahme von Krediten zu überbrücken. Es verlangt, sich dem Aktienmarkt (Haubl 2002, S. 212–221; Stroczan 2002; Tuckett 2008) zu öffnen.

Was jetzt als Finanzkrise etikettiert wird, lässt sich unter anderem mit dem Bestreben der Finanzwirtschaft in Verbindung bringen, bestehende Bedenken in der Bevölkerung gegenüber riskanten Geldanlagen zu schleifen. Dieses Bestreben hat einen ersten großen Erfolg – man erinnere sich – beim Börsengang der »Deutschen Telekom« gehabt. Vollzog sich der Umbau des schwerfälligen

Behördenapparates der alten Bundespost zu einem modernen Dienstleistungsunternehmen anfangs unspektakulär, so konnten mit einem in der deutschen Wirtschaftsgeschichte bis dato einmaligen Werbeaufwand breite Schichten als Aktionäre gewonnen werden. Da kritische Stimmen von Wirtschaftsexperten kaum Gehör fanden, wurde die Aktie schließlich fünffach überzeichnet – nicht zuletzt wegen einer sozialen Epidemie, die immer mehr private Anleger erfasste und 650.000 Deutsche erstmals zu Aktionären machte. Vor allem diese Neu-Aktionäre belegten den Erfolg eines Aktienmarketings, das alle rhetorischen Register zieht, um die öffentliche Wahrnehmung zu beeinflussen, auch wenn dadurch der Aufmerksamkeitswert einer Aktie von der ökonomischen Substanz des Unternehmens mehr oder weniger abgekoppelt wird.

Wem gelingt es in Deutschland, bei der T-Aktie nicht an den Schauspieler Manfred Krug zu denken, der die Kampagne anführte? Er war der herausragende Sympathieträger, der ein signifikantes Image einbrachte. In seinen bekanntesten Fernsehrollen als »Anwalt Liebling« und »Tatort«-Kommissar verkörperte er einen Zeitgenossen, der einen hedonistischen Materialismus mit einer Moralität paart, die gerade den »kleinen Leuten« zu ihrem Recht verhilft. Diese spezifische Volkstümlichkeit authentifizierte das Projekt, die T-Aktie als »Volksaktie« zu präsentieren.

Hatte die deutsche Bevölkerung unter Anlageberatern bis zu diesem – wenn man so will: popkulturellen – ökonomischen Ereignis den Ruf gehabt, sich – vor allem im Vergleich mit den USA – zu scheuen, ihr Geld in Aktien anzulegen, so ist seitdem die Scheu verflogen. Aktienkäufe sind seitdem sehr viel selbstverständlicher geworden und die Bereitschaft der Bevölkerung wächst, ihr Geld in riskantere Anlagen zu investieren. Das gilt zunächst für die gehobenen und höchsten Einkommensklassen, hat aber auch eine Einstellung prägende Wirkung nach unten. Wichtig ist vor allem der Umstand, dass es in Deutschland in den letzten Jahrzehnten einen kontinuierlichen sozialen Aufstieg und damit einhergehend eine starke Zunahme des Geldvermögens gegeben hat, so dass der deutschen Bevölkerung zu Beginn des 21. Jahrhunderts ein einmaliger Geldüberschuss zur Verfügung steht, den sie – provokant formuliert – als »Spielgeld« nutzen kann, ohne sofort ihren Lebensstil oder sogar ihre Existenz zu gefährden, wenn es verloren geht (Deutschmann 2008). Damit steigt die generelle Risikobereitschaft, bis hin zu einem Punkt, an dem auch der Teil der Bevölkerung, dem es an Geldüberschuss fehlt, versucht ist, Kredite aufzunehmen, um davon Aktien zu kaufen.

Geld und Gier

Zu allen modernen Vorstellungen von einem guten Leben gehört, dass man das nötige Geld besitzt und es für befriedigende Güter ausgibt. Geld soll Mittel bleiben und nicht zu einem Selbstzweck werden. Aber wer hat wann genug Geld? In einer kapitalistischen Gesellschaft, in der die Tendenz besteht, den Wert von Personen nach dem Geld zu bemessen, über das sie verfügen, ist die Frage schwer zu beantworten. Im sozialen Vergleich wird es immer andere geben, die weniger Geld haben, aber immer auch andere, die mehr haben.

Da Geldbesitz auf einer Skala abgetragen wird, die nach oben offen ist, gibt es für ihn keine natürliche Grenze, so wie auch niemand zu Ende zählen kann, weil die Zahlenreihe kein Ende hat. Im Unterschied zu Geld sind Bedürfnisse ihrer Natur nach nicht linear, sondern zyklisch. Einer kapitalistischen Gesellschaft muss dies ein Ärgernis sein, weil ihre Warenproduktion einen Konsumenten verlangt, der keine Sättigung kennt. Folglich zielt sie darauf ab, nicht nur Waren, sondern auch Bedürfnisse zu produzieren. Durch die Synchronisierung von Warenproduktion und Bedürfnisproduktion werden die Bedürfnisse nach der Logik des Geldes strukturiert und damit unendlich. Als Gut, in dem alle käuflichen Güter aufgehoben sind, verweist Geld zudem immer über die Gegenwart hinaus: Es hält Möglichkeiten für Befriedigungen vorrätig, für die es in der Gegenwart noch gar keine Bedürfnisse gibt. Die Ultima Ratio dieser Orientierung ist es, alle Güter zu Waren zu machen und die Vorstellung von einem guten Leben an deren Besitz zu binden. In einem finalen Schritt sind es dann die Waren selbst, die diese Entwicklung stören. Denn alle gekauften Güter sind enttäuschungsanfällig, weil sich jederzeit herausstellen kann, dass sie nicht – vielleicht auch nie – so gut sind wie versprochen und gewünscht.

Das einzige Gut, für das dies nicht in gleicher Weise gilt, ist das Geld, weshalb es der Logik des Systems entspricht, es selbst zu einer endlos nachgefragten Ware zu machen. Damit geht Realwirtschaft in Finanzwirtschaft über, wo ungleich mehr Profit zu machen ist. Um die Gesellschaftsmitglieder an diesen Übergang anzuschließen, werden sie umworben, ihren konsumintensiven Habitus auf Finanzprodukte zu übertragen. Bedeutet Gier das Fehlen oder Ignorieren von Sättigungsgefühlen, dann gehören Geld und Gier seit seiner Erfindung zusammen.

FINANZBERATUNG

Der Wunsch, nicht selbst zu arbeiten, sondern sein Geld arbeiten zu lassen, ist ein Hebel, an dem die Kundenberater von Banken angesetzt haben. Ihrem sittenwidrigen Handeln kommt eine Schlüsselstellung in der »Finanzkrise« zu. Der folgenden Skizze liegen Daten der Gewerkschaft (ver.di: »Verkaufsdruck – nein danke!«) sowie einige Erfahrungen aus Coaching und Psychotherapie zugrunde.

Längst sind Kundenberater zu Verkäufern von Finanzprodukten – vom Konsumentenkredit über Lebensversicherungen bis hin zu Wertpapierfonds – geworden, die unter einem enormen Vertriebsdruck stehen. Zwar gibt es Unterschiede zwischen den Banken, der Trend aber ist generell. Die Kundenberater werden von ihren Vorgesetzten unter Druck gesetzt, hohe Ertragsziele zu realisieren, das heißt, für jeden Berater wird für jedes Finanzprodukt festgelegt, wie viele davon er in einer bestimmten Zeiteinheit zu verkaufen hat. Übertrifft er die Vorgaben, locken Boni, unterschreitet er sie, drohen negative Sanktionen. Da Abmahnungen arbeitsrechtlich schwer zu legitimieren sind, werden die negativen Sanktionen in der Regel indirekt exekutiert: zum Beispiel über kontinuierliche Rankings, an denen alle Kollegen ablesen können, wer von ihnen ein High-Performer oder ein Low-Performer ist. Über solche Rankings lässt sich Gruppendruck erzeugen, da es neben den individuellen Ertragszielen auch Ertragsziele für die ganze Filiale gibt. Mithin lässt sich an den Rankings ablesen, welcher Kundenberater wie viel zur Erreichung der kollektiven Vorgabe beiträgt. Da auch diese Vorgaben hoch sind, gefährden Low-Performer eine Gesamtperformanz, welche die Vorgabe erfüllt. Folglich müssen sie von den erfolgreicheren Kollegen zu einer höheren Performanz gebracht werden, weil diese sonst selbst ihre Performanz noch weiter steigern müssten. Oder: Die High-Performer sorgen dafür, dass die Low-Performer von sich aus gehen. Dabei sitzen alle in derselben Falle: Erreichen sie ihre Vorgaben nicht, gibt es nicht nur keine Boni, es wird zudem die beschämende Vorstellung hervorgerufen, nicht gut genug zu sein; erreichen sie ihre Vorgaben, gibt es zwar Boni, gleichzeitig steigen aber auch die Vorgaben.

Diese Situation führt bei Kundenberatern zwangsläufig dazu, Kunden falsch zu beraten, um sich auf deren Kosten zu bereichern, aber eher noch: um negativen Sanktionen zu entgehen. Um sich selbst nicht als Opfer fühlen zu müssen, opfern sie ihre Kunden. Die im Branchenvergleich überdurchschnittliche

Zunahme psychischer Belastungen und Störungen in Banken und Finanzinstituten (DAK 2007) mag ein Indikator für diese verschärfte Situation sein, wobei moralische Konflikte erst gar nicht als Stressoren bilanziert werden. So bleiben Bewältigungsmechanismen wie der einer psychischen Spaltung der ohnehin dürftigen Gesundheitsförderung (Pfaff et al. 2008) im Interesse einer Absatzsteigerung entzogen: So wissen die Kundenberater, dass sie ihren Kunden belügen, wenn sie vorgeben, primär dessen Interesse zu vertreten, gleichzeitig leugnen sie aber, dass sie dies tun. Greift diese psychische Spaltung, erleichtert sie ihnen, ihre Vorgaben immer rücksichtsloser umzusetzen, wodurch sie immer erfolgreicher werden, sodass die Vorgaben immer weiter steigen, was zu einer immer tieferen Spaltung führt und die Beratung der Kunden zu einem unwirklichen Geschehen entstellt, es sei denn, eine eintretende psychische Krise bietet die Chance für eine Neuorientierung.

Diese Virtualisierung, mit der die konstitutive Eigenschaft des Geldes, reine Möglichkeit zu sein, korrespondiert, blockiert die Empathie für die Lebensumstände der Kunden. Diese Blockade kann so weit gehen, dass sogar die ökonomische Vernunft ausgehebelt wird. So ist es im US-amerikanischen Häuser-Boom geschehen, dass Immobilienkredite letztlich ohne jegliche Bonitätsprüfung der Kreditnehmer vergeben worden sind (Nagel 2009). Freilich hat diese Sorglosigkeit auch damit zu tun, dass den Banken daran liegt, ihre Kundenberater vor einer Konfrontation mit der Realität, wie sie etwa in einer Verschuldung oder sogar Überschuldung aufgrund eines fahrlässig gewährten Kredits besteht, zu schützen: Bevor »faule« Kredite fällig werden, verkauft die Bank sie zu einem geringeren als dem ausstehenden Betrag weiter. Damit macht sie einen Verlust, vorausgesetzt freilich, dass sie den ausstehenden Betrag tatsächlich noch bekäme, was nicht sicher ist. Ein bedeutender Gewinn besteht darin, dass der Verkauf »fauler« Kredite die Handlungen der Kundenberater von deren Folgen trennt, was gegebenenfalls die organisierte Verantwortungslosigkeit der Handelnden unsichtbar werden lässt, sodass sie von Schuldgefühlen entlastet werden.

Wird von Kundenberatern eine »aktive Kundenansprache« erwartet, so heißt das im Klartext: Es gilt, den Kunden ihre Angst vor risikoreichen Finanzprodukten zu nehmen und zu diesem Zweck das Wissensgefälle zwischen Experten und Laien auszunutzen. Je komplexer die zu verkaufenden Finanzprodukte in finanzmathematischer Hinsicht sind, desto mehr sind Kunden darauf angewiesen, dass sie ihren Beratern vertrauen können. Dieses Rollenvertrauen ist dann berechtigt, wenn die Berater tatsächlich über die notwendige Expertise verfügen. Nun ist aber die »Finanzkrise« dadurch gekennzeichnet, dass die Strategie, Risiken finanzmathematisch zu verstecken, zu der Entwicklung von Finanzprodukten geführt hat, deren Funktionslogik kaum mehr ein Kundenberater durchschaut. Sind sie von ihren Banken gehalten, solche Produkte zu verkaufen, müssen die meisten von ihnen eine Expertise darstellen, über die sie faktisch nicht verfügen, ohne dies aber kommunizieren zu dürfen.

Da die moderne arbeitsteilige Gesellschaft insgesamt darauf angewiesen ist, dass Rollenvertrauen nicht enttäuscht wird, erschüttert der Vertrauensverlust der Kunden mehr als nur den Bankensektor. Schlagartig wird deutlich, welcher Missbrauch sich mit entsprechenden Abhängigkeiten treiben lässt und wie sehr die moderne arbeitsteilige Gesellschaft insgesamt auf vertrauensbildende Maßnahmen angewiesen ist. Dies betrifft nicht nur Rollenvertrauen, sondern letztlich auch das Vertrauen in Institutionen. Wenn Banken anderen Banken keinen Kredit mehr gewähren, weil sie den Missbrauch fürchten, den sie selbst betreiben, dann wird dadurch der Vertrauensverlust der Privatkunden validiert.

Sieht es nach den bisherigen Ausführungen so aus, als seien die Kunden von Bankberatern die reinen Opfer, bedarf das Szenario einer notwendigen Differenzierung: Kunden sind nicht nur Opfer, sondern auch Mittäter. Zu gerne glauben sie an eine wundersame Geldvermehrung. Sie wissen, dass risikoarme Geldanlagen geringe, aber vergleichsweise sichere Renditen bringen und risikoreiche Anlagen große, aber vergleichsweise unsichere Renditen. Ihre Wünsche aber lassen sie von Anlagen träumen, die mit Sicherheit große Renditen abwerfen. Gelingt es Kundenberatern, das Wunschdenken ihrer Kunden zu stimulieren, dann setzt leicht deren Realitätsprüfung aus, obendrein rationalisiert durch eine nicht unbegründete mangelnde monetäre Expertise. Auf diese Weise weckt die systemimmanente »Gier« der Finanzwirtschaft die individuelle Gier der Kunden.

TYPOLOGIE PSYCHODYNAMISCHER GELDSTILE

Dass Geld in den Gefühlshaushalt von Gesellschaftsmitgliedern monetarisierter Gesellschaften eingreift, ist das Basispostulat einer psychoanalytisch orientierten Geldpsychologie. In ihrer Perspektive stellt sich die Frage, welche individuellen Geldstile sich unterscheiden lassen, wie sie gesellschaftlich verteilt sind und welcher dieser Geldstile wie gut geeignet ist, die kognitiven und emotionalen Herausforderungen des Konsum- und Finanzkapitalismus zu bewältigen.

Die Gesellschaftsmitglieder monetarisierter Gesellschaften erleben und gebrauchen Geld immer auch als ein Symbol, in dem seine ökonomische Bedeutung mit einer psychosozialen Bedeutung konfundiert ist (Belk/Wallendorf 1990). In ihrem Geldstil kommt ihre Persönlichkeit mit allen unbewältigten lebensgeschichtlichen Traumata und Konflikten zum Ausdruck. Und deshalb lässt Geld sie nicht kalt, ganz gleich, wie viel sie davon zur Verfügung haben. Soweit bekannt, sind Geldstile relativ stabil. Sie lassen sich nicht leicht verändern, auch wenn sie zu negativen Ergebnissen führen. Obgleich sie lebensgeschichtlich entstanden sind und somit primär die Privatperson charakterisieren, wirken sie sich auch in der beruflichen Handhabung von Geld aus.

Bislang fehlt eine theoretisch begründete und empirisch geprüfte Typologie von Geldstilen, die sich etwa im Rahmen einer an Aufklärung orientierten Finanzberatung praktisch nutzen lassen würde. So gibt es auf dem Hintergrund der von mir angebotenen Selbsterfahrungsgruppen zum Thema »Mein persönlicher Umgang mit Geld« (Haubl 2004) sowie meiner Analysen von schwerwiegenden Defiziten zweckrationalen ökonomischen Alltagshandelns, wie etwa im Falle von Kaufsucht (Haubl 1998, S. 110–147), auch keinen Grund, den Vorschlag des Psychoanalytikers David W. Krueger (1991) zu belächeln, der eine Spezialisierung von Psychotherapeuten zu Finanz-Psychotherapeuten vorschlägt, die sich bevorzugt psychischer Störungen annehmen, bei denen Geld als Fokalkonflikt imponiert.

Meine eigenen Bemühungen, individuelle Geldstile zu konzeptualisieren, postulieren eine Sequenz von Entwicklungsaufgaben, mit denen jeder Mensch im Laufe seines Lebens immer wieder konfrontiert wird, auch wenn Kindheit und Jugend dafür besonders einflussreiche Lebensphasen sein dürften. Im Geldstil einer Person spiegelt sich, wie sie diese Aufgaben gelöst hat, wobei jede Aufgabe durch einen bestimmten Wunsch gekennzeichnet ist, dessen Erfüllung eine korrespondierende Angst besänftigt.[1]

---

[1] Gegenüber früheren Beschreibungen (Haubl 2002, S. 208ff. und 2004, S. 293ff.) sind die Modellszenen leicht sprachlich verändert. Eine umfangreichere Überarbeitung erfolgte für die Modellszene zum Geldstil LIEBE und die ANGST VOR GLEICHGÜLTIGKEIT, da es einer Klarstellung bedurfte.

MODELL DER ENTWICKLUNGSAUFGABEN

Zunächst sucht man, überhaupt am Leben zu bleiben. Ist Überleben gewährleistet, bedarf man des Schutzes durch Mitmenschen, um sich weiterentwickeln zu können. Diesen Schutz gewährleistet zu bekommen, heißt nicht zwangsläufig, auch emotional in eine menschliche Gemeinschaft eingebunden zu sein. Entstehen enge emotionale Bindungen zu anderen Menschen dieser Gemeinschaft, können diese es erschweren, wenn nicht gar unmöglich machen, sich zu individuieren. Mit zunehmender Individuation setzt man sich persönliche Ziele und erhebt den Anspruch, sie aus eigenen Kräften zu erreichen. Ist man mit einer Zielsetzung hinreichend erfolgreich, ermutigt sie einen, seine Bestrebungen, sich selbst zu erproben, auch auf Ziele auszudehnen, die mit den für seinesgleichen geltenden sozialen Regeln kollidieren. In konfliktträchtigen Auseinandersetzungen mit den diese Regeln sichernden Sanktionsdrohungen lernt man, sich mit sozialer Kontrolle zu arrangieren.

Entwicklungsaufgabe	Angst vor	Wunsch nach
Überleben	Leblosigkeit	Vitalität
Schutz	Hilflosigkeit	Sicherheit
Bindung	Gleichgültigkeit	Liebe
Individuation	Abhängigkeit	Selbstständigkeit
Zielsetzung	Versagen	Erfolg
Kontrolle	Unterwerfung	Macht

Tabelle 1: Entwicklungsbezogene Ängste und Wünsche

Geld kann in diesem Rahmen als »Talisman des Ich« (Lockhart 1982, S. 21) fungieren. Unbewusst wird ihm die magische Kraft zugeschrieben, die genannten Ängste zu besänftigen, oder anders akzentuiert: den Geldbesitzer mit den erwünschten psychischen Ressourcen auszustatten. Um Missverständnissen vorzubeugen: Gemeint ist immer eine emotionale Dynamik; so kann zum Beispiel gar kein Zweifel daran bestehen, dass Menschen, die Geld besitzen, damit faktisch auch Macht besitzen, aber nicht jeder, der faktisch Macht besitzt, fühlt sich auch mächtig.

Psychodynamische Modellszenen, die den einzelnen Geldstilen zugrunde liegen

Es ist schwierig, den phantasmatischen Zusammenhang zwischen Geld und den einzelnen psychischen Ressourcen erschöpfend anzugeben, dafür sind die empirischen Variations- und Kombinationsmöglichkeiten zu groß. Ich bescheide mich deshalb mit Modellszenen, die als dichte Beschreibungen meiner praktischen Erfahrungen in Beratungssituationen zu verstehen sind. Dieser Abkunft aus Problemlagen dürfte es geschuldet sein, dass die Beschreibungen negativ akzentuiert sind.

Vitalität und die Angst vor Leblosigkeit

Personen mit einem entsprechenden Geldstil wähnen, dass Geld ihnen zu einem Gefühl verhilft, vital zu sein, und dadurch ihre Angst besänftigt, leblos zu werden.

Das Gefühl der betreffenden Personen, vital zu sein, hängt von der Geldbewegung ab. Bewegtes Geld bedeutet Leben, fehlendes oder gehortetes Geld dagegen Tod. Rinnt es ihnen durch die Finger, spüren sie ihr Herz schlagen und ihr Blut strömen. Geld auszugeben und gar zu verschwenden, wird zum Existenzbeweis. Die gekauften Güter sind dagegen letztlich uninteressant. Denn in den Gütern endet die Bewegung, verebbt der Leben spendende Geldstrom.

Sicherheit und die Angst vor Hilflosigkeit

Personen mit einem entsprechenden Geldstil wähnen, dass Geld ihnen zu einem Gefühl verhilft, sicher zu sein, und dadurch ihre Angst besänftigt, hilflos zu werden.

Die betreffenden Personen rechnen mit einer Katastrophe. Sie wissen nicht, wann sie kommt, aber sind sich sicher, dass sie kommt. Sie können sie nicht verhindern, aber sich darauf vorbereiten. Zu diesem Zweck halten sie Geld parat. Deshalb dürfen sie immer auch nur so viel ausgeben, dass genügend übrig bleibt. Folglich müssen sie sparsam sein. Da sie aber nicht wissen, wie viel sie im Katastrophenfalle benötigen, geben sie am besten gar nichts aus. Wird eine bestimmte kritische Geldmenge unterschritten, geraten sie in Panik. Geld parat zu halten, heißt buchstäblich: Die Zahlungsmittel müssen in Reichweite bereitliegen; schon die Bank kann unerreichbar sein. Sie sind überzeugt, dass sie sich auf andere nicht verlassen können. Tritt die Katastrophe ein, wird niemand da sein, der ihnen hilft.

LIEBE UND DIE ANGST VOR GLEICHGÜLTIGKEIT

Personen mit einem entsprechenden Geldstil wähnen, dass Geld ihnen zu dem Gefühl verhilft, liebenswert zu sein, und dadurch ihre Angst besänftigt, dass sie von ihren Mitmenschen gleichgültig behandelt werden.

Die betreffenden Personen befinden sich in einem Dilemma: Sie betrachten alles Geld, das sie erhalten, gleich ob es ein Geldgeschenk, eine Lohnzahlung oder ein Bankkredit ist, immer als Urteil über ihren Wert als Person. Viel Geld zu erhalten, heißt dementsprechend, eine wertvolle Person zu sein. Gleichzeitig haben sie aber das Geld in Verdacht, persönliche Beziehungen zu belasten, wenn nicht sogar zu zerstören, weil es sie zu anonymen Tauschbeziehungen entstellt. Dass Geld seiner formalen Eigenschaft nach indifferent gegenüber seiner Herkunft, seines Gebrauchs und seines Besitzers ist, erleben sie als kränkend. Geld verwirrt ihre Gefühle, weshalb sie versuchen, es auszuschalten, was sie glauben lassen kann, die wahren Gefühle kämen erst in Armut zum Vorschein. Jedoch sind auch Kompromissbildungen möglich: Um nicht gekaufte Liebe befürchten zu müssen, wird überspielt, dass etwas Geld gekostet hat. Im Schutze dieser Kompromissbildung kann Geld dann sogar zum Liebesbeweis werden: Wer liebt, schaut nicht aufs Geld, zeigt, dass er es verachtet, indem er nicht darauf achtet, was etwas kostet.

SELBSTSTÄNDIGKEIT UND DIE ANGST VOR ABHÄNGIGKEIT

Personen mit einem entsprechenden Geldstil wähnen, dass Geld ihnen zu einem Gefühl verhilft, selbstständig zu sein, und dadurch ihre Angst besänftigt, abhängig zu werden.

Bewusst streben die betreffenden Personen danach, sich von anderen unabhängig zu machen. Ihr Motto ist: Ich kann in jedem Fall alleine! Deshalb schätzen sie selbst verdientes Geld sehr hoch und ziehen es geschenktem und geliehenem Geld auch dann vor, wenn es lediglich gerade so zum Leben reicht. Eigensinnig achten sie darauf, ihre Finanzhoheit nicht zu verlieren. Dazu schließen sie andere sogar aus. Sie lassen sich nicht helfen; selbst Notlagen halten sie geheim. Gerade dann vermögen sie nicht um Hilfe zu bitten, wenn sie an dem Versuch gescheitert sind, ihren finanziellen Spielraum zu erweitern, um dadurch ihre Selbstständigkeit zu vergrößern. Eigenes Geld heißt für sie: sich jederzeit trennen zu können, kein eigenes Geld: bleiben zu müssen, auch wenn sie sich trennen wollen. Um sich ihrer Unabhängigkeit trotz bestehender finanzieller Abhängigkeit zu vergewissern, kann es sein, dass sie darauf verzichten, sich bedürftig zu zeigen; sie geben sich bedürfnislos, um kein Geld für ihre Bedürfnisbefriedigung annehmen zu müssen. Nichts scheuen sie mehr als Dankbarkeit. Haben sie reichlich Geld zur Verfügung, so gelingt es ihnen oftmals nicht, damit selbstständig zu haushalten. Unbewusst manövrieren sie sich in finanziell prekäre oder sogar ausweglose Situationen. Denn erst eine vermeintlich rein objektive Existenznot erlaubt es ihnen, sich uneingestandene Abhängigkeitswünsche zu erfüllen.

ERFOLG UND DIE ANGST VOR VERSAGEN

Personen mit einem entsprechenden Geldstil wähnen, dass Geld ihnen zu einem Gefühl verhilft, erfolgreich zu sein, und dadurch ihre Angst besänftigt, persönlich zu versagen.

Die betreffenden Personen sind sich ungewiss, ob das, was sie von sich zeigen, auch anerkennenswert ist, mehr noch: eigentlich sind sie sich gewiss, keine Anerkennung zu verdienen. Folglich leben sie ständig in der Gefahr, sich schämen zu müssen, ein Versager zu sein. Da ihnen ein innerer Maßstab fehlt, wählen sie Geld als einen äußeren Maßstab. Je mehr Geld sie machen, desto mehr glauben sie, nicht versagt zu haben, ohne dass sie letztlich davon überzeugt wären. Deshalb müssen sie immer mehr Geld machen und dürfen auch nur das tun, was geldwert ist. Alles, was sich nicht berechnen lässt, vertieft ihre bohrende Ungewissheit, weshalb sie es vorauseilend entwerten, um sich nicht darauf einlassen zu müssen.

MACHT UND DIE ANGST VOR UNTERWERFUNG

Personen mit einem entsprechenden Geldstil wähnen, dass Geld ihnen zu einem Gefühl verhilft, mächtig zu sein, und dadurch ihre Angst besänftigt, von anderen unterworfen zu werden.
Die betreffenden Personen setzen Geld ein, um andere ihrem eigenen Willen zu unterwerfen. Damit versuchen sie, ihnen zuvorzukommen. Denn sie erwarten, dass die anderen ihrerseits darauf aus sind, sie ihrem Willen zu unterwerfen. Jemandem anderen zu willen zu sein, ist für sie unerträglich, wobei sie allerdings jeden sozialen Austausch schnell als Unterwerfung erleben. Da es um die Demonstration von Willensstärke geht, dürfen sie sich keine Schwäche leisten. Bindungen erscheinen ihnen als solche Schwächen. Sie versuchen deshalb, alles, was sie von anderen brauchen, einschließlich deren emotionaler Zuwendung, zu kaufen. Dass sie für diese Leistungen bezahlen, beruhigt sie, weil es ihnen erspart, selbst Gefühle zu investieren. Denn echte Gefühle machen schwach und damit unvorsichtig, was sofort ausgenutzt wird.

OB ES DIE LEHMAN-SISTERS ANDERS GEMACHT HÄTTEN?

Die »Finanzkrise« hat einen Genderaspekt, den es zu beachten gilt. So ist des Öfteren die These geäußert worden, die Krise sei eine Folge von Geldstilen, die sich vor allem bei Männern finden lassen. Frauen hätten andere Geldstile, würden mehr auf Nachhaltigkeit achten. Da Geldanlagen aber nach wie vor eine Männerdomäne seien, kämen Frauen nicht zum Zuge. Das ist zweifellos eine steile, aber interessante These, weil sie Finanzfragen mit Wertfragen verbindet, die monetäres Denken transzendieren. Freilich: »Die« Frauen und »die« Männer gibt es nicht. Die Wahrscheinlichkeit, dass sich innerhalb jedes Geschlechts ähnliche Unterschiede finden wie zwischen den Geschlechtern, ist groß.
Mit Abstrichen dürfte zumindest in traditionellen Ehen nach wie vor gelten, dass die meisten Frauen innerhalb der Familie die Einkaufs- und Haushaltsplanung übernehmen, aber sehr viel weniger von ihnen auch mit Fragen der Geldanlage befasst sind. Was Sparkonten, Kapitalanlagen, Bausparverträge und Lebensversicherungen angeht, treffen ihre Männer die Entscheidungen. Nur in Familien mit einem geringen Haushaltseinkommen verwalten eher die

Frauen das Geld, weil die Bewältigung von Knappheit kaum Prestige verspricht (AEGON 1998, zit. n. Wrede 2003, S. 51).

Geschlechtsspezifische Geldstile

Um die Frage zu beantworten, wie Geldstile in der Bevölkerung verteilt sind, fehlen bislang systematische Befunde. Auch das Modell, das ich vorgeschlagen habe, ist längst nicht hinreichend überprüft. Dennoch kann ich einige qualitative und quantitative Ergebnisse in punkto Geschlechtsspezifität berichten:

Qualitativer Befund

Geld wird in den genannten Selbsterfahrungsgruppen von Männern am häufigsten mit Erfolg und Macht, von Frauen dagegen mit Sicherheit und Selbstständigkeit verbunden. Das mag daran liegen, dass Sicherheit und Selbstständigkeit für Frauen prekäre psychosoziale Ressourcen sind, während Männer sie sehr viel eher als selbstverständlichen Besitzstand voraussetzen. Erfolg und Macht ist aber auch ihnen nicht selbstverständlich, weshalb sie von ihnen genannt werden.

Einig sind sich Männer und Frauen dagegen in der Ablehnung einer Verbindung von Geld mit Vitalität und Liebe: Mit beidem darf Geld nichts zu tun haben. Es kostet einige Überwindung, um über diesen tabuisierten Sachverhalt zu sprechen. Dann berichten aber einzelne Frauen und Männer, dass die Verfügung über Geld für sie sehr wohl einen stimulierenden Effekt hat, durch den sie sich lebendig fühlen. Dabei zeigt sich, dass sogar die Vorstellung, Geld mache erotisch, offenbar nicht immer aus der Luft gegriffen ist. Wird jedoch das Assoziationsfeld von Sexualität und Geld berührt, ist die Tabuisierung am stärksten, weil der Verdacht gekaufter Sexualität den Liebeswunsch diffamiert.

Quantitativer Befund

Der qualitative Befund lässt sich durch die Ergebnisse einer Befragung ergänzen, die ich mit einem Kollegen vor einem Jahrzehnt an einer Stichprobe von

Wirtschaftsstudierenden durchgeführt habe, um einen Fragebogen zu testen, der die sechs Geldstile des Modells erfassen sollte (Günther/Haubl 1998). Dabei ergaben sich, ohne eine exakte differentielle Zuordnung zu einzelnen Geldstilen zu erlauben, interessante signifikante Unterschiede zwischen den männlichen und weiblichen Studierenden.

Ist die Angst, dass Geld die Gefühle verwirren könnte, bei den befragten jungen Frauen am stärksten ausgeprägt, so ist es bei den befragten jungen Männern die Angst, nicht genug Geld vorweisen zu können, um als erfolgreich zu gelten. Im Unterschied zu den jungen Frauen meinen die jungen Männer der Befragung, dass die meisten ihrer Probleme gelöst wären, wenn sie mehr Geld hätten. Zudem stellt Geld für sie das höchste Zeichen ihres eigenen Erfolges sowie des Erfolges anderer dar. Ihr Urteil über andere hängt dann auch davon ab, über wie viel Geld diese verfügen. Wer mehr Geld hat, wird von ihnen mehr geachtet. In der Konkurrenz mit anderen ist Geld ein zentrales Medium: Den jungen Männern ist es wichtig, herauszufinden, was andere verdienen und besitzen. Sie haben keine Skrupel, damit zu prahlen, was sie finanziell erreicht haben; sie kaufen oder besitzen Dinge, um andere zu beeindrucken; und sie haben schließlich keine Skrupel, Geld einzusetzen, um andere dazu zu veranlassen, etwas für sie zu tun.

Geschlechtsspezifische Investitionsentscheidungen!?

Von Personen mit einem Geldstil, der darauf zielt, sich sicher und selbstständig zu fühlen, darf man vermuten, dass sie ihr Geld auch anders anlegen als Personen, die darauf aus sind, sich erfolgreich und mächtig zu fühlen. Angenommen, dies sei ein signifikanter geschlechtsspezifischer Unterschied, dann wäre etwa zu vermuten, dass Männer die finanziellen Risiken, die Geldanlagen beinhalten, anders wahrnehmen und beurteilen als Frauen.

Selbstvertrauen ist eine unverzichtbare psychische Ressource, um Risiken einzugehen. Denn nur wer daran glaubt, dass er sie bewältigen kann, wird den sicheren Weg verlassen (Zweig 2007, Kap. 5). Zu diesem Zweck erzeugt Selbstvertrauen eine optimistische Wahrnehmung, die in einer milden Übertreibung der bestehenden Gewinnchancen besteht. So sind in den späten 1990er Jahren 1.000 Anleger jeden Monat gefragt worden, welche Kursentwicklung sie für den Aktienmarkt insgesamt sowie für ihr eigenes Portfolio erwarten. Gleich, wie sich der Markt auch entwickelte, die Anleger haben für ihr eigenes Portfolio im Schnitt eine um 1,5 Prozent bessere Performance erwartet!

Selbstvertrauen kann zu einer Selbstüberschätzung werden. Dann blendet der Anleger sein Risiko, Geld zu verlieren, weitgehend aus. Eine solche Wahrnehmungsverzerrung findet sich zwar bei beiden Geschlechtern, Männer erliegen ihr aber weit mehr als Frauen (z.B. Jianakoplos/Bernasch 1998; Barber/Odean 2001; Fehr-Duda et al. 2006). Dadurch sind Frauen – bei gleichen Rahmenbedingungen – sehr viel risikoscheuer als Männer.

Ein Faktor, der zu Selbstüberschätzungen beiträgt, ist das Bedürfnis nach Kontrolle oder – negativ formuliert – die Angst, die Kontrolle zu verlieren oder feststellen zu müssen, gar keine Kontrolle zu haben. Dieses Bedürfnis kann so stark sein, dass es Kontrollillusionen erzeugt (Presson/Benassi 1996): Dann überschätzt jemand seine faktischen Möglichkeiten, eine Situation zu seinen Gunsten beeinflussen zu können. Um sich nicht eingestehen zu müssen, über keinen hinreichenden Einfluss zu verfügen, bleibt als letzte Bastion oftmals nur magisches Denken. In diesem Sinne äußert ein institutioneller Anleger über sich und seine Kollegen:

> »Wenn sie einen schlechten Tag hatten, tragen sie nicht noch einmal denselben Anzug oder Schlips oder sie fahren nicht wieder auf demselben Weg zur Arbeit. Wenn ich an einem schlechten Handelstag einen neuen Anzug getragen habe, trage ich ihn nicht noch einmal, auch wenn er nagelneu war.«

Die Angst vor Kontrollverlust ist bei Männern stärker ausgeprägt als bei Frauen. Folglich neigen sie dazu, eine womöglich desillusionierende Realitätsprüfung zu vermeiden und sich stattdessen wiederholt zu suggerieren, die Situation kontrollieren zu können. Eine Form dieser Selbstsuggestion ist Aktionismus. Ein solcher Aktionismus zeigt sich etwa darin, dass männliche Anleger im Vergleich zu weiblichen Anlegern ihr Portfolio fast doppelt so häufig umschichten. Männer nehmen Marktschwankungen nicht gelassen zur Kenntnis; statt erst einmal abzuwarten, leiten sie vorschnell Gegenmaßnahmen ein. Da aber jede Transaktion kostet, laufen sie Gefahr, dass die Transaktionskosten die Gewinne, die möglich gewesen wären, schrumpfen lassen.

Eine weitere selbstschädigende Folge des Bedürfnisses nach Kontrolle ist die vergleichsweise Schwierigkeit von Männern, anzuerkennen, dass ihnen erforderliche Informationen fehlen oder sie diese Informationen nicht verstehen. So verlangen sie in Beratungsgesprächen oftmals nach bestimmten Finanzprodukten, ohne sie wirklich zu durchschauen, und halten an ihren Entscheidungen fest, weil sie vor dem Kundenberater nicht als unwissend erscheinen wollen. Diesen Eindruck zu vermeiden, mag mit ein Grund für den größeren Anteil von Männern unter den Anlegern sein, die ihre Investitionen vor allem per Internetbanking vornehmen. Frauen dagegen suchen intensive Beratungsgespräche. Sie streben ein vertieftes Verständnis der Finanzprodukte an, für die sie sich interessieren. Deshalb benötigen sie im Vergleich zu Männern auch sehr viel mehr Zeit, bevor sie sich entscheiden. Sobald sie aber eine Entscheidung getroffen haben, halten sie an dieser auch sehr viel länger fest, ohne nervös zu werden.

Im Unterschied zu männlichen Anlegern diversifizieren weibliche Anleger ihre Portfolios sehr viel mehr, und sie interessieren sich auch nicht nur für die Rendite. Vielmehr berücksichtigen sie sehr viel stärker, ob sie sich mit dem Unternehmen, dessen Aktien sie kaufen wollen, identifizieren können. Im Falle ethischer Bedenken verzichten sie sogar auf eine mögliche höhere Rendite.

Männer orientieren sich dagegen vor allem an einer hohen Rendite, die kurzfristig zu erreichen ist. Nicht selten lassen sie sich von der Höhe der möglichen Gewinnsumme so sehr blenden, dass sie das tragbare Risiko überschreiten. Die paradoxe Psycho-Logik des Kontrollbedürfnisses legt ihnen nahe, ihre Angst vor Kontrollverlust dadurch zu vertreiben, dass sie kontraphobisch handeln.

Trügerische Hoffnungen

Die skizzierten geschlechtsspezifischen Unterschiede mögen die Vorstellung hervorrufen, Frauen würden weniger an Profit um jeden Preis orientiert sein und deshalb auch verantwortungsbewusster mit Geldanlagen umgehen, gleich, ob sie dies in der Rolle der Kundin, der Kundenberaterin oder der Managerin einer Bank tun. Ich bin skeptisch, ob sie in der »Finanzkrise« zu Recht als Hoffnungsträgerinnen aufgerufen werden.

Zunächst einmal ist der Bankensektor nach wie vor eine Männerdomäne. Der optimistischste mir bekannte Befund ist die letzte Statistik des Arbeitgeberverbandes des privaten Bankengewerbes (o. V. 2006). Ihr zufolge sind weibliche Führungskräfte in den privaten Banken so stark vertreten wie noch nie. Kam 1980 eine Frau auf 21 Männer, so 2007 eine Frau auf drei Männer. Auf den mittleren und unteren Etagen der privaten Banken war der Frauenanteil schon immer sehr hoch, Ende 2007 betrug er 51%. Der Anteil der weiblichen Auszubildenden hat mittlerweile sogar 60% erreicht. Im Vergleich dazu sind die Befunde einer Befragung von 161 weiblichen Führungskräften in Banken ernüchternder (Festing/Hansmeyer 2004). Demnach finden sich in den Vorstandsetagen nur vereinzelt Frauen, auf der Ebene der Direktoren und Hauptabteilungsleiter im Schnitt 5%, im unteren Management im Schnitt 10%. Gemessen an ihren männlichen Kollegen sind sie unterbezahlt: Im Schnitt gibt es für die zweite Führungsebene unterhalb des Vorstands eine Differenz von 15%, für die erste Führungsebene eine von 20–77% aller weiblichen Führungskräfte in Banken sind kinderlos! Das spricht dafür, dass Beruf und Familie nicht vereinbar sind, und erklärt, warum gut ausgebildete Frauen häufig auf den Schritt in Führungspositionen verzichten – zunehmend aber auch, um einer die Gesundheit gefährdeten Lebensführung zu entgehen.

Ob es eine hohe negative Korrelation zwischen dem Frauenanteil in einer Bank und deren Gewinn- und Verlustrechnung in der »Finanzkrise« gibt, bleibt Spekulation. Das Wissen darüber wäre aber Voraussetzung, die Lehman-Sisters-Hypothese zu prüfen. Falls es diese Korrelation nicht gibt, könnte dies allerdings auch an dem Umstand liegen, dass der Frauenanteil – unterstellt, Frauen verhielten sich auf jeder Hierarchieebene tatsächlich anders – noch nicht hoch genug ist. Denn die Erfahrungen in punkto Veränderungsprozessen in Organisationen lehren, dass es einer kritischen Menge veränderungsbereiter Organisationsmitglieder bedarf, um eine etablierte Organisationskultur zu ändern.

Aber selbst dann ist Skepsis angebracht. Zwar darf die Bedeutung des Fühlens, Denkens und Handelns von Personen nicht unterschätzt werden, aber eine Personalisierung verkennt die bestehenden Systemzwänge. Solange es in der Kundenberatung einen ruinösen Vertriebsdruck gibt, gefährden alle und damit auch alle Frauen ihre Position, wenn sie sich nicht fügen. Und warum sollen nicht auch Frauen nach hohen Boni gieren, wie das die ehemalige Börsenhändlerin Anne T. (2009, S. 122) in ihrem Bericht *Die Gier war grenzenlos* bekennt:

»Der Bonus war das A und O im Händlerleben – eine solche Perspektive motivierte unglaublich. Wer von den Brokern ein Gewinnziel von vier Millionen nachweisen konnte – dafür mussten schon einige Milliarden gedealt werden – bekam am Ende des Geschäftsjahres durchaus 200 000 Euro zusätzlich auf sein Konto überwiesen. Das ganze System war zwar undurchschaubar, aber es lohnte sich. Das war ein richtig gutes, geiles Gefühl. Das hatte etwas Orgiastisches an sich, ganz gleich, ob Mann oder Frau in den Genuss kamen. Es wäre gelogen, das abstreiten zu wollen.

Dass es gerade die Boni waren, die uns alle motivierten, immer größere und immer riskantere Deals abzuschließen, fiel niemandem auf. Schließlich hatten wir nicht viel zu verlieren, im Worst Case unseren Job. Aber wozu gab es Headhunter. Außerdem würden wir ohnehin schon über alle Berge sein, bevor es Probleme mit den reingeholten Deals geben würde. Dass dieses kurzfristige Anreizsystem sich später für die Banken als tödlich erweisen sollte, wäre [uns] nie in den Sinn gekommen.

Mein nächstes Ziel war glasklar: vier Millionen Euro. Darunter durfte ich im nächsten Jahr nicht kommen, ich wollte schließlich die Herausforderung – und den dazugehörigen Bonus. Das große Partygefühl, das besser als Sex war.«

Vor dem Hintergrund einer solchen Selbstbeschreibung einer Börsenhändlerin sollte einleuchten, dass es bei der Frage, ob die Lehman-Sisters etwas anders gemacht hätten, letztlich nicht um die biologische Unterscheidung von Frauen und Männern gehen kann. Vielmehr enthält die Frage in geschlechtsspezifischer Metaphorisierung die Forderung nach der Durchsetzung einer globalen biophilen Gesellschaftsordnung (Becker 2009), die den Finanzmarkt nach Maßgabe des Gemeinwohls reguliert. Von einer solchen Regulierung ist der Finanzkapitalismus aber nach wie vor weit entfernt.

BIOPHILIE

Wenn Banken durch Steuermilliarden erhalten werden, dann folgt dies dem bekannten Muster einer Privatisierung der Gewinne bei gleichzeitiger Sozialisierung der Verluste. Nutzen Bankmanager diese Milliarden, um sich höhere Boni als vor der Krise auszuzahlen, wird eine neue Qualität erreicht: Die Zahlungen sind narzisstische Triumphgesten, mit denen die selbsternannten »Masters of the Universe« Unangreifbarkeit signalisieren und des Gemeinwohls spotten.

Es steht außer Frage, dass der Finanzkapitalismus einer Zivilisierung bedarf, was eine Abkehr von einer Fetischisierung der Rendite einschließt. Denn nicht selten werden die höchsten Renditen erzielt, wenn Unternehmen die Natur zerstören und eine Personalpolitik betreiben, der das Wohl ihrer Mitarbeiter kein Anliegen ist. Da ethisch gebundene Geldanlagen (Schneeweiß 1998) bislang eher die Ausnahmen sind, werden Kleinanleger in einen nationalen, internationalen und letztlich globalen Schuldzusammenhang verstrickt. Sie hätten es wissen können. Es nicht wissen zu wollen, erlaubt es ihnen, ohne Schuldgefühle zu genießen. Der Preis dafür aber ist eine Lebensführung, die auf Verleugnung beruht.

Ob sich biophile Leitwerte, wie sie traditionell Frauen als geschlechtsspezifische und obendrein natürliche Eigenschaften zugeschrieben werden, durchsetzen lassen, bleibt abzuwarten, auch wenn zu Hoffnung wenig Anlass ist. Diese Werte sind aber ebenso gut unter Männern zu finden. Wenn der hegemoniale Männerbund seine Macht einsetzt, um anders Fühlende, Denkende und Handelnde auszuschließen, dann schließt er nicht nur Frauen, sondern auch Männer aus, die seinem Männerbild nicht entsprechen. Zumindest diese Männer gilt es zu gewinnen. Frauen allein werden keine Wende herbeiführen.

Sollen Veränderungen eine Chance haben, bedarf es allerdings nicht nur politik- und wirtschaftswissenschaftlicher Überlegungen. Ohne eine Analyse der bewusstseinsferneren psychodynamischen Aspekte des Geldes greifen solche Überlegungen sehr wahrscheinlich zu kurz. Deshalb wird es Zeit, dass die psychoanalytische Sozialpsychologie ihr liegen gelassenes Thema einer »Psychoanalyse des Geldes« (Bornemann 1973) aufgreift und sowohl theoretisch als auch methodisch neu bearbeitet.

Literatur

Barber, B. M. & Odean, T. (2001): Boys will be boys: gender, overconfidence, and common stock investment. Quarterly Journal of Economics 116(1), 261–292.
Becker, M. (2009): Wie zeitgemäß ist Biophilie? Erich Fromm und die Pädagogik in der Postmoderne. Fromm Forum 13, 79–86.
Belk, R. W. & Wallendorf, M. (1990): The sacred meanings of money. Journal of Economic Psychology 11(1), 35–67.
Borneman, E. (1979): Psychoanalyse des Geldes. Frankfurt a. M. (Suhrkamp).
DAK (2007): Gesundheits-Bilanz Kreditgewerbe. Arbeitsbedingungen und Krankenstand in Banken und Finanzinstituten. Köln (DAK).

Deutschmann, Ch. (2008): Der kollektive »Buddenbrooks-Effekt«: Die Finanzmärkte und die Mittelschichten. MPIfG Working Paper 08/05.
Fehr-Duda, H.; De Gennaro & M., Schubert, R. (2006): Gender, financial risk, and probability weights. Theory and Decision, 60(2–3), 283–313.
Festing, M. & Hansmeyer, M. Ch. (2004): Frauen in Führungspositionen in Banken. ESCP-EAP Working-Papers 3.
Günther, A. & Haubl, R. (1998): Augsburger Geldstilstudie. Unveröffentlichte Auswertung.
Hallowell, E. M. & Grace, W. J. (1991): Money styles. In: Klebanow, S. & Lowenkopf, E. L. (Hg.): Money and Mind. New York/London (Plenum Press), S. 15–26.
Haubl, R. (1998): Geld, Geschlecht und Konsum. Zur Psychopathologie ökonomischen Alltagshandelns. Gießen (Psychosozial-Verlag).
Haubl, R. (2002): Money madness. Eine psychodynamische Skizze. In: Deutschmann, Ch. (Hg.): Die gesellschaftliche Macht des Geldes. Opladen (Westdeutscher Verlag), S. 203–225.
Haubl, R. (2004): Das Tabu brechen: Gemeinsam über Geld sprechen. Ein Werkstatt-Bericht. Gruppendynamik und Organisationsberatung 35(3), 291–306.
Heinemann, K. (1988): Soziologie des Geldes. Kölner Zeitschrift für Soziologie und Sozialpsychologie, Sonderheft 28, 322–383.
Jianakoplos, A. N. & Bernasch, A. (1998): Are women more risk averse? Economic Inquiry 36(4), 620–630.
Krueger, D. W. (1991): Money meaning and madness: A psychoanalytic perspective. Psychoanalytic Review, 78, 209–224.
Lockhart, R. A. (1982): Coins and psychological change. In: Hillman, J.; Vasavada, A.; Weir Perry, J. & Lockhart, R. A. (Hg.): Soul and Money. Dallas/Texas (Spring Publishers), S. 5–21.
Nagel, C. (2009): Die Finanzkrise aus psychodynamischer Sicht. Freie Assoziation 12(3), 61–84.
Pfaff, H.; Plath, S.-Ch.; Köhler, Th. & Krause, H. (2008): Gesundheitsförderung im Finanzdienstleistungssektor. Berlin (Edition Sigma).
Presson, P. K. & Benassi, V. A. (1996): Illusion of control: a meta-analytic review. Journal of Social Behavior & Personality 11(3), 493–510.
Schneeweiß, A. (1998): Mein Geld soll Leben fördern. Hintergrund und Praxis ethischer Geldanlage. Mainz (Matthias Grünewald-Verlag).
Stroczan, K. (2002): Der schlafende DAX oder das Behagen in der Unkultur. Die Börse, der Wahn und das Begehren. Berlin (Wagenbach).
T., A. (2009): Die Gier war grenzenlos. Berlin (Ullstein).
Tuckett, D. T. (2008): Phantastic objects and the financial market's sense of reality: A psychoanalytic contribution to the understanding of stock market instability. International Journal of Psychoanalysis 89(2), 389–412.
o. V. (2006): Frauen führen. die bank 11.
Wrede, B. (2003): Frauen und Geld – ein besonderes Verhältnis? Erklärungsversuche eines denkwürdigen Phänomens. In: Wrede, B. (Hg.): Geld und Geschlecht. Tabus, Paradoxien, Ideologien. Opladen (Leske & Budrich), S. 46–67.
Zweig, J. (2007): Gier. Neuroökonomie: Wie wir ticken, wenn es ums Geld geht. München (Hanser).

Die Honorarforderung des Psychoanalytikers

Aspekte des Umgangs mit der Bezahlung der psychoanalytischen Arbeit

Claus-Dieter Rath

Wer heute in Deutschland vom Honorar des Analytikers, ja von dessen Honorarforderung spricht, scheint sich auf eine verschwindende Minderheit zu beziehen, werden doch die meisten Praktiker von Krankenkassen nach einem amtlich festgelegten Tarif bezahlt[1]. Doch sind psychoanalytisch orientierte Psychotherapie und Psychoanalyse nicht seit jeher und nicht überall auf der Welt eine Sache der Krankenkassen. Und auch für Analytiker, die unter Kassentherapievertrag in Deutschland arbeiten, stellen sich regelmäßig Fragen nach der Funktion und der Höhe des Honorars, nämlich bei der Bezahlung versäumter Sitzungen durch den Patienten (Ausfallhonorar), bei einer Verlängerung über das Ende einer kassenfinanzierten Therapie (d. h. die Zahl der von der Kasse genehmigten Sitzungen) hinaus und bei Lehranalysen, die nicht als Kassenleistung abgerechnet werden.[2]

Diese Fragen und die praktischen Implikationen der Kassenregelungen werden sehr selten diskutiert und noch seltener öffentlich behandelt. Erörterungen dieses Themas enden rasch in Polemiken, auf die ich lediglich im Anhang eingehe, denn ich möchte hier erkunden, wofür ein Psychoanalytiker bezahlt

---

1 Direkt oder indirekt; sie bekommen – nach Abrechnung – das Geld direkt von dort oder der Patient zahlt es voraus und lässt sich dies von dort erstatten. Auf einige Streitfragen gehe ich im Anhang an diesen Text ein.

2 An dieser Unterscheidung macht sich die – hier nicht zu erörternde – Frage fest, was eine sog. Lehranalyse von einer therapeutischen unterscheidet, wenn doch Ferenczi und Eitingon zufolge die didaktische Analyse von der therapeutischen Analyse »nicht ihre andere Technik, sondern [...] eine Absicht mehr unterscheidet« (Eitingon 1925, S. 517).

wird und was ihm und demjenigen, der bei ihm seine Analyse unternimmt, die Geldforderung bedeuten kann.

Einige Momente der Freud'schen Honorarpraktiken

Der junge Sigmund Freud kennt *Honorare* zunächst als Übersetzungshonorar und später als Redaktionshonorar, als Kurshonorar für Vorlesungen oder auch als Herausgeberhonorar. In den Brautbriefen begegnen wir den Sorgen dieses jungen, in finanziellen Nöten steckenden Arztes angesichts der Ungewissheit der Zahlungen.

Als Freud dazu übergeht, die Patienten in die eigene Praxis kommen zu lassen, ist dies eine historische Neuheit gegenüber den damals üblichen Hausbesuchen (de Swaan 1979, S. 372–377). Auch dass bei ihm – bis auf wenige Ausnahmen – *jeder* bezahlen muss, ob arm oder reich (ebd., S. 379), und dass schon bei der »Einleitung der Behandlung« über das Honorar entschieden wird, war relativ neuartig. »Wichtige Punkte zu Beginn der analytischen Kur sind die Bestimmungen über *Zeit* und *Geld*«, schreibt Freud 1913 in seinen »Ratschlägen zur Technik der Psychoanalyse«, und er behandelt diese Punkte im Spektrum von dem *Verzicht auf (suggestive) Symptombehandlung* bis zur *liegenden Position bei der Kur*. Dabei macht er analytische Erkenntnisse zum Geld für die Gestaltung des Rahmens und auch für den Analytiker selbst geltend:

> »Der Analytiker stellt nicht in Abrede, daß Geld in erster Linie als Mittel zur *Selbsterhaltung und Machtgewinnung* zu betrachten ist, aber er behauptet, daß *mächtige sexuelle Faktoren* an der Schätzung des Geldes mitbeteiligt sind. Er kann sich dann darauf berufen, daß Geldangelegenheiten von den Kulturmenschen in ganz ähnlicher Weise behandelt werden wie sexuelle Dinge, mit derselben Zwiespältigkeit, Prüderie und Heuchelei. Er ist also von vornherein entschlossen, dabei nicht mitzutun, sondern Geldbeziehungen mit der nämlichen selbstverständlichen Aufrichtigkeit vor dem Patienten zu behandeln, zu der er ihn in Sachen des Sexuallebens erziehen will. Er beweist ihm, daß er selbst eine falsche Scham abgelegt hat, indem er unaufgefordert mitteilt, wie er seine Zeit einschätzt.« (Freud 1913c, S. 190f.; Hervorhebung CDR).

Mit dieser Erklärung, die zugleich ein Stück Einführung des Patienten in psychoanalytisches Arbeiten ist, gelten zwei Momente für *beide* an der Kur Beteiligten: Geld »als Mittel zur *Selbsterhaltung und Machtgewinnung*« sowie die »*mächtige[n] sexuelle[n] Faktoren [, die]* an der Schätzung des Geldes mitbeteiligt sind«.

Es ist davon auszugehen, dass der Widerstand gegen die Anerkennung dieser zwei Momente auch den Widerstand gegen die Erörterung der Honorarfragen unter Kollegen und in der Öffentlichkeit ausmacht; die Argumentation verschwindet meist hinter dem systematischen Hinweis auf die mehr oder weniger sozial gerechte Regelung.

Geld und Zeit

Freud legt 1913 dar, er befolge »ausschließlich das Prinzip des Vermietens einer bestimmten Stunde. Jeder Patient erhält eine gewisse Stunde meines verfügbaren Arbeitstages zugewiesen; sie ist die seine, und er bleibt für sie haftbar, auch wenn er sie nicht benützt« (Freud 1913c, S. 186f.). Und er lege Wert auf die »strenge[r] Befolgung des Prinzips der Stundenmiete«, wobei er bemerkt, dass man manchen Kranken – trotz des von ihm verfolgten Prinzips – »mehr Zeit als das mittlere Maß[!] von einer Stunde widmen muß, weil sie den größeren Teil einer Stunde verbrauchen, um aufzutauen, überhaupt mitteilsam zu werden« (ebd., S. 187). Die Stundenlänge bestimmt sich bei ihm also auch am Diskurs, am Verlauf der Rede des Analysanten, und nicht allein chronometrisch. Was vermietet der Analytiker Freud? Eine *Stunde* ist nicht nur Zeit*maß*, sondern auch ein Zeit*punkt*, ein Augenblick, eine Gelegenheit, ein Mal, eine Frist, ein Ereignisraum, wie bei der Gesangs- oder Tanzstunde. Es geht hier also nicht in erster Linie darum, dass der Patient, wenn er eine »Stunde« des Analytikers mietet, 60, 50 oder 45 Minuten auf der Couch »Zeit hat«, sondern um das, was dieser Analytiker mit dem Sprechen des Analysanten – unbewusst – anfängt, und natürlich um die je besondere Zeit-zum-Begreifen aufseiten des psychoanalytisch aktiven Patienten.

Einen historischen Bruch markiert auch sein Abgehen von der damals marktüblichen Bescheidenheit, mittels derer die Ärzte ein gewisses Renommee zu erwerben hofften (de Swaan, S. 382f.). Freud bemerkt, man solle ungeniert einen nicht zu geringen Betrag fordern.

> »Das ist, wie man weiß, nicht die gewöhnliche Praxis des Nervenarztes oder des Internisten in unserer europäischen Gesellschaft. Aber der Psychoanalytiker darf sich in die Lage des Chirurgen versetzen, der aufrichtig und kostspielig ist, weil er über Behandlungen verfügt, welche helfen können. Ich meine, es ist doch würdiger und ethisch unbedenklicher, sich zu seinen wirklichen Ansprüchen und Bedürfnissen zu bekennen, als, wie es jetzt noch unter Ärzten gebräuchlich ist, den uneigennützigen Menschenfreund zu agieren, dessen Situation einem doch versagt ist, und sich dafür im stillen über die Rücksichtslosigkeit und die Ausbeutungssucht der Patienten zu grämen oder laut darüber zu schimpfen« (Freud 1913c, S. 190f.).

Er will nicht ohne Honorar behandeln, auch nicht Kollegen und deren Angehörige. Letzteres scheine zwar

> »gegen die ärztliche Kollegialität zu verstoßen; man halte sich aber vor, daß eine Gratisbehandlung für den Psychoanalytiker weit mehr bedeutet als für jeden anderen, nämlich die Entziehung eines ansehnlichen Bruchteiles seiner für den Erwerb verfügbaren Arbeitszeit (eines Achtels, Siebentels u. dgl.) auf die Dauer von vielen Monaten« (ebd.).

Auch klinische Gründe führt er dafür an:

> »Manche der Widerstände des Neurotikers werden durch die Gratisbehandlung enorm gesteigert, so beim jungen Weibe die Versuchung, die in der Übertragungsbeziehung enthalten ist, beim jungen Manne das aus dem Vaterkomplex stammende *Sträuben gegen die Verpflichtung der Dankbarkeit*, das zu den widrigsten Erschwerungen der ärztlichen Hilfeleistung gehört.«

Die »Bezahlung an den Arzt« reguliere etwas; andernfalls rücke auf peinlich fühlbare Weise »das ganze Verhältnis [...] aus der realen Welt heraus; ein gutes Motiv, die Beendigung der Kur anzustreben, wird dem Patienten entzogen« (ebd., S. 191f.; Hervorhebung CDR).

Dieses klinisch-technische Argument wiegt für ihn schwerer als sein ausgeprägtes Gefühl für soziale Gerechtigkeit: »Man kann der asketischen Verdammung des Geldes ganz fernestehen und darf es doch bedauern, daß die analytische Therapie aus äußeren wie aus inneren Gründen den Armen fast unzugänglich ist. / Es ist wenig dagegen zu tun.« Wie zum Trost fährt Freud fort: »Vielleicht hat die viel verbreitete Behauptung recht, daß der weniger leicht der Neurose verfällt, wer durch die Not des Lebens zu harter Arbeit gezwungen ist« (ebd.).

Geld und Gold

Freuds Ton ändert sich unter dem Eindruck des psychischen Massenelends gegen Ende des ersten Weltkriegs, wie seine bekannten Äußerungen belegen, die ich hier anführe, ohne sie zu vertiefen.

Über eine mögliche »Psychotherapie fürs Volk« äußert Freud 1918 zum Schluss seines Budapester Vortrags *Wege der psychoanalytischen Therapie* die oft zitierten – doch nicht besonders euphorisch klingenden – Worte:

> »Wir werden auch sehr wahrscheinlich genötigt sein, in der Massenanwendung unserer Therapie das reine Gold der Analyse reichlich mit dem Kupfer der direkten Suggestion zu legieren, und auch die hypnotische Beeinflussung könnte dort wie bei der Behandlung der Kriegsneurotiker wieder eine Stelle finden. Aber wie immer sich auch diese Psychotherapie fürs Volk gestalten, aus welchen Elementen sie sich zusammensetzen mag, ihre wirksamsten und wichtigsten Bestandteile werden gewiß die bleiben, die von der strengen, der tendenzlosen Psychoanalyse entlehnt worden sind« (Freud 1919a [1918], S. 249).

Auf dieses metaphorisierte Verhältnis von *Geld, Gold* und Kupfer in der psychoanalytischen Klinik und auf weitere Determinanten dieser Budapester Ansprache gehe ich hier nicht ein. Fünf Jahre später greift Freud die übermäßige Belastung durch die Honorarzahlung unter dem Gesichtspunkt einer Massentherapie wieder auf. Er schreibt im Frühjahr 1923 im Zusammenhang mit der seit zwei Jahren bestehenden *Berliner Psychoanalytische Poliklinik* (Freud 1923g, S. 441; vgl. Freud/Eitingon, S. 324) und angesichts der von 1918 bis 1923 dauernden *Inflationszeit*:

> »Wenn die Psychoanalyse neben ihrer wissenschaftlichen Bedeutung einen Wert als therapeutische Methode besitzt, wenn sie imstande ist, leidenden Menschen im Kampf um die Erfüllung der kulturellen Forderungen beizustehen, so soll diese Hilfeleistung auch der großen Menge jener zu teil werden, die zu arm sind, um den Analytiker für seine mühevolle Arbeit selbst zu entlohnen. Zumal in unseren Zeiten erscheint dies als soziale Notwendigkeit, da die der Neurose besonders ausgesetzten intellektuellen Volksschichten unaufhaltsam in die Verarmung herabsinken.«

Erneut darauf zu sprechen kommt Freud 1930 in der Jubiläumsschrift zum zehnjährigen Bestehen des Berliner Instituts, und zwar an erster Stelle, wenn er die drei bedeutsamen Funktionen dieses Instituts innerhalb der psychoanalytischen Bewegung aufzählt:

> »Erstens unsere Therapie jener großen Menge von Menschen zugänglich zu machen, die unter ihren Neurosen nicht weniger leiden als die Reichen, aber nicht im Stande sind, die Kosten ihrer Behandlung aufzubringen, zweitens eine Stätte herzustellen, an der die Analyse theoretisch gelehrt und die Erfahrungen älterer Analytiker auf lernbegierige Schüler übertragen werden können und endlich, unsere Kenntnis der neurotischen Erkrankungen und unsere therapeutische Technik durch Anwendung und Erprobung unter neuen Verhältnissen zu vervollkommnen« (Freud 1930b, S. 5; in Absätze gegliedert v. CDR).

Den Fragen der konkreten Finanzierung der Analysen und der Analytiker an dieser Poliklinik gehe ich hier nicht nach; sicher wird in naher Zukunft die Forschung Aufschlussreiches dazu erbringen. Hervorheben möchte ich nur, dass im Verständnis des Leiters, Max Eitingon, die 1918 skizzierte Art der Psychoanalyse-Massenanwendung dort *nicht* praktiziert wurde. Gleich in seinem ersten Zweijahresbericht teilte er mit (1922, S. 511):

> »Dabei war die Frage der Beschleunigung, beziehungsweise Abkürzung der Analyse unser Hauptbestreben auf dem poliklinischen Boden und ein Gegenstand ständiger Aufmerksamkeit. Bisher im wesentlichen ohne Ergebnis, trotz eifriger Ausnutzung jedes förderlichen Momentes. Psychoanalyse ist eben nur das, was von Freud so genannt, aus Freuds Händen hervorgegangen ist, oder es ist eben keine Analyse und in diesem Falle auch kein Erfolg. Die eine Budapester Prophezeiung von Freud, daß ›wir bei der Massenanwendung unserer Therapie das reine Gold der Analyse werden legieren müssen‹, haben wir noch nicht realisieren können, aus dem einfachen Grunde, weil wir keine geeigneten Metalle zu solchen Legierungen gefunden haben. / Das ›Kupfer der direkten Suggestion‹ ist ganz unbrauchbar dazu, viel förderlicher schon ist die indirekte Suggestion des analysegesättigten Milieus und der Druck, unter dem die poliklinischen Patienten dadurch stehen, daß so und so viele Vorgemerkte auf eine freiwerdende Analysenstunde warten.«[3]

Und zur Honorierung erfährt man:

> »Nun, wir haben nicht einmal dieses Prinzip der Unentgeltlichkeit. Aus praktischen und auch erziehlichen Gründen wünschen und erwarten wir, daß die

---

[3] Eine fast gleichlautende Formulierung verwendet Eitingon 1928 (1930 [1928], S. 72).

Analysanden zahlen, und zwar soviel oder so wenig als sie können oder zu können glauben und wir glauben ihnen selbst auch dann, wenn sie nichts zahlen zu können angeben, analysieren sie natürlich auch dann. Unentgeltliche und jetzt auch ganz gut bezahlte Analysestunden laufen in der Poliklinik nebeneinander her und wir vermögen nicht zu sagen, daß hier, wo wir vom Analytiker abstrahieren können, das Moment der Bezahltheit oder Unbezahltheit den Verlauf der Analyse wesentlich beeinflusse.« [4]

How much?

Viele der folgenden Äußerungen Freuds zu Honorarfragen stammen aus der Zeit nach der Eröffnung der Berliner Poliklinik und beziehen sich auf seine eigene Praxis und die seiner Kollegen und Schüler.

In mehreren Briefen teilt Freud zukünftigen Patienten die Höhe des Honorars mit.[5] Reisen sie eigens aus dem Ausland an, etwa aus den USA, legt er manchmal den Zusammenhang zwischen Honorarhöhe und Analysedauer dar (Freud 2000g [1933], S. 8).

Verschiedene Aspekte von Geldbeziehungen werden in der Korrespondenz mit Kollegen behandelt. Beispielsweise, dass Freud Bezahlung immer zum Ende des Monats erwartet – und dass auch er erleben muss, dass dann und wann ein Patient verschwindet, ohne sein Honorar bezahlt zu haben. Er weist einzelne Schüler darauf hin, dass eine Erhöhung dazu dienen kann, Patienten zu verscheuchen oder auch die Arbeitszeit zu reduzieren, d. h., den damit verbundenen Verdienstausfall auszugleichen: »Mein Arbeitseifer hat stark nachgelassen, ich denke in vollem Ernst daran, die Anzahl der

---

4 Vgl. auch ebd., S. 507ff. und Eitingon 1924, S. 229f. Im Briefwechsel Freud/Eitingon findet man dank der Hinweise des Herausgebers Erwähnungen von »Fonds, Spenden, Sammlungen« (1906–1939), S. 1046; vgl. auch die Meldung in der IZP, XVIII. Jg., 1932, S. 139f.

5 Ein paar Orientierungspunkte zur Höhe der von Freud verlangten Honorare: November 1920 25$, April 1921 10$, August 1921 2 Guineas in englischen Noten, Februar 1922 20$, Juni 1921 spricht er von einem Vorkriegshonorar in Höhe von 50 Kr. [österreichische Kronen], Mitte 1932 sind es 25$, August 1932: »Mein Honorar beträgt $ 25 für die Stunde, ich bin gegenwärtig zu Ermäßigungen bereit. Bei meinen Schülern hier ist die Analyse billiger« (Freud 1999b [1932]). Im Mai 1933 nennt er als Untergrenze 15$ und weist auf den Wertverlust des Dollars hin. Im September 1934 schreibt er an Hilda Doolittle: »Was die finanziellen Bedingungen betrifft, muß ich Sie wissen lassen, daß ich fremde Währungen aufgegeben und mein Honorar einheitlich auf 100 S [österreichische Schilling] festgesetzt habe« (Freud 1956c [1932–1938]).

Arbeitsstunden im Herbst auf sieben herabzusetzen und, wo es angeht, die Honorare zu steigern«, schreibt er Eitingon im Mai 1922 (Freud/Eitingon 2004h [1906–1939]), S. 286).

Schüler erkundigen sich bei ihm, wie sie in diesem oder jenem Fall ihre Honorarforderung bestimmen sollen, wie beispielsweise Karl Abraham wenige Monate nach Erscheinen des Textes »Zur Einleitung der Behandlung«. Er hatte eine Analyse-Anfrage erhalten: »Raten Sie mir zu, das zu übernehmen? Und wie verhalte ich mich in dem Fall bezüglich der Honorarfrage? Haben Sie eine Ahnung, in welchen Verhältnissen die Frau seit der Scheidung lebt?« (am 23. Mai 1913, Freud/Abraham 2009, S. 311) Auch noch fünf Jahre später wendet er sich an Freud: »Sehr dankbar wäre ich für Ihren Rat in der Honorarfrage. Ich pflege jetzt, soweit möglich, 20 M. p. Stunde zu fordern; was meinen Sie im Falle H.? Kann ich über diesen Satz hinausgehen?« (21. Juni 1918, ebd., S. 594).

Das Thema Honorar in Freuds Briefwechsel mit Karl Abraham, Lou Andreas-Salomé und Carl Gustav Jung

Freud drängt bei seinen Schülern immer wieder auf eine Erhöhung des Honorars in deren Praxis. Dabei sucht er wohl nicht in erster Linie deren Wertschätzung für die von ihm erfundene Methode, sondern er sorgt sich um die psychische bzw. Arbeitsökonomie der Weggefährten in seinem Projekt.[6] So hat er schon früher einmal dem seit 1908 in Berlin praktizierenden Karl Abraham geraten (am 3. oder 7. März 1912; Freud/Abraham 2009, S. 259f.):

> »Lieber Freund, Es ist sehr schön, daß Sie es in der Praxis so bald bis zum Äußersten gebracht haben, aber nun wenden Sie das Blatt und beginnen Sie, sich des Segens zu erwehren. Die erste Maßregel, wenn sich der Zulauf hält, muß wohl die Erhöhung des Honorars sein, und Sie müssen *Zeit finden, zu arbeiten und auszuruhen.*«

Entsprechendes teilt er ihm sogleich über sich selbst mit: »Die Antwort auf Ihre Frage, wie ich es mache, um neben der Praxis noch zu schreiben, lautet einfach: Ich *muß mich von der Psychoanalyse durch Arbeit erholen,* sonst halte ich es

---

[6] Aber auch er wird gemahnt, sein Honorar nicht zu weit abzusenken, etwa von Eitingon am 29.12.1928 (Freud/Eitingon 2004h, S. 617).

nicht aus« (Hervorhebung CDR). Das Ineinandergreifen verschiedener Arten von Arbeit legt nahe, dass Freud sich nicht einfach um die Reproduktion Abrahams in der Freizeit sorgt, sondern um einen Zugewinn durch dessen Beiträge zum Zentralblatt, zur Internationalen Zeitschrift, zum Jahrbuch für psychoanalytische Forschungen (vgl. S. 138, FN) und zu der soeben begründeten IMAGO. Auf das Erholen und Ausruhen von der Psychoanalyse und die Beteuerung »[…] sonst halte ich es nicht aus« werde ich noch zu sprechen kommen.

Acht Monate regen wissenschaftlichen Austausches später hakt Freud bei Abraham nach: »Sie haben mir nicht geschrieben, ob Sie mit der Preiserhöhung Ernst gemacht haben. Ich fürchte, dies ist der einzige Punkt, in dem Sie mir – mit Unrecht – die Gefolgschaft verweigern!« Auch hier wieder ein Hinweis auf die eigene Verausgabung für Publikationen: »Ich bin ziemlich überarbeitet und muß doch in den Monaten bis zu den Ferien die Totemarbeit, an die Sie mich mahnen, voll abgeschlossen haben. Allmählich bleibt nichts von einem übrig« (27.03.1913, S. 137).

Fünf Wochen danach teilt Abraham ihm mit (am 5. Mai 1913; S. 306):

> »Ich sitze nun bei den Vorarbeiten zur Habilitationsschrift, d. h., ich nehme im Siechenhaus Assoziationen bei senil Dementen auf. Sonst bringt jeder Tag seine 10 Stunden Arbeit. Ich kann Sie, lieber Herr Professor, in der Honorarfrage beruhigen; ich hatte im vorigen Herbst angefangen, von 10 auf 15 M. zu steigen, und habe kürzlich zum ersten Male den Sprung auf 20 gemacht. Das Einkommen ist entsprechend im Steigen begriffen, d. h. im vergangenen Jahr auf 18000 M., in diesem Jahr darf ich auf ca. 25000 M. rechnen. Ich werde, sobald ich die Preiserhöhung weiter durchgeführt habe, was am besten nach den Ferien geht, die *Arbeitszeit* um eine Stunde verkürzen, um mehr *zum wissenschaftlichen Arbeiten* zu kommen. Es liegt so viel zur Niederschrift bereit; gegenwärtig hindert die *Habilitations-Schrift* mich auch noch« (Hervorhebung CDR).

Wieder die zwei Sorten von »Arbeit«: die in der Praxis der analytischen Kur und das wissenschaftliche Arbeiten, dazu noch, im Hintergrund, die akademische Arbeit.

Auch gegenüber Lou Andreas-Salomé fühlt Freud sich veranlasst, in Geldangelegenheiten einzuwirken, aber auch *durch* Geldaktionen. Es ist die Inflationszeit; als Stichwort: Der »Schwarze Freitag« war der 25. Oktober 1923[7].

---

[7] Eine weitere, die sogenannte Weltwirtschaftskrise wird sechs Jahre später, 1929, einsetzen. Wie sehr diese die Analytiker trifft, illustriert ein Rundbrief Ferenczis am 30. Nov. 1930: »Die deprimierte finanzielle Situation in Ungarn zwingt die jüngeren Kollegen, die Analysen oft

Sie bedankt sich am 3. August 1924 bei ihm für einen via Eitingon gesandten 50$-Schein. Es sei ihr

> »plötzlich so ergangen, wie im Märchen vom Bäumchen das goldene Blätter hat: die herbstlichen, die soeben ansetzen, fielen mir mit dem durch Eitingon gesandten 50 Dl.schein als Gold in den Schoß. Hatte nicht am Ende Anna Sie zu so großem, großem Geschenk verleitet, weil sie vielleicht vom finanziellen Patientenpech der letzten Zeit erzählte?; trotz des Pechs verdiene ich doch noch und warte, daß die deutsche Geldlosigkeit sich soweit hebt, um noch zum Herbst oder Winter Patienten zu ermöglichen: mehr als Einer möchte, aber kann nicht« (Freud/Andreas-Salomé, S. 150f.).[8]

Freud antwortet aus seinem Feriendomizil Semmering (ebd., S. 152; 11.08.1924):

> »Ihre Reaktion auf die kleine Dollarsendung empfinde ich als unverhältnismäßig groß. Als wir uns zuletzt in Berlin trafen, dachte ich mir die Mitbeteiligung an Ihrer Lebenssorge mehr als eine kontinuierlich fortlaufende Aufgabe. Ich fühlte mich ja als einen der wenigen erwerbsfähig Gebliebenen, sah noch keine leibliche Einschränkung der Leistungsfähigkeit voraus, wie sie sich seither ergeben hat. Auch jetzt erwerbe ich mit leichter Hand mehr, als wir gebrauchen, während leider meine Jungen schuldlos mit der Armut infolge von Arbeitslosigkeit kämpfen.«

Dann kommt Freud ein wenig scherzend auf eine indirekte Unterstützung zu sprechen:

> »Anna's Einfluß hat sich unlängst in der Aktion geäußert, einen Beitrag an die kleine Edith zu leiten, damit er auf diesem Umweg zu Ihnen komme. Es schien uns, was sich nicht bestätigt hat, daß sie ihre Analyse bald werde abbrechen müssen, worauf Sie in gewohnter Kaltherzigkeit — die Fortsetzung ohne Honorar durchgeführt hätten.«[9]

Nach verschiedenen inhaltlichen Erörterungen der Zwischenzeit sendet er ihr am 20. Januar 1925 einen Brief, den er mit »Heute nur geschäftlich«

---

für unwürdig geringes Honorar zu leisten. Immerhin ist das Durchschnittseinkommen der besser bekannten Kollegen vielleicht etwas höher als das der übrigen praktischen Ärzte, denen es ganz miserabel geht« (Freud/Ferenczi 2005 [1925–1933]), Bd. III/2, S. 253).

8 Ein 50$-Geschenk wiederholt sich wohl noch einmal im November 1924, vgl. ebd., S. 154.
9 Die »kleine Edith« war Edith Rischawy, Nichte von Freuds Schwiegersohn Robert Hollitscher. Vgl. auch den Briefwechsel zwischen Sigmund und Anna Freud, S. 390 f u. FN 7.

beschließt und sich auf eine Phobikerin bezieht, die er Salomé vermittelt hatte und die zuvor bei Stekel in Behandlung gewesen war. »Die Leute sind reich«, schreibt Freud, »und durch mich darauf vorbereitet, daß sie den Versuch auf eigene Gefahr unternehmen.« (Es werde eine harte Arbeit werden, warnt er einige Tage später.) Der Brief endet also: »Heute nur geschäftlich. Dazu gehört auch, daß ich Ihnen unter den strengsten Androhungen vorschreibe, nicht weniger als 20 Goldmark für die Stunde zu verlangen« (ebd., S. 162ff.). Acht Tage später schreibt er in scherzhaftem Ton an die »Liebe Lou«:

> »Ich drohte Ihnen […] mit dem Abbruch unserer langjährigen Beziehungen, wenn Sie weniger als 20 Mark verlangten. Nun habe ich von B [Brünn] gehört, daß Sie sich mit 10 begnügt hatten, mußte froh sein, daß Sie nicht 5 gesagt hatten, und habe wenigstens erreicht, daß die Leute nun auf eine Forderung von 15–20 vorbereitet sind, nachdem ich geäußert, 10 sei das Minimum, zu dem Sie sich herabgelassen, weil Sie glaubten, es handle sich um eine arme Patientin. Die Leute sind reich und machen kein Hehl daraus« (ebd., S. 163).

Wenige Tage darauf (2. Februar 1925) meldet Lou Salomé, die Änderung auf nun 20 Mark habe sich »fast von selbst« ergeben; »auch konnte ich wahrheitsgemäß erzählen, daß meine Patienten mehrfach das Honorar mit Nebenerwerb zusammenkratzen müssen« (ebd., S. 164f.). Nach weiteren zwei Wochen sendet sie eine indirekte Replik auf Freuds »Kaltherzigkeits«-Neckerei, in der sie darlegt, dass sie aus dem Analysieren nicht nur Geld gewinne, sondern auf andere Weise gleichsam auf ihre Kosten komme:

> »Richtig erwähnten Sie im damaligen Brief an mich, die Intelligenz der Patientin sei nicht groß und dies werde sehr hinderlich sein; ich spüre das, andrerseits spüre ich auch, wie ich im Eifer sie ganz zu erfassen und ihr zu helfen, ihr mehr und mehr gut gesinnt bin. Diesen leisen Fortschritt in mir selbst kenne ich und er gehört für mich zu den erwärmendsten Freuden; denn an mir selbst bin ich ein kaltes, altes Tier das nur Wenigen anhängt; eben drum so dankbar dafür, innerhalb der Ps. A. so warm abzufließen. / Von hier muß ich Ihnen sagen daß ich ungeheuerlich verwöhnt werde! Und ich lasse es mir ganz und gar gefallen« (ebd., S. 166).

Dieses »innerhalb der Ps. A. so warm abzufließen« berührt etwas, das Jacques Lacan *désir d'analyste*, also das »Begehren zu analysieren« oder »Begehren des Analytikers« nennen wird.

Nun 16 Jahre zurück ins Jahr 1909, in dem Carl Gustav Jung seine Tätigkeit an der Züricher Burghölzli-Klinik beendet und – wie kurz zuvor Abraham in Berlin – in Küsnacht seine eigene Privatpraxis eröffnet (Freud/Jung, S. 224). Er charakterisiert (am 19.01.1909) diese neue Lage Freud gegenüber mit den Worten:

> »Es ist ein bitterer Trank. Wenn ich irgendwo in einem heillosen Widerstande steckenbleibe, so denke ich weniger an Sie (denn ich weiß, daß Sie sich rasch heraushelfen) als vielmehr an meine andern analytischen Leidensgenossen, die von der Widerstandsanalyse leben müssen und über ebensowenig Hilfsmittel der Weisheit verfügen wie ich« (Freud/Jung, S. 218).

Er bezieht sich hier einerseits – mit dem verneinenden »so denke ich weniger an Sie« – auf seinen Briefpartner Freud als den Erfinder der Psychoanalyse, von dem er annimmt, dass er als idealisiertes Vorbild in solchen Fällen »sich rasch heraushelfen« könne; andererseits bezieht er sich auf das Kollektiv der »andern analytischen Leidensgenossen«, die wie er selbst »irgendwo in einem heillosen Widerstande« stecken blieben und sich fragten, wie dieser Widerstand in der Analyse zu handhaben sei. Die Formulierung lässt offen, ob der Widerstand aufseiten des Analytikers oder des Patienten angesiedelt ist.

Freud greift in seinem Antwortbrief das Verneinte direkt auf:

> »Ich weiß es, für jeden kommt, nachdem er die ersten Erfolge überwunden hat, eine bitterböse Zeit in der ψA [Psychoanalyse], in der [er] sie und ihren Urheber verflucht. Aber es legt sich dann später, und man bringt es zu einem modus vivendi. Das sind die Wirklichkeiten! C'est la guerre« (am 25.01.1909, Freud/Jung, S. 224).

Und einige Zeilen später gibt er Jung drei Imperative auf den Weg: »Ich sage mir oft zur Beschwichtigung des Bewußten: Nur nicht heilen wollen, lernen und Geld erwerben! Das sind die brauchbarsten bewußten Zielvorstellungen« (ebd.).

Mit dem ersten, einem negativen, Imperativ – »Nur nicht heilen wollen« – legt Freud den Akzent auf ein Wollen, auf einen Wunsch, den er in sich und in anderen Analytikern am Werke sieht. Das für Freud unheilvolle Heilenwollen ist nicht zu verwechseln mit der Frage, ob ein Analytiker heile bzw. heilen solle. Es führt zu bitteren Selbstvorwürfen des Bewussten: dass man jemanden nicht geheilt habe, nicht heilen könne, zumindest nicht weit oder schnell genug. Oder einfach: dass man kein Wunderheiler ist. Doch es geht in der Psychoanalyse nicht darum, jemanden wiederherzustellen, zu reparieren, als vielmehr um die Auseinandersetzung mit einem Verlust bzw. mit der eigenen Unvollständigkeit und Unvollkommenheit. Dieses Heilenwollen kann dem Wunsch, als Analytiker zu arbeiten, innewohnen und – paradoxerweise – die psychoanalytische Arbeit behindern. Wir erfahren, dass Freud selbst sich dieses Heilenwollen untersagen muss, um sein Bewusstes zu beschwichtigen. Mehrmals stellt er an seinen Schülern und Mitarbeitern fest, »das Bedürfnis zu heilen und zu helfen« sei in ihnen »übermächtig geworden«; sie hätten sich daher Ziele gesteckt, »die mit unseren therapeutischen Mitteln heute überhaupt nicht zu erreichen sind« (Freud 1933c, S. 269); sie versuchten, »die Heilung zu erzwingen« (Freud 1933[1932], S. 582). Bei Ferenczi und Pfister habe diese Tendenz sich in ihrem Interesse für »Schnellanalysen« oder »enthusiastisch verkürzte Analysen« geäußert (in Freud/Pfister, S. 130; Freuds Brief v. 07.02.1928).

Und die beiden anderen »brauchbarsten bewußten Zielvorstellungen« – das Lernen und der Gelderwerb? Freud sagt nicht, dass etwas *Bestimmtes* gelernt werden solle. »Lernen« scheint hier nicht die Aneignung eines gesicherten Wissens oder einer festgelegten »Methodik«, sondern der Prozess psychoanalytischen Forschens. »Ich glaube überhaupt, wir werden noch mehr finden, was dann der Technik zugute kommen wird«, schreibt er (Freud/Jung, S. 224); damit ist in Bezug auf den im selben Jahr erscheinenden Text über den »Kleinen Hans«, auf Jungs Beobachtungen an seinen eigenen Kindern und in Bezug auf seinen eigenen »Aufsatz über ›Methodik‹ (den ich eben nicht zu Ende schreibe)« – wohl die *Allgemeine Technik der Psychoanalyse* gemeint. »Nur nicht heilen wollen« ist dann eine Mahnung zur Offenheit: sich nicht vom *furor sanandi* und dem Wunsch, Wirkungen zu erzielen, hinreißen zu lassen, sondern bei der Ausübung der Analyse für Überraschungen offen zu sein statt einem System zu verfallen, sich von der Erfahrung der konkreten analytischen Arbeit leiten zu lassen, d. h., dem unbewussten Begehren des Analysanten zu folgen und davon zu lernen.

Zu *lernen* wäre in der von Jung beklagten Situation also auch, das Nichterreichen des Ideals, die eigene Beschränktheit auszuhalten, wie auch das Unvermögen, zu wissen, was dem Leidenden fehlt, und die Unmöglichkeit, eine Heilung zu erzwingen. Dieses Offenhalten-Müssen erlebt ein Analytiker oft als schwer erträgliche Einschränkung eines ehrgeizigen Ideals. Von diesen Kränkungen her kann sich sogar ein Widerstand des Analytikers gegen die Analyse mobilisieren. Vielleicht schreibt Freud deshalb in seinem Brief (25.01.1909), dass man »in die ψa [psychoanalytische] Erfahrung getrieben werden muß. Es ist gut, nicht anders zu können« (Freud/Jung, S. 224). Man könnte hinzufügen: Wäre man nicht gezwungen, ließe man es bleiben.

Der dritte Imperativ, »Geld erwerben«, bezieht sich konkret auf Jungs aktuelle Situation: Da ihm ein Lehrauftrag entzogen worden ist, muss er sich auf seine Praxis einlassen und – wie er klagt – »von der Widerstandsanalyse leben«. Allgemein ist das Geldverdienen für jeden Analytiker ein wichtiges Regulativ im Umgang mit den Leidenden, die ihn aufsuchen. Es kann den Anteil des *furor sanandi* begrenzen, denn unentgeltliches Arbeiten stützt sich notwendigerweise mehr auf andere Motive, auf eine Hingabe in – leicht zu enttäuschender – Erwartung anderer Früchte. Doch es bedarf des Interesses an dieser Arbeit, etwas, das man an ihr findet, das einen »entlohnt«, ohne dass es der Sache schadet, und ohne ein persönliches Sich-Befriedigen zu sein. Der Zusammenhang des Briefes an Jung legt nahe, dass zum »Lernen« auch die Auseinandersetzung mit der Frage gehört, was den einzelnen Analytiker veranlasst, Leidende zu empfangen und eine bestimmte Arbeit mit ihnen zu führen: mit der Frage nach seinem eigenen konkreten »Begehren zu analysieren« (Lacans *désir d'analyste*).

Arbeit in der Psychoanalyse ist ...

Gleichsam offiziell zur menschlichen Arbeit zählt seit Freuds Entdeckungen auch jene, die sich unbewusst in uns vollzieht. Zugleich schuf Freuds Erfindung eine neuartige Arbeit, die an dieser ansetzt: Arbeit der Psychoanalyse, psychoanalytische Arbeit (vgl. Rath 2011).

Im Deutschen hört man, anders als etwa im Französischen, kaum jemanden sagen, er habe »in der Analyse gearbeitet«. Meistens heißt es, man habe eine Analyse »absolviert«, sich analysieren lassen, sich einer Analyse oder psychoanalytischen Behandlung »unterzogen«, man sei analysiert, sogar durchanalysiert worden, oder schlicht, man habe »eine Analyse gemacht«. Wenn Sigmund Freud die Personen, mit denen er in der psychoanalytischen Kur arbeitet, Patienten, Kranke, Leidende oder die Analysierten nennt, betrachtet er diese keineswegs als passive Behandlungsobjekte. Mehrfach erklärt er, »eine mitarbeitende Tätigkeit im Kranken« (Freud 1895d, S. 296) sei unabdingbar, und eine Auswertung von Träumen könne nicht ohne »das Zusammenarbeiten des Analytikers mit dem Träumer« geschehen (Freud 1923c [1922], S. 260). Gegenstand dieser Zusammenarbeit ist etwas Drittes, Fremdes, auf das weder der eine noch der andere Zugriff hat.

Der Analytiker ist wesentlich passiv. Nicht so sehr, weil er die Position des Hörenden hat, denn er übt ja eine aktive Hörkunst aus. Er ist nicht der Kur-Direktor, sondern lässt mit sich machen. Er folgt dem Diskurs des Patienten, aber verfolgt ihn nicht, sondern ist dafür verantwortlich, wird dafür bezahlt, dass in der Kur ein Mensch anders sprechen kann. Aphoristisch formuliert: »Die Analytiker können sich schlicht damit begnügen, einen auf seine Worte hinzuweisen, gewissermaßen eine Technik, bei der sie sich damit begnügen, den Leuten ihr eigenes Sprechen zu verkaufen« (Safouan 1994, S. 30). Doch muss der Analytiker, der diese Zusammenarbeit gewährleistet und leitet, sie überhaupt erst in Gang bringen, denn nicht jedes Sprechen ist auch schon analytisches Sprechen. Darin liegt die wichtigste Funktion der Vorgespräche, deren Anzahl daher nicht schematisch festgelegt werden sollte.

Auch die Honorarforderung, die wie einiges andere »den Patienten einem Maß von realem Leiden durch Versagung und Libidostauung« aussetzt, kann dieses analytische Sprechen in Gang bringen und aufrechterhalten. Bei diesem Moment der Honorarforderung als einer der Mittel, »einen derzeit latenten Triebkonflikt aktuell zu machen« (Freud 1937c, S. 370f.), geht es um das Hervorlocken dessen, was *in absentia* nicht bearbeitbar ist, und nicht um eine Ideologie des Opferbringens (vgl. deren Kritik bei Ehebald 1978). Das Opfer ist hier der Verzicht *auf etwas*, auf die Fülle eines Patentrezepts, mit dem man sich Symptome zurechtgeschustert und Schiefheilungen akzeptiert hat, und Verzicht auf eine rasche Abfuhr in derjenigen Position, die einem lieb und teuer ist, obwohl oder weil sie leiden macht. Diese Position gilt es in der Analyse mental – strukturell gesprochen: auf dem Wege einer Regression – zu reproduzieren und zu bearbeiten.

Natürlich können so verstandene Geldregelungen genau so verfehlt oder richtig sein wie andere Interventionen, Deutungen und Setting-Momente.

AUF SEINE KOSTEN KOMMEN

Und was bestimmt die Honorarerwartungen eines Analytikers? Die von Freud bezüglich des Geldinteresses genannten Momente *Selbsterhaltung und Machtgewinnung* und die *mächtigen sexuellen Faktoren* lassen sich konkretisieren:

Die »Selbsterhaltung« umfasst die laufenden Lebenshaltungskosten für sich und evtl. weitere Personen, die Finanzierung seiner Praxis, des notwendigen Austauschs mit der psychoanalytischen Gemeinschaft und all dessen, was zur Reproduktion seiner Arbeitskraft, insbesondere zur Erhaltung seiner Aufnahmefähigkeit erforderlich ist. Denn dass er weiterhin als Psychoanalytiker fungieren kann, wird nicht durch einen Titel garantiert. Zur »Machtgewinnung« gehörten Gier, Geiz, Verarmungsängste, auf sich selbst, die eigene Schule und die eigene Arbeit bezogene Wertgefühle, Narzissmus und Entwertung (»Verdiene ich es, so viel Geld zu bekommen?«). Sie können untertrieben, bescheiden oder übersteigert sein und verbinden sich oft mit Vorstellungen von der eigenen gesellschaftlichen Stellung. Die »mächtigen sexuellen Faktoren« sind je besondere Geldlüste, also Begehren und Genießen, die sich durch die einzelnen Triebregister ziehen. Hinzu kommt der von Freud in »Einleitung der Behandlung« genannte Faktor »wie er seine Zeit einschätzt«, den man unterteilen kann in »Was ist Psychoanalyse wert?« und »Was ist (mir) meine psychoanalytische Arbeit wert? Welche Art der Befriedigung oder welches weiterführende Begehren finde ich darin?« Das sexuelle Geldinteresse kann eventuell mit einem besonderen Akzent des Analyseinteresses verbunden sein; man denke an die Überlegungen Karl Abrahams zu den Charakterformen des Analtriebs und daran, dass Jacques Lacan die Beziehung des analen Objekts »zu Schmutz, Läuterung und Katharsis« unterstreicht und von da aus zur »Funktion der Opferwilligkeit«; »das Objekt kommt hier jenem Bereich sehr nahe, den man den ›seelischen Bereich‹ nennt«, sagt er (Lacan 1978, S. 203–205). Die anale Lustprämie besteht dabei in der *Reinigung*.

Ein weiteres Moment ist die Meinung des Analytikers über den klinischen Wert der Bezahlung für den Patienten. Jenseits von Angebot und Nachfrage auf dem Psychomarkt, oder der Wertschätzung für diese oder jene Analytikerperson hat die Höhe des Honorars mit den enormen Energien zu tun, die bei psychischen Konflikten im Spiel sind, mit der Zähigkeit der Besetzungen und Fixierungen, und mit dem, was Freud den *ökonomischen* oder *quantitativen Faktor* nennt (vgl. bspw. Freud/Pfister, 18.01.1928, S. 129). Der Freud'sche Begriff *Besetzung* ist in romanischen Sprachen *investissement* und *investimento*, verweist also auf einen Vorgang, der uns aus dem Geldwesen sehr vertraut ist, wenn wir auf diese oder jene Hypothese oder Person *setzen* (vgl. Rath 2001, S. 411f.). Was hierbei auf dem Spiel steht – also nicht nur die Höhe des Schuldgefühls –, bestimmt den Einsatz dieses Subjekts bei der Suche nach *seiner* Wahrheit, um jenseits seiner Vorurteile, die es über sich selbst gebildet hat, seiner unbewussten Rede zu begegnen. Es hat etwas Unerhörtes zu sagen, d. h., das Sprechen hat einen hohen Einsatz. Dieses Unerhörte kann etwas sein, was es nie zu sagen gewagt hat, geht aber über manifest Peinliches oder Anstößiges hinaus.

Patienten fragen sich: »Zahlt sich das aus, eine Psychoanalyse? Was bringt das denn?«, »Was hätte ich mir für die im Lauf der vielen Sitzungen bezahlte Summe kaufen können?« Auf das »Ich will wissen, was ich für mein Geld bekomme« könnte man antworten: »Einen gut installierten Mangel.«

Wenn man nicht einen einheitlichen Betrag von allen verlangt, sondern diesen von dem Einsatz des jeweiligen her bestimmt, unter Berücksichtigung der finanziellen Verhältnisse, kann der Betrag – vom Analytiker her gesehen – manchmal hoch ausfallen, was sehr selten passiert; meist liegt er deutlich unterhalb einer Krankenkassenvergütung für analytische Psychotherapie.

»Was für einen Gewinn soll denn die Kastration bringen?«

Man bezahlt nicht nur mit Geld, sondern auch mit seinem Körper. Freud bemerkt, »daß in den Produktionen des Unbewußten – Einfällen, Phantasien und Symptomen – die Begriffe Kot (Geld, Geschenk), Kind und Penis schlecht auseinandergehalten und leicht miteinander vertauscht werden« (Freud 1916–1917e, S. 126f.). Auch in der »Psychopathologie des Alltagslebens« findet er Aspekte des an das Geld geknüpften Genießens:

> »Im Kaufmannsstande kann man häufig eine gewisse Zögerung in der Verausgabung von Geldsummen, bei der Bezahlung von Rechnungen und dgl. beobachten, die dem Eigner keinen Gewinn bringt, sondern nur psychologisch zu verstehen ist als eine Äußerung des Gegenwillens, Geld von sich zu tun.«

Er nennt dort auch eine Erfahrung aus der psychoanalytischen Praxis:

> »Mit den intimsten und am wenigsten klar gewordenen Regungen hängt es zusammen, wenn gerade Frauen eine besondere Unlust zeigen, den Arzt zu honorieren. Sie haben gewöhnlich ihr Portemonnaie vergessen, können darum in der Ordination nicht zahlen, vergessen dann regelmäßig, das Honorar vom Hause aus zu schicken, und setzen es so durch, daß man sie umsonst – ›um ihrer schönen Augen willen‹ – behandelt hat. Sie zahlen gleichsam mit ihrem Anblick« (Freud 1901b, S. 175).

Vielleicht entspringt – neben den schon genannten Motiven – das Unbehagen am Thema Geld in der psychoanalytischen Öffentlichkeit in gewisser Hinsicht auch einer Krise der Deutungskunst[10]. Aus den von Freud herausgearbeiteten symbolischen Verknüpfungen kann niemals abgeleitet werden, dass den Geldpraktiken eines Menschen mit einem Symboldeutungsschema zu begegnen sei. In jeder einzelnen Kur können ganz individuelle Verknüpfungen aufgespürt werden, die etwas über Besetzungs- und Abfuhrvorgänge, über das im Symptom enthaltene Genießen und über bestimmte Formen der Opferung und des Selbstopfers aussagen. Die Äußerungen der Libidoökonomie können insofern komplexer und aufschlussreicher sein als die Modelle der Finanztheoretiker.

Die Äquivalenzfunktion des Geldes erlaubt, in der psychoanalytischen Arbeit etwas von diesem Genießen zugänglich, darstellbar und reduzierbar zu machen. Noch deutlicher als im Alltagsleben begegnet man in der psychoanalytischen Kur ja unvernünftigen, »unökonomischen« Ökonomien (vgl. George Batailles Kritik des Monetarisierbaren). Die Psychoanalyse führt über das konventionelle Rentabilitäts-, Maximalisierungs- und Profitdenken hinaus.

Zum vorläufigen Schluss dieser Annäherung an ein diffiziles Thema lässt sich sagen, dass in einer Psychoanalyse bezahlt wird für das *Silber* des Redens des Analysanten, und für das *Gold* des Schweigens des Analytikers, der nicht nichts sagt, aber sich mit Suggestionen zurückhält.

Anhang

Forderung, Tarif, Honorar

In diesem Text interessieren mich einige Implikationen der Honorarpraktiken und nicht in erster Linie die Behauptung, unter den Bedingungen der Kassenfinanzierung und deren Richtlinien könne niemals eine Analyse stattfinden. Wie eingangs gesagt: Die meisten in Deutschland arbeitenden Psycho-

---

10 Cremerius lehnt Deutungen des Geldes, des Zahlens und Bezahltwerdens als Symbol ab, da sie verschleierten, dass der Patient »wirklich Geld, d.h. richtiges Geld an jemanden zu zahlen hat« (Cremerius 1998 [1995], S. 213) – doch was soll derart ontologisiertes »richtiges Geld« sein?

analytiker fordern kein *Honorar*, denn sie werden von Krankenkassen nach einem amtlich festgelegten *Tarif* bezahlt. Diese Vergütung erfolgt – entgegen einem verbreiteten Sprachgebrauch – ausdrücklich nicht für die Psychoanalyse eines Patienten, sondern für eine psychoanalytisch orientierte Psychotherapie, die als *Richtlinientherapie (RT)* den Parametern des Gesundheitswesens folgt.[11] Der Analytiker, der schließlich eine Kassenzulassung erlangt hat, verpflichtet sich vertraglich, »Störungen mit Krankheitswert« zu diagnostizieren, zu lindern, zu heilen, und dabei in einer Art Paralleldenken mit diagnostischen Kriterien zu arbeiten, die außerhalb der Psychoanalyse liegen. Er erbringt therapeutische Leistungen, deren Vergütung an Tarifverhandlungen, Auseinandersetzungen um Punktwerte und an richterliche Entscheidungen gebunden ist[12], etwa über die Angleichung der Honorarsätze für Richtlinientherapie in allen deutschen Bundesländern (2008), sodass Psychotherapiesitzungen einheitlich von Ersatzkassen mit etwa 80€ und von Privatkassen mit rund 90€ vergütet werden.

Die vertragliche Regelung einer kassenfinanzierten Psychotherapie besteht in der Bundesrepublik Deutschland seit 1967 (nach zehnjährigen Bemühungen[13]). Die Logik der Krankenversicherungsleistungen hat sich zugleich in der Analytikerausbildung niedergeschlagen[14] und einen neuen Psychoanalytiker-Typus mit einem gewandelten Selbstverständnis hervorgebracht. 1981, also nach mehr als einem Jahrzehnt, schreibt Johannes Cremerius, erst mit der Einführung der Krankenkassenregelung sei die Psychoanalyse ein »Beruf im Rahmen der medizinischen Versorgung der Bevölkerung« geworden (1990 [1981], S. 291).

---

11 Einige Implikationen habe ich in »Kontrolliert die Psychoanalyse?!« skizziert (Rath 2007).
12 Das Bundessozialgericht (BSG) hat am 25. August 1999 eine Grundsatzentscheidung zur Honorarfrage für PsychotherapeutInnen getroffen (Urteil B 6 KA 14/98 R). Demnach bekommen Psychotherapeuten, die zur vertragsärztlichen Versorgung der gesetzlichen Krankenkassen zugelassen sind, für eine Therapiestunde mindestens 145 D-Mark, also rund 74 €.
13 Zu den damaligen Auseinandersetzungen unter Analytikern, vgl. Lührßen (1996), S. 21.
14 »Am stärksten haben die Krankenkassen in der BRD in die Praxis und Ausbildung der DPV eingegriffen«, schreibt Cremerius (1995, S. 42), der sich positiv zu dem Richtlinienverfahren stellt. Er fährt fort: »Seit 1990 haben sie hochfrequente Analysen aus dem Katalog ihrer Leistungen gestrichen. Das heißt, daß die Mitglieder der DPV, die fast alle an der Kassenregelung teilnehmen, eine im Sinne der IPV nicht-analytische Praxis betreiben. Nicht-analytisch nicht nur wegen der niederfrequenten Therapie und der Festlegung der Dauer derselben auf maximal 240 Stunden, sondern auch wegen der Auflagen der Krankenkasse, die sie befolgen müssen, Auflagen, die nach dem Selbstverständnis der IPV analytische Therapie als solche unmöglich machen«.

»Wenn, wie es jetzt durch die verstärkte Nachfrage der Fall ist, Psychoanalytiker ein Beruf wird, von dem sich junge Menschen erhoffen, darin zufriedenstellend und erfolgreich arbeiten zu können, ausreichend zu verdienen und auf lange Sicht hinreichend wirtschaftlich gesichert zu sein, werden hier andere Persönlichkeitstypen und Charaktere auftauchen als früher« (ebd., S. 292).[15]

Er kontrastiert deren Haltung mit einer Zeit,

»da die Psychoanalyse offiziell nicht anerkannt war, keine äußere Macht besaß, keine Karriere zu bieten hatte außer einer sehr bescheidenen Praxis mit Einnahmen weit unter den Einnahmen der am wenigsten verdienenden ärztlichen Berufsgruppen« (S. 292),

und als deren Emblem führt er einen Kollegen an (Wolfgang Loch),

»der mit dem Patienten so weit gehen will, daß ihm die schöpferische Entfaltung seines ›wahren Selbst‹ gelingt […]. Das ist aufopfernde, sich selber wagende Mitmenschlichkeit, rücksichtsloses Forschertum in der Nähe des medizinischen Selbstversuchs (›to think crazy‹), das liegt weit jenseits vom allgemeinen Praxisverständnis der Heilberufe« (S. 293).

Ein unausgetragener Konflikt um den Umgang mit Geld

Noch 1981 bezeichnet Cremerius, der trotz der von ihm festgestellten Charakterveränderungen die Richtlinientherapie als Errungenschaft begrüßt, die Debatte als nicht abgeschlossen. 1978 hätten Kollegen sich bei einer internen Berliner Arbeitstagung über »Einflüsse der Kassenregelung auf die psychoanalytische Behandlung« gegen die Transformation von Psychoanalyse in Kassentherapie gewandt, und zwar in erster Linie ideologisch und nicht an der realen Arbeit ausgerichtet. »Gegen eine Untersuchung der Auswirkungen der Kassenregelung auf den analytischen Prozeß, auf Übertragung und Gegenübertragung etc. wäre nichts einzuwenden. Im Gegenteil! Das wäre eine notwendige Forschungsarbeit«, schreibt er (S. 262f.). Dennoch erscheint die Kassenregelung bei Cremerius als etwas der analytischen Arbeit

---

15 Drastischer und kritischer gegenüber dieser neuen Generation von Analytikern und der »verwalteten Welt« äußert sich Alexander Mitscherlich 1980 in seinem Rückblick Ein Leben für die Psychoanalyse (1984 [1980], S. 185f. u. S. 196).

Äußerliches und sie nicht Berührendes: Abhängigkeiten habe es auch vorher gegeben, die Dauer sei auch vorher nicht unbeschränkt gewesen, und die Ziele einer psychoanalytischen Kur seien viel zu hoch gehängt, wenn man sie denen der analytischen Richtlinientherapie entgegensetzt.[16] Andererseits ist er überzeugt, dass man das sogenannte Standardverfahren der psychoanalytischen Kur nicht aufrechterhalten könne. Es erscheint ihm veraltet, das Kassen-Richtlinienverfahren hingegen als kompatibel mit fortgeschrittensten Praktiken der Psychoanalyse, vielleicht sogar als deren Garant. Arbeitsweisen wie die Donald Winnicotts seien mit den Normen des deutschen Systems unvereinbar, was er nicht unbedingt bedauerlich findet (1998 [1995], S. 226).[17] An dieser Stelle ist anzumerken, dass auch Jacques Lacans Technik der variablen Sitzungsdauer nicht in den Rahmen der vertraglich festgelegten mindestens 50 Minuten passt.

Cremerius wendet sich besonders gegen verbohrte und irgendwie unfähige Konservative, die dogmatisch an der Bezahlung als einem zu erbringenden Opfer festhielten und dabei die Abhängigkeit von Hausfrauen und jungen Leuten, besonders Töchtern, von der Bezahlung durch den Familienvater verkennten. Auf die brennende Frage nach den Implikationen einer von den Kassenrichtlinien auferlegten nichtanalytischen Diagnostik und deren Auswirkungen auf die Analytikerposition und auf das psychoanalytische Arbeiten lässt er sich hingegen nicht ein.

Freuds »Wo Es war, soll Ich werden«, das ich als eine Metapher für die zu erzielende Wandlung der Libidoökonomie lese, erklärt er zu einem bloß klassenspezifischen »humanistischen Ideal[s] des gebildeten Bürgertums«, während eine fortschrittliche Therapie das zu bedienen hätte, was die Patien-

---

16 In seinem Text »Die Präsenz des Dritten in der Psychoanalyse. Zur Problematik der Fremdfinanzierung« (1990 [1981]) diskutiert Cremerius folgende Konfliktfelder:
   1. »Das Problem der Fremd- oder Selbstfinanzierung der Analyse«, 2. »Die zeitliche Limitierung der analytischen Psychotherapie«, 3. »Der unfruchtbare Psychoanalyse-Psychotherapie-Streit«, 4. »Die Präsenz des Dritten in der Analyse«, mit einem kleinen Abschnitt über »Die Schattenseiten der krankenkassenfinanzierten psychoanalytischen Psychotherapie« (S. 289f.), 5. »Psychoanalytiker als Beruf«, 6. »Ein technisches Problem wird auf der falschen Ebene diskutiert«.
17 Er empfiehlt dazu dem Leser »die Lektüre des Berichts, den eine namhafte englische Analytikerin, Frau Little, über ihre Analyse bei Winnicott gemacht hat, um den Unterschied wahrnehmen zu können, der zwischen dieser Arbeitsweise und derjenigen der Richtlinientherapie besteht.«

ten anderer Schichten sich unbewusst von der Psychoanalyse erwarteten und erhofften (S. 290 u. 295).

An dieser Stelle eröffnen diese von einem Verfechter der psychoanalytischen Richtlinientherapie vorgebrachten Ideen ein neues Problemfeld, das zu diskutieren bleibt: *Erledigt die Psychoanalyse einen Auftrag?*

LITERATUR

Andreas-Salomé, Lou & Freud, Anna: »... als käm ich heim zu Vater und Schwester« – Briefwechsel 1919–1937. Hrsg. von Rothe, Daria A. & Weber, Inge. München (dtv Taschenbuch), 2004.

Bataille, Georges (1978): Die psychologische Struktur des Faschismus. Die Souveränität. 2. erw. Aufl. München (Matthes&Seitz), S. 7–43.

Cremerius, Johannes (1990 [1981]): Die Präsenz des Dritten in der Psychoanalyse. Zur Problematik der Fremdfinanzierung. In: Ders. (1990): Vom Handwerk des Psychoanalytikers. Bd. 2. Stuttgart-Bad Cannstatt (Frommann-Holzboog), S. 262–305.

Ders. (1995): Die Zukunft der Psychoanalyse. In: Ders. (Hg.): Die Zukunft der Psychoanalyse. Frankfurt a. M., S. 9–55.

Ders. (1998 [1995]): Das Geld im psychotherapeutischen Setting. In: Ders.: »Arbeitsberichte aus der psychoanalytische Praxis«. Tübingen (edition Diskord), S. 205–219.

de Swaan, Abram (1979): Zur Soziogenese des psychoanalytischen Settings. In: Gleichmann et al. (Hg.): Materialien zu Norbert Elias' Zivilisationstheorie [Bd. 1], S. 369–406. Frankfurt a. M. (Suhrkamp).

Ehebald, Ulrich (1978): Der Psychoanalytiker und das Geld – oder die Ideologie vom persönlichen finanziellen Opfer des Patienten. In: A. Mitscherlich zu ehren, Frankfurt a. M. (Suhrkamp), S. 361–386.

Eitingon, Max (1922): Bericht über die Berliner Psychoanalytische Poliklinik (März 1920 bis Juni 1922). Internat. Zschr. Psychoanal. 8, 506–520.

Ders. (1924): Bericht über die Berliner Psychoanalytische Poliklinik in der Zeit von Juni 1922 bis März 1924. Internat. Zschr. Psychoanal. 10, 229–240.

Ders. (1925): [Ansprache bei der »Vorbesprechung über die Unterrichtsfragen« auf dem IPV-Kongreß in Bad Homburg]. Internat. Zschr. Psychoanal. 11, 515–520.

Ders. (1930 [1928]): Ansprache bei der Einweihung der neuen Institutsräume, 30. September 1928. In: Zehn Jahre Berliner Psychoanalytisches Institut (Poliklinik und Lehranstalt), hrsg. von der Deutschen Psychoanalytischen Gesellschaft. Wien (Internat. Psychoanal. Verlag); ND Meisenheim (Hain) 1970, S. 71–74.

Freud, Sigmund (1895d): Studien über Hysterie. GW 1.

Ders. (1901b): Zur Psychopathologie des Alltagslebens (Über Vergessen, Versprechen, Vergreifen, Aberglaube und Irrtum). GW 4.

Ders. (1913c): Zur Einleitung der Behandlung (Weitere Ratschläge zur Technik der Psychoanalyse). SA, Erg.Bd., S. 183–203.

Ders. (1916–17e): Über Triebumsetzungen, insbesondere der Analerotik. SA 7, S. 125–131.
Ders. (1919a [1918]): Wege der psychoanalytischen Therapie. SA Erg.Bd., S. 241–249.
Ders. (1923g): Vorwort zu Eitingon, Max (1922): Bericht über die Berliner Psychoanalytische Poliklinik (März 1920 bis Juni 1922). GW 13, S. 441.
Ders. (1923c [1922]): Bemerkungen zur Theorie und Praxis der Traumdeutung. SA, Erg.Bd.
Ders. (1930b): Vorwort zu: Zehn Jahre Berliner Psychoanalytisches Institut (Poliklinik und Lehranstalt), hrsg. von der Deutschen Psychoanalytischen Gesellschaft. Wien (Internat. Psychoanal. Verlag) 1930; ND Meisenheim (Hain) 1970.
Ders. (1933c): Sándor Ferenczi. GW 16, S. 269.
Ders. (1933[1932]): 34. Vorlesung: Aufklärungen, Anwendungen, Orientierungen, SA 1, S. 566–585.
Ders. (1937c) Die endliche und die unendliche Analyse. SA Erg.Bd., S. 357–392.
Ders. (1956c [1932–38]): Brief an Doolittle, Hilda v. 24. Sept. 1934. In: H. D. (Hilda Doolittle 1956): Huldigung an Freud. Rückblick auf eine Analyse. Mit einer Einleitung von Michael Schröter. Frankfurt a. M./Berlin/Wien (Ullstein), 1975, S. 213f.
Ders. (1999b [1932]): Brief an Julius Rieman [recte: Julius Risman] (17.8.1932) [Teilabdruck], in: Galerie Gerda Bassenge, Auktion 73 (Literatur und Buchillustration des 17.–19. Jahrhunderts, Kinderbücher, Autographen), 15. und 16. Apr. (1999), Nr. 2445.
Ders. (2000g [1933]): Briefe an Roy R. Grinker, Sr. (16.4.1933) [in Englisch mit Vollfaksimile], in: Kavka, Jerome, ›Sigmund Freud's Letters to R. R. Grinker, Sr 1933–1934: Plans for a Personal Analysis', Psychoanalysis and History, Bd. 2 (2000), S. 152–157.
Freud, Sigmund & Abraham, Karl: Briefwechsel 1907–1925. Vollständige Ausgabe (2009), 2 Bde., Wien (Turia + Kant).
Freud, Sigmund & Andreas-Salomé, Lou: Briefwechsel. Frankfurt a. M. (Fischer) 1980
Freud, Sigmund & Eitingon, Max: Briefwechsel 1906–1939, Tübingen (Ed. Diskord), 2004.
Freud, Sigmund & Freud, Anna: Briefwechsel 1904–1938. 2. Aufl. Frankfurt a. M. (Fischer) 2006.
Freud, Sigmund & Jung, Carl Gustav: Briefwechsel. Frankfurt a.M. (Fischer) 1974
Freud, Sigmund & Pfister, Oskar: Briefe 1909–1939. 2. Aufl. Frankfurt a.M. (Fischer), 1963.
Lacan, Jacques (1978): Die vier Grundbegriffe der Psychoanalyse (Seminar 11) (übers. v. N. Haas). Olten/Freiburg i.Br. (Walter).
Lürßen, Ernst (1996): Fortsetzung oder Neubeginn? – Persönliche Betrachtungen zur Geschichte der Psychoanalyse vom Kriegsende bis heute. In: Psychoanalyse und Psychotherapie. Klinische Fragen aus Ost und West. Tagungsband 4 der DPV, Tagung in Stadtlengsfeld, 12.–14. September 1996.
Mitscherlich, Alexander (1984 [1980]): Ein Leben für die Psychoanalyse. Anmerkungen zu meiner Zeit. Frankfurt a. M. (Suhrkamp).
Rath, Claus-Dieter (2001): Übertragungsgefahr. Herausforderungen psychoanalytischer Kulturtheorie heute. In: Tholen, G. C.; Riepe, M. & Schmitz, G. (Hg.): Übertragung – Übersetzung – Überlieferung. Bielefeld (Transcript), S. 395–432.
Ders. (2007): Kontrolliert die Psychoanalyse?! Eine Skizze. In: Decker, Oliver & Türcke, Christoph (Hg.): Kritische Theorie – Psychoanalytische Praxis. Gießen (Psychosozial-Verlag), S. 147–167.
Ders. (2011): Arbeit des Unbewussten und Arbeit der Psychoanalyse. In: Tuschling, Anna & Porath, Erik (Hg.): Arbeit in der Psychoanalyse. Klinische und kulturtheoretische Beiträge. Bielefeld (transcript) (im Druck).

Safouan, Moustapha (1994): Eröffnung. In: Prasse, Jutta & Rath Claus-Dieter (Hg.): Lacan und das Deutsche. Die Rückkehr der Psychoanalyse über den Rhein. Freiburg i. Br. (Kore), S. 28–34.

Für Hinweise danke ich herzlich Gerhard Fichtner, Ludger Hermanns und Michael Schröter.

Die Realisierungsmächtigkeit des Geldes

Ein psychoanalytischer Ansatz zur Deutung des (Un-)wesens des Geldes

Jean Clam

Die Ambivalenz des Geldes: Wertverunsicherung und objektale Dichte

In allen Kulturen, die das Geld kennen, entstehen typische Spannungen in Gesinnung und Verhalten, die den Umgang mit ihm belasten. Selbst in prämonetären Wirtschaften und Kulturen kann man, wenn man auf die »tokens«[1] schaut, die partielle Funktionen des Geldes erfüllen, beobachten, wie sich Tendenzen zur Verwicklung und Gewichtung der ethischen und praktischen Zusammenhänge herausbilden, in denen solche tokens gebraucht werden.

Was ist am Geld so eigentümlich, dass es überall, wo es auftaucht, einen ambivalenten Status erhält und wie eine stets besonders bedeutsame Sache behandelt wird? Was »vergiftet« das Objekt Geld als solches und warum droht es stets eine akute Negativität auszustrahlen? Warum begegnet man ihm mit so viel Misstrauen und erwartet, dass z. B. interindividuelle Beziehungen, in denen Geld eine größere Rolle zu spielen beginnt, problematisch werden und sich oft nicht mehr als das, was sie davor waren, halten können?

---

[1] Token ist das englische Wort, das für die Bezeichnung dessen, was Geld materialiter ist, fast unverhofft geeignet ist. Im Gegensatz zum dt. »Zeichen«, mit dem es etymologisch verwandt ist, hat sich in seiner Bedeutung ein prägnanter Bezug zum Zeichending entwickelt, d. h. zu den Stücken Materie, zu den gedrungenen, verkleinernden, verdichtenden physischen Konkretionen gebildet, an denen der Zeichenverweis sich heftet. Talcott Parsons Theorie der symbolisch generalisierten Kommunikationsmedien setzt beim Geld an und bei diesem an seiner token-Natur. Siehe dazu Parsons 1975, S. 94–120; Clam 2004, S. 35f.

Gewiss sind kaum Objekte bekannt, denen keine Ambivalenz anhaftet. Schon in der Wahrnehmung und der Identifizierung von Attributen und Qualitäten der Objekte sind Divergenzen der Auffassungsweisen zu beobachten, die zu sehr unterschiedlichen Einschätzungen der betreffenden Objekte führen. Dies geschieht sowohl beim einzelnen Individuum, das zu einem bestimmten Moment die unterschiedlichsten Gefühle gegenüber dem Objekt in seiner Brust hegt, als auch bei verschiedenen Individuen, die in ihrem Bezug auf dieses Objekt aus Unterschieden des Interesses, des Geschmacks, der Opportunität etc. unter sich stark differieren.

Die Ambivalenz des Geldes ist jedoch von einer anderen, spezifischen Natur. Sie ist ihm intrinsisch und hat, würde man meinen, damit zu tun, dass es ein eminentes Objekt des Begehrens ist. Die Ambivalenz des Geldes muss auf alle Fälle als eine innige Wirkung des Geldes in seiner Substanz und seiner Gegebenheit selbst vorgestellt werden.

Betrachten wir genauer die Charaktere des Geldes in Substanz und Gegebenheit und versuchen wir hierbei etwas über die Problematik seiner Ambivalenz zu erfahren. Das erste Charakteristikum ist in der spezifischen Materialität des Geldes anzusiedeln: Geld weist unter allen bekannten Artefakten, unter allen Gegenständen, die von Menschen gemacht werden und von ihnen mit einer gewissen Bedeutung oder Funktion ausgestattet werden, eine ungewöhnliche, ja maximale objektale Verdichtung auf.

Wenn es vor uns da liegt, strahlt es als physisches Objekt den verstörenden Sinn einer unbestimmten Wirksamkeit aus. Es ist gesammelte, in ein token gepresste, verdichtete Wirkpotenzialität: Es ist ein gebündelter Wert, der unmittelbar gilt und in Austausch, Produktion und im Verbrauch von allem, was zum menschlichen Bedürfnissystem gehört und sich in seiner Sphäre bewegt, seine Wirkung entfalten kann. Geld, sagt man, kann alles kaufen, alles Käufliche, fügt man hinzu, um zuletzt noch hinzuzufügen: Geld macht alles käuflich – das ist der Grund, warum es alles kaufen kann.

Geld ist das Mittel des allgemeinen Habens, des Erwerbs all dessen, das sich erwerben lässt. In ihm waltet eine Mächtigkeit der Annäherung der Dinge an eine Mitte heran, in der der Reiche steht. Das Geld ist eine Potenz, welche die Dinge von ihren Aufenthalten holen und sie in den Kreis eines Habens, einer Verfügung, eines Gebrauchs und Verbrauchs bringen kann. Geld ist somit eigentlich selbst das Zentrum einer Kraft der Anziehung und Annäherung.

Der Reiche erhält seine Aura von dieser Kraft. Er hat sie inne und trägt sie auf all seinen Wegen. Wo immer er auftritt, vergegenwärtigt sich dieser Zulauf der Dinge auf den Kreis seiner Verfügung hin. In seinem Umkreis, mag er stehen oder wandeln, spürt man ein Leichtwerden der Dinge, die wie Bilder oder sonstige an Wänden oder Decken angebrachte Gegenstände sich abhängen und schwebend auf die Mitte des Geldsogs zugehen. Das Geld macht die Dinge in diesem bestimmten Sinne mobil – nicht nur im Simmel'schen Sinne, der mit der »Mobilisierung der Werte« den beschleunigten Umlauf von Wertdingen und Geldwerten meint (Simmel 1977, S. 534–585), sondern auch in dem Sinne, dass sie sich von ihrer Fixierung lösen und in den Umkreis des Wohlhabenden eilen. Die Spur des Reichen lässt sich an solcher Entfestigung und Annäherung der Dinge verfolgen.

Diese Mobilmachung der Dinge und ihre Anziehung auf das Zentrum der Geldhabe ist etwas, das wir nicht ohne Weiteres erfahren, wenn wir selbst keine Reichen sind. Unser Bezug zum Geld ist nicht in der Dimension seiner Pleonexie etabliert. In unseren Gesellschaften wird in der allgemeinen Kommunikation ein Geldbezug unterstellt, der dem Mittelstand zu eigen ist: Ein solcher Bezug ist charakterisiert durch den »Verdienst« des Geldes durch Arbeit und Mühe auf der einen Seite, ein bedachtes und kalkulierendes Ausgeben seiner, das Sparen kleiner Mengen von ihm über lange Zeitperioden, das Nichtverschmerzen von meistens gar bescheidenen Verlusten seiner Beträge auf der anderen Seite. Es ist insgesamt ein pusillanimes, unbeherztes, ängstliches und ängstlich machendes Verhältnis zum Geld, das unseren Blick ausschließlich an das Vorkommen des Geldes in knappen Mengen bindet und die Berührung mit seiner Pleonexie ablehnt und vor ihr flüchtet.

Mit dem wahren, pleonexischen Geld hingegen lassen sich am ehesten Objekte vergleichen, die von starker symbolischer Wirksamkeit beseelt sind, wie Talismane, Prestigeobjekte etc. Im Volksmund, in der gemeinen Weisheit, in der Metaphorik aller Arten der Rede über das Geld kehrt diese Assoziation mit solchen Objekten großer Wirksamkeit zurück. Das sprachliche Register, welches für die Magie reserviert ist, wird in diesem Zusammenhang oft gewählt. Die individuelle und soziale Wertung des Geldes als eines magischen Mittels, das aus dem Zentrum seines Besitzes und seines Einsatzes heraus immer für den Besitzenden und Einsetzenden etwas verändern kann, wird genährt von einer typischen

Überschätzung, die oft in eine Agalmatisierung[2] (beim typischen Geizhals[3] z. B.) umschlägt.

Deswegen kam zu Beginn dieses Aufsatzes die Sprache auf das Geld als token. In diesem Begriff findet sich beides verdichtet: Symbolik und Wirksamkeit. Und zwar nicht die lasche Symbolik eines ungefähren Wertrepräsentanten, sondern die handfeste, kalkulatorische eines *numerarius*, der genau an Bruchteilen des Mediums ermittelt wird; sowie nicht unsymbolische Wirksamkeit eines unvermittelt und in allen Lagen gleich wirkenden Giftes oder einer aktiv strahlenden Substanz, sondern die fast magische eines Faszinosum. Das Objekt Geld ist ein von sich aus scharf wirksames Objekt. Seine Wirkung richtet sich nicht nur auf Weltdinge, sondern auch, durch die Macht, die es über diese Dinge seinem Besitzer verleiht, auf die Psyche, welche diese Dinge begehrt oder besitzt. Im Gegensatz zu den meisten anderen Objekten, die zwar die Menschenpsychen, die sie wahrnehmen und von ihnen Gebrauch machen, in unbestimmter Weise affizieren, wirkt das Geld unmittelbar auf sie ein, in einer Form, die das Ganze der bewussten und unbewussten Einstellungen und Dispositionen berührt und nicht selten tief greifend verändert.

Geld als Vermögen: Intrinsische Pleonexie und ethisch-menschliche Figurationen seiner Negativität

Geld ist und verleiht Vermögen. Wie ich es hier auffasse und wie es sich in jedem allgemeinen Meinen zu verstehen gibt, ist es eine emergente Gegenständlichkeit, die aus dem Umschlag seiner Anhäufung in eine neue Qualität (der Potenz) erwächst. D.h., es wird erst zu dem, was es ist, als was es gemeint wird, wenn seine Anhäufung eine Schwelle überschreitet. »Geld« in diesem Sinne ist eine besondere, beachtliche Menge, eine Fülle an Geld, ein Überschuss an Geldbestand; sonst bleibt es unterhalb der oben beschriebenen Erscheinungsschwelle, seiner Kristallisation als vermögendes Geld. Geld

---

2 Verwiesen wird hier auf Lacans Begriff des Agalma – als eines strahlenden Bildes des Objekts und Ursache seines Begehrtseins – und seiner Lehre von Objekt klein a – die u.a. in Lacans Auslegung des platonischen Symposion entwickelt werden (Lacan 1991).

3 Molières Stück, L'avare ist hier exemplarisch. Lacan geht im oben genannten Seminar auf Molières Geizhals ein und interpretiert dessen Leidenschaft als Agalmatisierung der »cassette« (Kasten), in der er sein Gold verwahrt.

ohne diese Quantität, Geld als eine Ressource, von der bloß kleine Mengen täglich verfügbar sind, die in den Lebensvollzug einfließen, in diesem dann verbraucht werden, aber ihm immer wieder aus irgendeinem Verdienst zufließen – ein solches Geld erreicht die Schwelle nicht, an der dessen Wirksubstanzialität und Vermögensstruktur in Erscheinung und Tätigkeit treten, wie es hier gemeint ist. Und das gilt auch dann, wenn es völlig ausreichend wäre für ein ganz bequemes, befriedigungs- und genussreiches Leben. Ein Geld, das jener infrapleonexischen Figur entspricht, wäre jenes von vielen Ökonomen und Ethikern erwünschte Geld. Es würde nur als Austauschmittel und nur als solches fungieren, im Austausch selbst aber neutral bleiben und damit in seiner Wirkung sowohl makro- als auch mikroökonomisch neutralisiert sein.[4] Es geht in den Austauschprozess wie eine Schmiere ein, fördert ihn, erleichtert und beschleunigt ihn, ohne irgendeine weitere Wirkung zu entfalten. Man kann es kalkulatorisch zu- und abziehen, ohne die Saldopositionen an einem Moment des Prozesses zu beeinflussen. Erst der Entzug von Geldmengen aus diesem Umlauf des Geldes und ihre »Anlage« in einer Rückzugsposition zum Konsumplan konstituiert Geld als intrinsisch pleonexisches Mittel der Weltwirksamkeit; erst ein solcher Entzug und die anschließende Häufung seiner Mengen macht es zu einem »Vermögen«. Wenn wir von einer intrinsischen (Tendenz zur) Pleonexie des Geldes reden, dann meinen wir damit, dass jedes Geld, alle Geldformen eine solche Entziehbarkeit aus der Verfügbarkeit erlaubt. Diese Tendenz realisiert sich, wenn das Geld dem verbrauchenden Verhältnis zum Fortgang des Lebensvollzugs, in dem es sich infrapleonexisch aufhält und laufend verzehrt, entzogen und aufgehäuft wird. Erst dann kann es in der Mächtigkeit konstituiert werden, die in der Rede vom »Geld« in allen möglichen Kulturen aufscheint.

Nachdem wir einige Charaktereigenschaften des Geldes haben Revue passieren lassen, ergibt sich eine erste These zu dessen Ambivalenz: Sie ist dem Geld intrinsich und macht seine eigene objektale Kompaktheit aus. Sie ist ihm

---

4 Die große Finanzkrise vom Oktober 2008 hat zu Überlegungen und Reformvorschlägen angeregt, die der – desubstanzialisierenden, virtualisierenden – Dynamik selbst der Monetarisierung entgegenwirken und einer Nostalgie der Geldneutralität das Wort sprechen. Konzepte von Vollgeld – als einem strukturell von den Beständen und realisierbaren Anlagen der Realwirtschaft gedeckten Geld – sind wieder in Umlauf gekommen, die in Praxis und Theorie der Dynamik zeitgenössischer Finanzwirtschaft entgegengesetzt wären. Siehe als Beispiel – mit wertvollen bibliografischen Hinweisen zur befürwortenden Position – Teubner 2011.

inkorporiert und wird also von dessen Substanz selbst ausgestrahlt[5]; sie ist selbst Effekt der objektalen Dichte des Objekts und seiner Wirksubstanzialität.

Aus dieser seiner Ambivalenz – das dazu Gesagte möge erst einmal genügen – erwächst dem Geld jene Spannung, die so bezeichnend für seine Ächtung durch die große Mehrheit der Kulturen ist. Das Geld bringt stets ein Unbehagen hervor und gebärdet sich immer wie eine in die Werteordnung eingeführte Verunsicherung. Mit ihm geht ein Riss durch diese Ordnung. Sie ist nicht mehr so leicht in ihrer Gesamtheit und Einheit zu behaupten. Eine besondere Anstrengung ist dann nötig, um die geschaffene Kluft um das Geld zu schließen. Geld wirkt auf jede Werteordnung disruptiv, fügt sich in keine problemlos ein.

Natürlich muss man betonen, dass keine Werteordnung spannungsfrei ist und jenseits jeglicher Verunsicherung bestehen kann. Jeder Wert bringt eine Fülle von möglichen Exzessen und Defizienzen in seiner Verwirklichung und in seinem Ausleben mit sich. Jede Werteordnung ist gespannt, nicht nur durch den Widerstreit der Vielfalt ihrer Werte, sondern durch die Tendenz eines jeden ihrer Werte zu exzessiven oder defizienten Modi der Verwirklichung. Jede kennt darüber hinaus einen oder einige wenige kardinale Zwiespalte, welche der Kultur ihre Grundproblematiken und ihr besonderes Gesamtprofil geben.

Allerdings unterscheidet sich das Geld hiervon. Das Geld bezeichnet keinen kardinalen Zwiespalt und keine Grundproblematik einer Kultur – es ist nicht vergleichbar mit der Spannung, die in der griechischen Kultur die Züge der Tragik um den Widerstreit zwischen kosmischer Ordnung und menschlichem Begehren annimmt. Es bezeichnet vielmehr einen spezifisch transversalen Zwiespalt. Das Unbehagen am Geld drückt sich meistens an Figuren aus, durch die das Geld an einen Menschentypus gebunden wird und damit dem Geld ein personales Gepräge, das Gesicht und die Narration einer Persona gibt. Man denke etwa an den Wucherer, den Geizhals, den Financier, den Wechsler, den Juden, den Spieler, den Verschwender, den Verbrenner (von Geld – den *flambeur*); man denkt aber auch an die Komplementärpersonae der Witwen, Waisenkinder, Bauern, Sparer, Unternehmer, d. h., an alle diejenigen, deren Leben und Arbeiten sich in der Realität des Wirtschaftens und des Sich-Abmühens ansiedeln, während das Geld und seine Leute diese Ebene

---

5 Sie ist nicht trennbar vom Objekt selbst, wie eine Qualität, die ihm nur unter bestimmten Bedingungen dazukommen würde, sich ihm nur in bestimmten Kontexten seines Wirkens beilgelegt wäre.

nicht tangieren und sie sich damit begnügen, die geldlichen Repräsentanten der Dinge virtuell hin und her zu bewegen und sich von der Substanz der realen Mühsal zu nähren.

Eine kultur- und wirtschaftsgeschichtliche Untersuchung dieser Figurationen des Geldes könnte sie systematisch aufspüren und rekonstruieren. Simmel hat an vielen Stellen seiner Philosophie des Geldes solche Figurationen des Geldes nachgezeichnet und versucht, sie als Wirkungen der Mächtigkeit des Geldes im Menschlichen zu verstehen. Die Dynamik des Geldes als eines Mediums, in dem soziale Kommunikation sich vollzieht und durch das diese Kommunikation sich vor allem Wollen und Handeln konfiguriert, bezeugt eben solche Wirkungen der Mächtigkeit, welche als solche zunächst verstanden und erforscht werden müssen.

Simmels Analyse hat das Geld bekanntlich nicht nur als eigendynamisch treibende mediale Struktur verstanden, ablesbar etwa in der Kristallisation bestimmter Kultur prägender Figuren, sondern er hat sie auch als eine Dynamik der Mobilisierung von Werten erschlossen, und damit als die Voraussetzung für das Entstehen einer einzigartigen Individualitätsform. Mit einem solchen Verständnis legte er den Schlüssel in die Hand derjenigen, die sich um das Verständnis der Moderne und ihrer Wandlungen entlang der Stationen des Individualisierungsprozesses in den abendländischen Gesellschaften bemühen.

Uns soll es hier weniger um diese Zusammenhänge gehen als um eine dem Geld innewohnende Effizienz, die an allererster Stelle das Psychische tangiert. Es geht uns um psychische Wirkungen des Geldes, die sich im Gesellschaftlichen niederschlagen, meistens aber im Gewand der Ambivalenz und des Unbehagens, der axiologischen Spannung und Spaltung.

Geld als Mächtigkeit zur Realisierung: Sein Begehren und Nichtbegehren

Meine These ist: Das Geld ist durchweg eine Mächtigkeit zur Realisierung, die als solche der Ausrichtung aller psychischen Symbolisierungen entgegengesetzt ist. Das Geld ist ein Ding, das gewissermaßen aus sich heraus ganze Teile der Welt, insbesondere jene Teile, die man sich am meisten wünscht, zu Wahrnehmung und Besitz geben kann. Das Geld, in großer Menge erworben und einer Person zur Verfügung stehend, untergräbt die Ökonomie der Symbolisierung selbst. Denn Symbolisierung ist intrinsisch auf die Irrealisierung der meisten Bezüge zu Gegenständen des Begehrens ausgerichtet. Daher wird das Geld nicht nur begehrt, sondern zunächst und zumeist unbewusst nicht begehrt.

Geld wird häufig als ein eminentes Objekt des Begehrens vorgestellt, weil es sozusagen die Erfüllung aller möglichen Wünsche herbeiführen kann. Logischerweise müssten alle Menschen, die in monetären Wirtschaftssystemen leben, nach dem Geld streben, weil es das einzige Mittel der Herbeiführung aller denkbaren Befriedigungen ihrer Bedürfnisse und Wünsche ist. Dem Anschein nach geschieht auch genau das, diese Menschen streben allseitig nach dem Erwerb von Geld, das sie für die Erlangung ihrer Befriedigungen einsetzen. Dennoch ist die Sache weder so logisch noch so einfach, wie sie zu sein scheint. Geld wird auch tatsächlich nicht begehrt, das Begehren von Geld wird vermieden, umgangen, hintenangestellt, differiert, vorgetäuscht; sein Nichtbegehren wird allerdings ebenso verstellt, verdrängt, nicht erkannt, und kann dadurch unmöglich offen eingestanden werden. Allerdings geschieht dieses Nichtbegehren des Geldes nicht aus den Motiven der ethischen Ambivalenz des Geldes und seiner akuten Negativität in den unansehnlichen Figurationen, die es typischerweise hervorbringt. Solche Motive können zwar die bewussten Intentionen der Geldaversion und der Abweisung seiner »logischen« Begehrlichkeit im eigenen Begehren in sich enthalten; sie verdecken aber die wirklich seelisch wirksamen Motive des Nichtanstrebens des Geldbesitzes.

Denn Geld kann begehrt, stark und sehr gezielt begehrt werden, ohne dass an ihm das, was es ist, begehrt wird. Geld kann angestrebt, besessen und gehäuft werden, damit es gerade nicht zu seinem Wirken kommt, d. h. zur Entfaltung seiner Realisierungsmächtigkeit. Psychische Komplexe, die am Geld und an den auf es bezogenen Verhaltensweisen haften, erhalten von dieser Doppelbödigkeit des Geldbegehrens und -nichtbegehrens ihre Realität.

Das Geld zu begehren, heißt, das in Wahrnehmung und Besitz Realwerden der Begehrensdinge in Wahrnehmung und Besitz selbst zu begehren. Dies ist keine einfache Formel des Begehrens, mit der nur das von sich aus nicht ohne Weiteres geradewegs auf die realen Erfüllungen seiner Strebungen zusteuernde Begehren gemeint ist. Es ist eben aus der Sicht einer psychoanalytischen Theorie des Begehrens nicht selbstverständlich, dass das Begehren einfach und geradlinig auf seine Verwirklichung in und an den realen, d. h. wahrgenommenen Dingen geht. Ein solches Begehren muss in spezifischen psychischen Entwicklungen zunächst erzeugt werden. Zu dieser Erzeugung gehört eine Art Wandlung der psychischen Einstellung und eine grundlegende Veränderung des Entwurfs von Begehren und seiner Trajekte.

Zentral zu unserer These sind die bereits verwendeten Begriffe: real, Realisierung, irreal, Irrealisierung, sowie Symbol und symbolisch. Aber was heißt hier real? Unter real verstehen wir nicht das, was Lacan mit diesem Begriff anzuzeigen versuchte, sondern eher das, was Sartre in seinen frühen Schriften in Bezug auf die Unterscheidung real/imaginär entworfen hat. Real bezeichnet eine Gegebenheitsweise der Welt, eine Weise, wie Gegenstände in der Welt uns erscheinen, eine spezifische Bewusstseinsform, eine spezifische Intentionalität, in der Gegenstände gemeint werden. Real intendiert werden Dinge oder Parzellen der Welt, wenn sie perzeptiv gegeben werden, wenn sie sich dem Subjekt in einer Wahrnehmung geben, d. h., wenn sie von ihm wahrgenommen werden und damit als real existierend in der Welt intendiert werden. Einen Gegenstand zu realisieren, hieße dann, ihn in die Wahrnehmung zu überzuführen. Dagegen werden irrealisierend intendierte Objekte in einem bildenden Bewusstsein *(conscience imageante)* als gegeben angesehen. Das irreale Objekt ist das bloß in der Einbildung *(imagination)* existierende, eingebildete *(imaginaire)*. Es ist also das Objekt, welches seinem Sinn von dem es konstituierenden Bewusstsein als ein nichtreales angesetzt wird.

Der Unterschied zwischen den beiden Bewusstseinsarten – nämlich der realisierenden und der irrealisierenden – ist kein Unterschied zwischen den in ihnen intendierten Objekten. Während der Objektsinn jeweils ein anderer ist, kann jedoch eine Objektidentität hinter beiden unterschiedlichen Sinnentwürfen bestehen. Die Rede von einer Realisierung des Objekts würde sonst nichts besagen, wenn das imaginäre Objekt als dasselbe, das es ist, in die Wahrnehmung überführt werden könnte. Dabei muss der Unterschied zwischen den beiden gegenstandsintendierenden Bewusstseinsarten als Unterschied zwischen zweierlei Objektsinnen streng durchgehalten werden, weil wir sonst in das, was Sartre die Immanenz-Illusion nennt, zurückfallen würden. Dann wären Bilder von Objekten, die in der Vorstellung als an realen Analoga eingebildete erscheinen, nichts als abgeschwächte Wahrnehmungen. Dies weist Sartre wiederholt zurück.[6] Es ist das Prinzip, wogegen sein frühes philosophisches Schaffen gerichtet ist und mit dessen Widerlegung es anhebt.

DIE PSYCHISCHEN BEDINGUNGEN DER REALISIERUNG

Die These ist also, dass Geld eine Realisierungsmacht ist. Dies heißt: Geld gibt Zugang zu den Dingen, macht sie real, gibt sie selbst zu Habe und Besitz in der Wahrnehmung. Sein Inhaber kann die Dinge/Dienstleistungen ganz konkret erwerben und sie in seinen Besitz überführen. Hier bieten sie sich ihm perzeptiv, leibhaft zur Habe an. Ohne das Geld wären sie bestenfalls imaginierend und irrealisiert gemeint worden, d.h., das Bewusstsein hätte von ihnen nur ein Bild entwerfen können und an dieses seine weiteren Intentionen geknüpft.

Was Geld nicht macht, ist, die Dinge unter allen Umständen gleich zu realisieren. An seinen Realisierungen ist eine epochale Variation feststellbar, die aber nichts an der Gültigkeit der These ändert. Zwischen Kulturen und Epochen, in denen das Geld sehr knapp ist und nur einen Bruchteil der Tauschhandlungen vermittelt, und solchen, die noch weit von der Durchmonetarisierung der Wirtschaft entfernt sind, oder solchen, die, wie die unseren, ein globales Finanzsystem ausdifferenziert haben, bestehen weitreichende Unterschiede, die der These unterschiedliche Färbungen geben. Es sind aber Beugungen – wenn auch bedeutsame und interpretationswürdige – des einen Phänomens einer besonderen Mächtigkeit des Realisierens von Objekten durch deren wahr-nehmende Habe bzw. Inbesitznahme.

Wer zu Geld kommt, verändert sich. Doch wird auch behauptet, dass Einzelne von Erfolg und Bereicherung »unangefochten« geblieben sind. An ihnen, ihren persönlichen Eigenschaften, ihrer Freundlichkeit, Bescheidenheit, Hilfsbereitschaft etc. habe sich nichts geändert, ebenso wie an ihrem Verhalten, ihrem Ausgeben, ihrem Beschaffen von Dingen und ihrem Konsum. Dieses Phänomen ist gerade zweideutig und an sich sehr bedeutsam. Denn es bestätigt die These und stellt sie keineswegs in Frage. An ihm wird eine Weise des Nichtbegehrens des Geldes deutlich sowie die Mechanismen der Verweigerung

---

6 In den beiden aufeinanderfolgenden Werken (L'imagination 1936 und L'imaginaire 1940) ist die Aufdeckung dieser Immanenz-Illusion ein Hauptanliegen Sartres.

des Sich-Einlassens auf die geldlich vermittelte Realisierung der ansonsten irrealisierten Objektwelt aller Wunschstimulationen. An ihm wird die Weise des Entzugs deutlich, die sich der Realisierung und ihrem Sog verweigert.

Der Wirklichkeitskontakt, der sich aus der Geldhabe unmittelbar leitet, lässt den Reichgewordenen tatsächlich psychisch nicht unverändert. Der Übergang von der einbildenden, begehrenden, aber gleichzeitig irrealisierenden, jede Befriedigung vertagenden Einstellung zu einer wahr-nehmenden hat nämlich, dies ist meine These, gewaltige Wirkungen auf die Psyche. Wird dieser Übergang durch die Gunst bereichernder Umstände ausgelöst und durch die Bejahung seiner Geldmächtigkeit vom Individuum vollzogen, muss die Psyche nun eigens einen Begriff und eine Umgangsweise der sich daraus ergebenden Nichtverschiebung eines Objekts und seiner Nicht(-bloß-)Einhegung-im-Wunsch ausbilden. Denn Verschiebung und Einhegung-im-bloßen-Wunsch sind konstitutiver Bestandteil des ursprünglichen Horizontes des Objektbezugs der Psyche. Daher müssen Nichtverschiebung und Nicht-Einhegung-im-Wunsch erst entdeckt, gelernt und habitualisiert werden. Sie müssen in den Horizont der Psyche allmählich eingelassen werden. Die Psyche hat nicht von sich aus die Fähigkeit, massiv realisierend mit der Welt umzugehen. Vielmehr stattet sie sich durch die langjährige Entwicklung in ihrer Frühzeit entlang den ihr »gegebenen«, gewährten, geschenkten Kastrationen[7] mit dem Grundmodus des irrealisierenden Umgangs mit ihren Objekten aus.

Eine weitere These ist: Die Realisierung nimmt kulturtraditionell Formen an, welche das Geld teilweise sprengt. Sie wird symbolisiert und auf Vertreter bestimmter Stände innerhalb der gesellschaftlichen Ordnung eingeschränkt. Das Geld reißt sie gerade aus dieser ihrer Einfassung und bietet statt ihrer eine blanke, rohe Realisierung. Das bedeutet, dass die Menschen, die zu »vermögenden« gesellschaftlichen Stellungen bestimmt sind, d. h. zu Stellungen, in denen sie über eine besondere Mächtigkeit der Objektrealisierung verfügen, von Kind auf eigens darauf vorbereitet werden müssen. Diese ihre besondere Mächtigkeit muss erst für sich, für ihre menschliche Umwelt wie für sie selbst, Sinn machen, sie muss symbolisiert werden. Dieser Sinn verdichtet sich meistens in einer ständischen Verfassung der Gesellschaft und einem ständischen Selbstverständnis der betroffenen Individuen. Sie werden vorgezeichnet als

---

7 Der Begriff der gegebenen – und notwendig zu-gebenden – Kastration ist von Francoise Dolto – im Gefolge Lacans – in die psychoanalytische Theorie eingeführt worden (siehe Dolto 1984).

zu jener anderen Gattung Menschen gehörig, die in ihren Händen Mittel der Realisierung der Weltobjekte besitzen, und dies nicht zufällig. Es liegt in der Ordnung der Gesellschaft und der Welt, die sie umfasst, dass solche Mittel nicht bedachtlos verteilt werden, sondern wenigen, als Stand verfassten, mit einem Bewusstsein ihrer symbolischen Abgetrenntheit ausgestatteten Menschen anvertraut werden.

Es bedarf also immer einer Erziehung zur standesgemäßen (über Macht oder Geld vermittelten) Verfügung über die Mächtigkeit der Realisierung. Diese Erziehung besteht in der Regel in einer speziellen Symbolisierung dieser Mächtigkeit, die eine Selbstfassung des über sie Verfügenden erzeugt, die meistens eine Verpflichtung, eine Haltung, ein Ansichhalten, ein sich Fügen unter die Forderung, die Striktur (Clam 2010) einer Sitte, einer selbstauferlegten Beschneidung der Verfügung darstellt.

Dies heißt jedoch nicht, dass man der Verfügung entgegenwirkt, sie in Schranken weist, oder gar sie asketisch kappt oder bekämpft. Im Gegenteil, oft sind die Symbolisierungen, die mit der Entschränkung der Geldverfügung[8] als Freigabe einer weitreichenden Realisierungsmächtigkeit einhergehen; solche, die das Ausagieren dieser Freigabe verlangen, jedoch diesem Ausagieren strenge symbolische Formen geben: So sind von Geburt Reiche, z. B. Adelige, zu liberalem, prodigalem (großzügigem, verschwenderischem), Geld weder erwerbendem noch zählendem Handeln verpflichtet. Ein geiziger Adeliger verfällt der Derogation und der vollkommenen Verpönung. Die Verpflichtung kann auch formal werden und in Leitourgien (zur Funktion der spätantiken Leiturgien siehe Rostovtseff 1988) ihren Ausdruck finden, welche ihren öffentlichen und stringenten Charakter betonen – ja ihr ruinöser Charakter gehört manchmal zur Offenbarung ihres Sinnes, des symbolischen Sinnes der Verpflichtetheit durch Rang und Erhabenheit.

Letztlich geht es in der Symbolisierung der Realverfügung, psychisch gesehen, um eine Einhegung der Realisierungspotenz, von der alle Kulturen ahnen, dass sie nicht ohne Weiteres entschränkt, d. h. normalisiert werden kann. Es gibt überall das Wissen darüber, dass realer Besitz der Objekte eine psychische Überforderung darstellt, weil die Symbolisierungen der symbolischen Ordnung sich nur halten können, wenn die Welt prinzipiell und primär irrealisiert wird und in ihrer irrealisierten Imaginarität durchwegs durchgehalten wird.

---

8 Die wir hier in einem mit der Machtverfügung betrachten.

Die Forderung nach einer materialistischen Realisierung der Welt im Marxismus

Daher lässt sich, wie ich es nun ausführen will, eine strikt materialistische Gesellschaftsordnung nie verwirklichen: Denn dafür müsste man an einer systematischen Entsymbolisierung allen Sinnes arbeiten und an dessen Stelle die Realdinge setzen; deren schlichte, reale, nicht umweghafte und nicht irgendwie semantisch verbrämte Habe, ihren nunmehr schlichtweg zu habenden, unbedenklichen Genuss.

Hingegen arbeitet jede Kultur und Gesellschaft an der symbolischen Zurücknahme jeglicher Freigabe von Realobjekten, indem sie entweder den Menschenkreis, dem diese Freigabe zustehen soll, einengt und dazu erzieherisch formt, oder die Realhabe der Objekte über Konstruktionen von Schuld, kompensatorischer Verpflichtetheit, Relativierung oder Abwertung des Realgenusses etc. neu einschränkt. Es geht hier zumeist weiterhin um Erziehung, selbst wenn im Selbstverständnis der Gesellschaft Gleichheit und Demokratie die höchsten Leitwerte darstellen. Wer zu Vermögen kommt, muss damit wachsen und in die richtige Form gelangen. Seine ihm neu zugeteilte Mächtigkeit muss jeden rohen Zug verlieren, den sie bei der logischen Fortschreibung der üblichen Schemata der Wunscheinhegung und Zweckverfolgung angenommen hat. Wenn dies nicht geschehen würde, dann würde die Welt wie ein aufgerissenes Plüschtier offen daliegen, mit seinen Innereien an der Sonne; sie würde ihren Realkern offenbaren und würde den Psychen der Einzelnen zumuten, sich nun dessen bewusst werden, dass es nur um die Realmaterie der Dinge geht, dass diese wahrzunehmen ist, anzustreben und materialiter zu besitzen ist; und dass dies den einzigen und letzten Zweck des Begehrens und Strebens ausmacht.

Ein solcher Gedanke ist selten in der Geschichte der Kulturen entstanden. Es gibt gewiss viele Denkschulen in Ost und West, welche die Abkehr von den Idealismen, den Verbrämtheiten, den übermäßig sublimierenden Tendenzen der Weltauslegung proklamieren und lehren. Eine materialistische Philosophie konnte aber erst entstehen als vollständige, totalisierende Umkehrung eines vollkommen totalisierten Idealismus – wie des Hegel'schen.

Der Marxismus ist auch im Abendland das allererste Denken des Realisierens und war sich der revolutionären Bedeutung seines Projekts bewusst. Er betrieb dieses ganz folgerichtig militant, realisierend, auf seine Erfüllung, sein

Wahrwerden hin. Die Welt darf hier nicht mehr irrealisiert werden, von ihren entfernenden Symboliken überzogen werden. Sie muss, so wie sie ist, in die Wahrnehmung aller überführt werden. Keiner der vorgängigen Materialismen ist so weit gegangen, keiner hat solche Schlüsse für die soziale Ordnung gezogen oder war er in der Lage, die Existenz solcher Schlüsse anzuerkennen.

Ein solches Denken birgt eine erhebliche Gewalt gegenüber jeglicher Symbolisierung, die sich letztlich immer als Irrealisierung/Imaginarisierung darstellt. Es bejaht nichts außer der Materie und diese stellt sich als die jeden umweghaft symbolisierenden Sinn der Lüge bezichtigende, einzig reale Realität dar. Der Gedanke der Materie, wie er in einer radikal materialistischen Philosophie entworfen wird, ist in sich selbst der Angelpunkt, an dem alle bestehenden Sinnordnungen (Ideologien) sich heben, enttarnen und umwerfen lassen. Der Gedanke lüftet selbst den Schleier des Geldes: Er setzt es in unmittelbare Beziehung zum rohen Bedürfnis und sieht in ihm den einzigen Wahrnehmungsbezug. Indem der Marxismus diesen Gedanken denkt, stellt er eine epochale Wende dar und formuliert die radikalste Forderung, die je in einer Kultur gestellt wurde – die nach der Kappung aller sinnhaften Umwege, die von der Realisierung der Objekte abwenden. Er fordert die Realisierungsmächtigkeit für alle und ahnt deren psychische Unhaltbarkeit nicht.

Bei aller Radikalität kann sich ein solches Denken nicht von jeglicher Symbolisierung vollkommen abwenden. Der Weg zur Realisierung des Realen erhält selbst eine symbolisierende Wendung, die ihn als einen heroischen entwirft – worüber sich dann wieder alle möglichen Resymbolisierungen einschleichen. Klar bleibt einzig, dass eine Realisierung der Welt durch die in ihr lebenden Subjekte nicht ohne reales Vermögen möglich ist. Dieses muss zunächst gesammelt und gehäuft werden. Es gehört viel Macht dazu, den Realitätsbezug in der Gesellschaft zu ermächtigen. Es gehört viel Macht dazu, zu behaupten, dass die Welt ohne Opium ausgehalten werden kann und gerade, von allem Opium befreit, unbedingt gewollt werden muss, plausibel zu machen, dass man ihr real begegnen, sie real sein lassen und verändern kann.

Eine solche Interpretation des materialistischen Gedankens ist nötig, um die Reichweite und Radikalität eines denkerischen und tätigen Inswerksetzens der Realisierung zu ermessen. Es wird deutlich, was jenes Vermögen des Geldes ist und wie es unmittelbar droht, die Struktur des Symbolischen zu sprengen. Sobald sich Geld zu Vermögen häuft und strukturiert, wird das habende Subjekt vor eine Problematik massiv realer Befriedigungen gestellt. Diese lassen höhere

Objektarten des Begehrens nicht unangetastet und fordern ihnen gegenüber die Ablehnung jeglicher imaginierenden Irrealisierung. Die Welt real zu haben, einfach für sich in einer reinen Wahrnehmungsintention leibhaft zu haben, lüftet jegliche Verschleierung durch Komponenten eines symbolischen Überbaus. Ist das »Wesen« (Treiben) des Geldes nach marxistischer Lehre verschleiert, so wirkt die Verfügung über Geld als Vermögen der Realisierung des Weltrealen entschleiernd: Es offenbart das Weben der Symbolisierungen – aller Sinnordnungen und Ideologien – als irrealisierend und sistierend.

Die materialistische Forderung nach Realisierung stößt psychoanalytisch auf die Grenze dessen, was Freud die »Wahrnehmungsidentität« (»identité de perception – identité de pensée«; Laplanche/Pontalis 1967, S. 194f.) genannt hat. Diese ist eine halluzinatorisch erzeugte Identität von Begehrensobjekt und Wahrnehmungsobjekt: Wenn ein Objekt stark begehrt wird, so ist das Begehren in der Lage, es der Wahrnehmung zu präsentieren, selbst wenn es real den Sinnen fern bleibt. Diese Fähigkeit der halluzinatorischen Realisierung von Wunschobjekten bietet die Möglichkeit, das an sich nicht gegenwärtige Objekt durch eine innerpsychische, überintensive Präsentation zu erfahren. Eine solche Präsentation unterscheidet sich durch nichts von einer schlichten Wahrnehmung und lässt damit keinen Raum für ein Fehlen oder ein Differieren der Befriedigung am Objekt. Sie erübrigt jegliche Irrealisierung sowie den ganzen Komplex irrealisierender Bezüge.

Freud hat jedoch eine solche Wahrnehmungsidentität einzig für die ersten Wochen des dyadischen Seins von Mutter und Säugling als möglich und gegeben angesetzt. Danach kann, nach Freud, nicht(s) mehr nach Wunsch »realisiert« werden. Mit der in dieser Zeit sich allmählich etablierenden Tatsache, dass die Realisierung der Wunschdinge nunmehr auf eine Realität bezogen wird, die das Subjekt nicht mehr eigenmächtig herbeiführen kann, bricht die Realisierung-aus-Begehren als solche ein. Von der halluzinatorischen Präsentierbarkeit des Objekts bleibt dann nur die Phantasmatisierung übrig, die fortan jeden Objektbezug vermittelt und in die spezifischen Bahnungen der Irrealisierung verstrickt. Mit Beginn der vollen Auswirkung der Not des Lebens auf ein Subjekt, das die Realität nicht mehr magisch evozieren kann, setzt eine Generalisierung des phantasmatischen Modus der Ausrichtung des Begehrens auf seine Objekte ein. Selbst wenn diese unmittelbar real gegeben werden können oder tatsächlich gegeben sind, werden sie nun ausschließlich durch das Fenster des Phantasmas vermittelt und erlangt. Alle Begehrensausrichtung erweist sich als strukturell phantasmatisch und damit als strukturell irrealisierend. Das Begehren ist in sich irrealisierend und stellt damit die erste und letzte Hürde für eine Freigabe des Realen an die Subjekte.

Es besteht somit ein unheilbarer Gegensatz zwischen Psychoanalyse und materialistischer Theorie und Praxis. Wollte man ihn nicht einfach so stehen lassen, so müsste man den Satz von der Veränderbarkeit der Welt und das als unnachgiebige politische Forderung ausgerufene Postulat der militanten Herbeiführung einer Realität, die in Wahrnehmung und Besitz Objekt der Befriedigung aller werden muss, mit der psychoanalytischen Erkenntnis der endgültigen Hinfälligkeit der Wahrnehmungsidentität für das ganze Leben vermitteln. Dabei muss man bedenken, dass die psychoanalytische Erkenntnis keine freischwebende oder spekulative ist. Sie ist Freilegung des Aufbaus und der Funktionsweise des psychischen Apparats des menschlichen Subjekts und gibt letzte Einsicht in die Verläufe des Begehrens in ihm. Auf der Grundlage dieser Erkenntnis werden die Triebschicksale jedes Subjekts in ihren Verwicklungen und Wiederholungen, in dem ihnen anhaftendem Ausweglosen und Insistenten gedeutet. Es ist also diese Art der Erkenntnis, mit der sich der materialistische Realisierungsgedanke vermitteln muss.

Literatur

Clam, Jean (2004): Trajectoires de l'immatériel. Contributions à une théorie de la valeur et de sa dématérialisation. Paris (CNRS Editions).
Clam, Jean (2010): Aperceptions du présent. Théorie d'un aujourd'hui par-delà la détresse. Paris (Ganse Arts et Lettres).
Dolto, Françoise (1984): L'image inconsciente du corps. Paris (Seuil).
Lacan, Jacques (1991): Séminaire VIII: Le transfert. Paris (Seuil).
Laplanche, Jean & Pontalis, Jean-Baptiste (1967): Vocabulaire de la psychanalyse. Paris (Presses Universitaires de France)
Parsons, Talcott (1975): »Social Structure and the Symbolic Media of Interchange«. In: Blau, P. M.: Approaches to the Study of the Social Structure. New York (Free New York Press).
Rostovtseff, Michel (1988): Histoire économique et sociale de l'Empire romain. Paris (Laffont).
Sartre, Jean-Paul (1936): L'imagination. Paris (Presses Universitaires de France).
Sartre, Jean-Paul (1940): L'imaginaire. Paris (Gallimard).
Simmel, Georg (1977): Philosophie des Geldes. 7. Aufl. Berlin (Duncker & Humblot).
Teubner, Gunther (2011): A Constitutional Moment? The Logics of »Hit the Bottom«. Beitrag zur Konferenz: After the Catastrophe? International Conference on Economy, Law and Politics in Times of Crisis, Frankfurt 25.–28.03.2010. Erscheint im Buch zur Konferenz 2011.

ZUR PSYCHOANALYTISCHEN NUMISMATIK

ROBERT HEIM

I.

Vor einiger Zeit, die jüngste Weltwirtschaftskrise war bereits in vollem Gange, erzählte mir eine Patientin, als Betriebswirtin bei einer großen Fluggesellschaft beschäftigt und für den Einkauf von Energie zuständig, vom Besuch bei einer kleineren Zulieferfirma. Es ging um Maßnahmen betrieblicher Energieeinsparung, und begeistert beschrieb sie eine Errungenschaft dieser Firma: Sie hat das funktionale Prinzip der Flugzeugklos übernommen und bringt es damit, so rechnet sie mir vor, auf eine erhebliche Sparleistung, die zudem noch staatlicherseits mit einem Ökobonus honoriert wird. Da würde man wieder einmal sehen, »wie aus Scheiße Geld gemacht werden kann!«, wozu ihr eigener Betrieb noch nicht in der Lage zu sein schien. Sie sagte dies mit einer unüberhörbar bebenden Stimme, voller Vorwürfe gegen das eigene Unternehmen. Wenn man sich die listigen Schleichwege der Übertragung in der psychoanalytischen Praxis vergegenwärtigt, so weiß man um die Bedeutung des Klobereichs als einer ihrer Nebenschauplätze. Es entbehrte also nicht einer folgerichtigen Stimmigkeit, dass mich die Patientin eines Tages energisch auf die zu Ende gehende Klorolle aufmerksam machte. Als ich wiederum einmal nach einer Sitzung mit ihr eine duftende neue Seife in der Schale fand (die alte hätte es noch einige Zeit getan), war ich mir einigermaßen sicher, die Analyse sei wohl auf rechtem Wege. Denn irgendwann tritt die Analität unvermeidlich auf den Plan der Übertragung, und sie zu erkennen, zählt zu den behandlungstechnischen Notwendigkeiten des Analytikers.

Diese Anekdote darf als methodischer Hinweis darauf gelten, wie jede einzelne Sitzung in nuce den Puls der Zeit ertasten kann und damit zu einem einzigartigen sozialwissenschaftlichen und zeitdiagnostischen Laboratorium zu werden vermag. Im Kompetenzstreit zwischen Soziologie und Psychologie neigte Freud bekanntlich zum Reduktionismus, die erste als Anwendung der zweiten zu deklassieren. Als Adorno die Diskussion um die Arbeitsteilung zwischen den beiden Disziplinen aufnahm, musste er Freud zumindest halbwegs recht geben: Dem psychoanalytischen Behandlungsarrangement kann es gelingen, »paradoxerweise in den innersten psychologischen Zellen auf Gesellschaftliches« (Adorno 1970, S. 57) zu stoßen. Unter anderem dafür, dass »in jeder individuellen Geschichte [...] sich gerade in dem, was individuell an ihr ist, das Allgemeine nieder(schlägt)« (Reemtsma 2008, S. 19) und somit die Kasuistik einer Fallgeschichte die unverzichtbare klinische Basis jeder psychoanalytischen Gesellschafts- und Kulturtheorie bleibt, sollte Jacques Lacan seine Verdichtung der Extimität *(extimité)* prägen. Zwischen dem Außen sozialer Objektivität und dem Innen individueller Intimität lässt sich die Position des Subjekts stets nur als exzentrisch bestimmen: eine »exzentrische Positionalität« (Helmuth Plessner), die nicht nur aus der Differenz zwischen funktionalem Körper und erlebtem Leib herrührt, sondern das Unbewusste grundsätzlich als intersubjektive Struktur ausweist.

Das Allgemeine im Individuellen? In der Tat: »aus Scheiße Geld« – im idiosynkratischen Sprechen der Patientin wird diese zufällige Formulierung zu einer signifikanten Formel, die in der Finanz- und Wirtschaftskrise der letzten beiden Jahre wieder vermehrt zu hören und zu lesen war. Die Metamorphose einer alchemistischen Grundformel, nämlich wie aus Dreck pures Gold zu sublimieren, aus unedlen Metallen das edle und unvergängliche Glück des Goldes zu destillieren sei, diente kritischen Krisenkommentaren als Metapher für den »falschen Schein«, für die »Magie des Geldes«, dessen Rätsel Marx im *Kapital* zu lösen versprach, nachdem der »Menschengeist [die Geldform] seit mehr als 2000 Jahren vergeblich zu ergründen versucht[e]«. Dass Goethe als Ökonom im zweiten Teil des *Faust* dieser Magie alchemistischer Provenienz kurze Zeit zuvor schon auf der Spur war, konnte in der Marx'schen Waren- und Geldanalyse freilich nicht Thema sein: Quelle allen Reichtums ist die menschliche Arbeit und ihre Ausbeutung. Jede Wertschöpfung, die nicht aus dieser Quelle erfolgt, war zu Recht mit dem Verdacht auf Magie, Zauberei oder Spekulation behaftet, war also alchemistisch in einem präzisen Sinne.

Heute mit Goethe zu behaupten, die moderne Wirtschaft sei eine Fortsetzung der Alchemie mit anderen Mitteln (Binswanger 1985), erfordert zumindest einen unzeitgemäßen Blick auf das Phänomen von Gold und Geld. Es geht dabei nicht um den Aberglauben, unedles Metall wie Blei mit dem Stein des Weisen in Gold umwandeln zu können, sondern vielmehr um die Transformation einer wertlosen Substanz in eine wertvolle, etwa eines Fetzens Papier in Geld. Der Dreck, woraus in den vergangenen Jahren wenn nicht pures Gold, so doch gierig schnelles Geld gemacht werden sollte, war aus den virtuellen Werten glänzender Anlageprodukte, aus Investmentfonds, Derivaten, Optionsscheinen oder faulen Krediten und Zertifikaten komponiert – der alte alchemistische Traum und Wahn schien gleichsam postmodern in Erfüllung zu gehen, indem die selbstreferenzielle Virtualität von monetären Zeichen- und Signifikantenketten die deregulierten Finanzmärkte von jeder materiellen Produktionsökonomie entkoppelte. Aber wenn die Blase dieser virtuellen Werte wieder auf die scharfen Kanten der Realwirtschaft stößt, platzen Blase, Traum und Wahn gleichzeitig, und so steht einmal mehr zur Disposition, was eigentlich Ökonomie und Geld sind.

II.

In der Psychoanalyse zählt seit Freuds Arbeit über *Charakter und Analerotik* (1908b) die Homologie, die symbolische Gleichung zwischen Dreck, Kot, Geschenk, Geld und Gold, zu den Beständen. Doch deuten sich diese schon in seinem Brief an Fließ vom 22.12.1897 an: »Ich kann Dir kaum ausführen, was sich mir alles (ein neuer Midas!) in – Dreck auflöst« (1985, S. 314). Freud hat zwar die Beschäftigung mit der Alchemie Jung überlassen, sich deren Phantasmagorie aber nicht verschlossen und mit seinen Begriffen der Sublimierung und Reaktionsbildung den Grundstein für das gelegt, was als Analtheorie des Geldes in die Geschichte der Psychoanalyse eingegangen ist. Deren Credo lautet denn bis heute, wenn wir das Spiel des unbewussten Primärprozesses mit Widersprüchen berücksichtigen: »Es ist möglich, daß der Gegensatz zwischen dem Wertvollsten, das der Mensch kennen gelernt hat, und dem Wertlosesten, das er als Abfall (refuse) von sich wirft, zu dieser bedingten Identifizierung von Gold und Kot geführt hat« (1908b, S. 208). Wenige Jahre später greift Sandor Ferenczi in seiner Arbeit *Zur Ontogenie des Geldinteresses* (1914) diesen Faden auf, nimmt aber eine beachtenswerte semantische Korrektur vor, wenn er das Wertvollste, das der Mensch besitzt, zum Symbol des Wertlosesten, Ausgeschiedenen, Exkrementierten, Verworfenen oder Verfemten fortschreibt. Diese Nuance ermöglicht es nicht nur, mit Freud und der klassischen Triebtheorie Geld als symbolisches Objekt analer Konflikte zu bestimmen und daraus jenes Tableau von Geldstilen abzuleiten, das den Homo oeconomicus zwischen Sparsamkeit und manisch-opulenter Verschwendung unbewusst wählen lässt. Es suggeriert zudem, weit über Freud hinaus, das Geld neben der Sprache struktural als zentralen Begriff einer allgemeinen Theorie des Symbolischen zu definieren: universelles Äquivalent in jeder entwickelten Tauschgesellschaft, monetäre Seite der symbolischen Funktion, »symbolisch generalisiertes Kommunikationsmedium« (Luhmann), das als System zum Repräsentanten alles Wertvollen wird und als solches die Grenze zur Umwelt des wertlosen Abfalls ziehen muss.

Dessen Recycling im Sinne der signifikanten Metapher »aus Scheiße Geld« ermöglicht seinen Wiedereintritt ins System, sein Re-Entry in die Kreisläufe des Geldes mit ihren unberechenbaren Varianten. Verdrängtes verschafft sich in seiner Wiederkehr unerbittlich seine Geltung – so Freuds klinische Standardformel auch für neurotische Geldstile, in denen ein Triebschicksal im Zeichen unbewusster Schuld sich in spekulativem Kreditmissbrauch, Wetten aller Art, Glücksspielen und finanzieller Verschuldung materialisiert. Nach Freud dann Lacans komplexere Formel: Was aus dem Symbolischen verworfen wurde, kehrt im Realen wieder – als psychotische Halluzination, als Katastrophe und Trauma, als Krise und Desaster. Was mit aktuellem Bezug heißt: Solange der Status des Geldes als Objekt für das Subjekt des Unbewussten (und nicht für den berechnenden und kalkulierenden Homo oeconomicus), solange die zahlreichen, widersprüchlichen und paradoxen Besetzungen dieses Objekts durch einen begehrenden und genießenden »ökonomischen Menschen« nicht auf einer erweiterten historischen und theoretischen Stufenleiter reflektiert werden, wird dieses Objekt immer wieder aus der symbolischen Ordnung eines ökonomischen Systems verworfen und kehrt als Wirtschafts- und Finanzkrise mit wechselnder sozialer Härte zurück.

Es ist diese Dialektik von wertvoll und wertlos, die in einem präzisen Sinne von einer psychoanalytischen Numismatik sprechen lässt. Geldtheorien gibt es viele, und eine Psychoanalyse des Geldes ist so alt wie diese selbst. Aber nur der Begriff der Numismatik kann der griechisch-aristotelischen Etymologie des Geldes und zugleich einem Denken in Widersprüchen, genealogischen Modellen und antithetischen Zuspitzungen gerecht werden, wie es vorzüglich die Freud'sche Theorie des Unbewussten vertritt. Numismatika, der Versuch einer theoretischen Numismatik, geht auf einen Beitrag des französischen Philosophen Jean-Joseph Goux in der Pariser Zeitschrift *Tel Quel* Ende der 1960er Jahre zurück (1973, S. 57ff.). Zwischen Marx und Freud war dies damals die eigentliche Hochzeit der Psychoanalyse des Geldes: 1973 erschien Ernest Bornemans Anthologie mit gleichlautendem Titel, eine kritische Sichtung, Sammlung und Untersuchung psychoanalytischer Geldtheorien – noch heute das Standardwerk in diesem Bereich.[1]

Numismatik, gemeinhin Münzkunde oder – allgemeiner – jede wissenschaftliche Beschäftigung mit Geld und seiner Geschichte, stammt von dem griechischen *nomisma* (das Gesetzmäßige, das Gültige), *nomos* (das Gesetz, das Gesetzte, Gültigkeit und Geltung): Der semantische und etymologische Bedeutungshof des Geldes ist hier von einer Dichte, in der Gesetz, Recht, Gerechtigkeit, Trieb und Begehren und, notabene, Genießen und Genuss allesamt in einer kritischen, zuweilen explosiven Gemengelage um das Zentrum des Geldes enthalten sind. In seiner *Nikomachischen Ethik* bestimmte Aristoteles das Geld als austauschbaren »Stellvertreter des Bedarfs/des Bedürfnisses«, geschaffen auf der fragilen Grundlage einer reziproken Übereinkunft. Er gibt dem Geld den Namen *nomisma*, weil es nicht der Natur entspringt, sondern weil es als *geltend* gesetzt *(nomos)* ist und damit einen Geltungsbereich zwischen den Akteuren des Gütertausches abdeckt. Der initiale Kredit, der diesem Geltungsbereich entgegengebracht werden muss, ist das nackte Vertrauen, der schiere Glaube, die kontrafaktische Unterstellung, dass es gilt – kraft welcher Zertifizierung und Gesetzeskraft auch

---

[1] Bornemans Schlusswort zum Midaskomplex ist ein Kommentar des nach wie vor hellsichtigsten Beitrags auf dieser Linie, Norman O. Browns Studien zur Analität und zur »schmutzigen Habgier« in Zukunft im Zeichen des Eros (1959). In heutigen Tagen der Geld- und Kapitalismuskritik bleibt dies ein Ansatz, der füglich Max Webers Die protestantische Ethik und der Geist des Kapitalismus zur Seite gestellt werden darf. Auch in jüngerer Zeit wurde an der Psychoanalyse des Geldes weitergeschrieben: In England, nur um einige zu nennen, gibt es eine fruchtbare, auch empirisch gehaltvolle Kooperation zwischen Psychoanalyse und Finanzwissenschaft (Tuckett/Taffler 2009), in Frankreich findet sich neben den Arbeiten von Goux Serge Vidermans De l'argent en psychanalyse et au-delà (1993). In Deutschland fasste Wolfgang Harsch (1985) die Logik des Geldes in den Theorien von Marx und Freud zusammen. Zu erwähnen bleiben Arbeiten von Rolf Haubl (1998); von Katherine Stroczan (2002) stammt ein Essay über die Spekulationsmanie anlässlich des damaligen Booms um die Volksaktie der Telecom. Ihm verdanke ich Anregungen bezüglich der Formel von einer jouissance des Geldes, die numismatisch erklärungsbedürftig und psychoanalytisch zu begründen bleibt.

immer. Es ist dies ein Vorschuss, der jeder symbolischen Ordnung entgegengebracht werden muss, wenn diese als eine Ordnung des Tausches Bestand haben soll. Schon für Aristoteles stand, zumindest für den ersten Satz, fest: »Geld ist kein Metall, sondern aufgeprägtes Vertrauen. Das Trägermaterial scheint kaum eine Rolle zu spielen: Ob es sich nun um Silber, Ton oder Papier oder um einen Monitor aus Flüssigkristallen handelt, alles kann als Geld dienen« (Ferguson 2008, S. 30). Diese normative und kontrafaktische Unterstellung im *nomisma* des Geldes ist von derselben Art, die wir in Lacans Begriff des Symbolischen als großem Anderen oder in Jürgen Habermas' Geltungsansprüchen kommunikativer Rationalität wiederfinden: Beide sprachlich strukturierten Symbolsysteme erfordern, darin dem Geld homolog, als generalisierte Medien einer objektiven Vernunft die Supposition eines Als-ob: »Trotz seiner fundamentalen Macht ist der große Andere fragil, substanzlos, regelrecht virtuell in dem Sinn, daß sein Status der einer subjektiven Unterstellung ist. Er existiert nur insofern, als Subjekte so handeln, als ob es ihn gäbe« (Zizek 2006, S. 20).

Dieses Als-ob gilt erst recht für ein internationales Finanzsystem, dessen deregulierte Exzesse die zuweilen grenzenlose Naivität dieser Unterstellung ad absurdum führten. Wenn spätestens seit Herbst 2008 unentwegt von einer tiefen Vertrauenskrise in monetäre Institutionen und Finanzmärkte die Rede war, so hat dies unter anderem damit zu tun, dass das Urvertrauen von Anlegern und Sparern in diese fundamentale Übereinkunft des numismatischen Geldes zutiefst erschüttert wurde. Dass sich »Vertrauen« neben dieser Funktion als Kitt in der Zerbrechlichkeit des großen Anderen zugleich als Schlüsselbegriff einer Theorie der Moderne behauptete, ist eine der zwangsläufigen Konsequenzen (vgl. Hartmann/Offe 2001). Diese Erschütterbarkeit rührt daher, dass das naive Credo in der Regel den Zusammenhang von Genesis und Geltung verleugnet und den Banken unserer Zeit nichts anderes unterstellt als das einstige alchemistische Wissen um die Transmutation von Dreck in Gold, von wertloser Materialität in wertvoll glänzende Virtualität.

III.

Die Rekonstruktion der ausgelöschten Genesis hinter dem Geltungsbereich der Wertform des Geldes ist die bleibende Leistung der Marx'schen Warenanalyse. Auch diese war eine Art Genealogie des Geldes, die methodisch dem

Verfahren der Psychoanalyse stets verwandt blieb. Ikonoklasten wie Marx und Freud waren als Genealogen darum bemüht, Objekte zu defetischisieren, an deren makellosem Schein die sinnlichen Spuren menschlicher Arbeit und die unbewussten Phantasmen des begehrenden Subjekts haften. Genealogisch im psychoanalytischen Denken ist die mythoforme Herleitung von Kultur aus einem Mord, ist – wie mustergültig und Nietzsche beerbend von Melanie Klein vorgeführt – die Rekonstruktion moralischer Werte und ethischer Normen aus den Triebregungen sadistischer Grausamkeit. Genealogisch ist, mit ähnlicher Intention, der aus der Lacan'schen Psychoanalyse rührende Titel *Kant mit Sade* das Porträt einer moralphilosophischen Zwillingskonstellation, in der der kategorische Imperativ eine unheilige Allianz mit der Sade'schen Libertinage eingeht. Wenn Moral zu Hypermoral wird, wächst das Risiko eines Tugendterrors, der sich aus dem Sadismus eines grausamen Überichs speist. Gerade diese befremdliche Paradoxie wirft ein erstes Licht auf das Genießen des Geldes.

Genealogisch an der psychoanalytischen Numismatik wäre also die Besetzung des Geldes als Objekt unbewusster Fantasien analer Provenienz, als Wertzeichen affektiver Investitionen zwischen Geiz, Sparsamkeit, Ordnung und Verschwendung, als begehrtes, deswegen nie sättigendes Objekt oraler Gier, letztlich immer als Symbol eines konflikthaften Triebschicksals. Aufs Engste verbunden mit der Sublimierung, dieser stets schwankenden Brücke zwischen Trieb, Gesellschaft und Kultur, ist die Numismatik ihrerseits gezeichnet von den »unwahrscheinlichsten Paradoxien, die alle eine Verbindung zwischen den höheren kulturellen Betätigungen und den niederen körperlichen Regionen behaupten, zwischen ›vernünftigen‹ Handlungen Erwachsener und irrationalen Urbildern des Kindes, zwischen ›reinen‹ geistigen Schöpfungen und Sexualität« (Brown 1959, S. 175). Scheinen Geld und Geist historisch meist antithetisch zueinander zu stehen, so bleiben Geld und Leib auf eine triebhafte Weise paradox miteinander verbunden, die im überlieferten numismatischen Geltungskonsens ausgeklammert werden musste. Das ergiebigste und witzigste Dokument der klassisch gewordenen Analtheorie des Geldes, Ferenczis *Zur Ontogenie des Geldinteresses*, sieht im Geld den geruchlosen, desodorierten, entwässerten und glänzend gemachten Kot, »pecunia non olet«. Genealogisch nun aber eben: »pecunia olet«, gerade wenn man den Stallgeruch des Rindviehs erinnert, das, in der römischen Antike als Wert-, Tausch- und Opfereinheit dienend, die pekuniäre Etymologie des Geldes bestimmte. Die Lust am Geld, an seinem Besitz und seiner Vermehrung, sondierte Ferenczi noch in der Koprophilie, und der Soziologie und Nationalökonomie empfahl er, mit diesen irrationalen Elementen zu rechnen. Man wird dies in der heutigen Psychoanalyse nicht mehr so gelten lassen wollen, aber wer mit den Beständen rechnet, muss sie zunächst noch einmal zur Kenntnis nehmen.

Auf jeden Fall führten schon diese Bestände zu einer radikalen Dekonstruktion des Homo oeconomicus, dessen idealtypische Handlungs- und Entscheidungsrationalität erst recht den Paradoxien jeder Ökonomie unterworfen bleibt: Auch diese lebt von Voraussetzungen, die sie selbst nicht garantieren kann, und erst recht ruht der Kapitalismus, wie von Josef Schumpeter pointiert, auf den Pfeilern »ausserkapitalistischen Materials«. Oder mathematisch gesagt: Jedes ökonomische System besitzt eine Gödel-Struktur (Mérö 2007, S. 206ff.). Diese kritische Demarkation der Ökonomie, ihre Rückbindung an nicht-, außer- und transökonomische Ressourcen hat eine lange Tradition. Ob »grenzenlose Habgier« bei Aristoteles, Magie und Fetisch des Geldes bei Goethe und Marx, Kapitalismus als Religion bei Walter Benjamin, ob präreflexive Animal Spirits oder Erwartungen bei Keynes, die Subversion und gleichzeitig Überbietung der Ökonomie in der unproduktiven Verausgabung bei Georges Bataille oder eben die Analerotik des Geldes in der Freud'schen Psychoanalyse – die vermeintliche Rationalität des Homo oeconomicus sieht sich allemal eingebunden in das unlösbare Dilemma zwischen einer stumm überlieferten sakralen Macht des »Geldkomplexes« und dessen Genealogie aus der Triebstruktur des Unbewussten mit seinen affektiven Objektrepräsentanzen.

Was auch immer über Geld und sein zwangsläufiges Zwillingspaar Schuld/Schulden gesagt werden kann – alle drei spiegeln, um eine treffende Formulierung der kanadischen Schriftstellerin Margaret Atwood aufzugreifen, »das unersättliche menschliche Begehren als auch die unsägliche menschliche Angst« (2008, S. 10). Und der Historiker des Geldes, Niall Ferguson, muss konstatieren:

> »Wenn das Finanzsystem einen Mangel hat, dann den, dass es die menschliche Natur widerspiegelt und ihre Extreme noch steigert ... [Geld] verstärkt unsere Neigung zur Überreaktion, zum Wechsel von Überschwang […] zur tiefen Niedergeschlagenheit. Aufschwünge und Krisen sind im Kern Folgen unserer Anfälligkeit für emotionale Schwankungen« (Ferguson, a.a.O., S 18).

Es ist in der neuzeitlichen und modernen Finanzgeschichte bis heute die Rede von spekulativen Manien, Exzessen, irrationalem Überschwang, Panik und großen Depressionen. Dass solche Metaphern an die alte psychiatrische Terminologie des »manisch-depressiven Irreseins« erinnern, setzt die Intuition voraus, zwischen Wirtschaft, Geld und den Irrungen und Wirrungen der Seele müsse doch ein tieferer Zusammenhang bestehen. Dann das Begehren, der Mangel, die Angst, die menschliche Natur: Man möchte glauben, in der Psychoanalyse immer noch eine der kundigsten Expertinnen für solche Grundtatsachen der Conditio humana zu haben.

IV.

Mit dieser paradoxen Beziehung zwischen Ökonomie und dem Nichtökonomischen hat aber letztlich die Formel von einem Genießen des Geldes zu tun. Das Genießen ist bekanntlich durch die Lacan'sche Psychoanalyse – gegenläufig zum alltagssprachlichen Vorverständnis des Wortes – als *jouissance* zu einem metapsychologischen, triebtheoretischen und klinischen Schlüsselbegriff geworden, der den Wendepunkt des späten Freud in seiner Schrift *Jenseits des Lustprinzips* (1920g) noch einmal zuspitzt. Eine Wende, in deren Zentrum eine klinische Prävalenz der negativen therapeutischen Reaktion, des sekundären Krankheitsgewinns, der traumatischen Wiederholung, des Masochismus, letztlich des Todestriebes vorherrscht. Man könnte auch gleich die Variation hinzufügen: jenseits des Ökonomieprinzips. Denn Begriffe wie Genuss und Genießen stehen janusköpfig an der Grenze und Schwelle dieses Prinzips, das den Homo oeconomicus auf seiner Lustsuche zuweilen nicht mehr maßregeln kann, ihn gleichsam dereguliert und gegebenenfalls der Maßlosigkeit des Genießens aussetzt.[2] Dies scheint – so will es

---

2 Lacans jouissance ist, genauso wie sein topologisches Konzept des Realen oder sein Begriff des Objekts klein a, stark von der Kritik der ökonomischen Vernunft im Denken Georges Batailles geprägt (vgl. 1967). Das Genießen spielt und spekuliert mit der Überschreitung des Gesetzes, und sei dieses das fundamentale Erhaltungsgesetz des Lebens selbst. Nicht von ungefähr gehört zu diesen Inspirationsquellen Batailles eigene Sade-Lektüre. Wenn dieses Spiel Ernst macht, so »ist das Leben, wenn man [Sade] glaubt, ein Streben nach Lust, und die Lust proportional zur Zerstörung des Lebens. Anders gesagt, das Leben sollte den höchsten Intensitätsgrad in einer monströsen Negation seines Prinzips erreichen« (Bataille 1957, S. 177). Dass hier Bataille seinerseits Interpret von Freuds spekulativster Theoriekonstruktion, der Todestrieb-Hypothese, ist und vom »Paradox der Lust« spricht, wird sich bei Lacan in seiner Rede von der »Paradoxie des Genießens« in der Ethik der Psychoanalyse kenntlich machen.

jede kritische, in der Sache selbst enthaltene Schärfe der Paradoxie – gegen den gesunden Menschenverstand und seine Semantik zu verstoßen, der doch, zumal gegen Max Webers negative Prophetie vom »Genußmenschen ohne Herz« im stahlharten Gehäuse des Kapitalismus, an seinem Wunschbild von einem Genussmenschen mit Herz festhalten möchte. Aber das Genießen, wie Lacan es verstanden wissen wollte, steht nicht selbstredend aufseiten der Gesundheit, schon gar nicht im Sinne ihres medizinischen Apostolats (vgl. Braunstein 2000).

Lacan schärfte seine Differenzierung zwischen Genuss und Genießen auf dem Umweg über Rechtsphilosophie und Ethik. Er will, nachdem es ihn mit seinen Seminaren zuletzt an die Pariser Faculté de Droit verschlagen hat, nicht nur das »Verhältnis von Recht und Genuß erhellen« (1975, S. 8). Ebenso will er seinen Hörern, im Besonderen den Juristen in Erinnerung rufen, dass das Recht, das juridische Gesetz, im Grunde um den Genuss kreist. »Genau da ist das Wesen des Rechts – aufzuteilen, zu verteilen, umzuverteilen das, was mit dem Genuß ist« (ebd.). Dass dies in der Geschichte der Demokratie stets ein Angelpunkt zwischen Parteiprogrammatik und Realpolitik geblieben ist, muss hier nicht besonders betont werden. Ein demokratisch legitimiertes und wirtschaftsgeschichtlich geschaffenes »Feld des Rechtes-auf-den-Genuß« (ebd.) will sich am Maß einer Idee der Gerechtigkeit bemessen. Der Wähler in modernen Demokratien ist nicht nur vermeintlicher Homo oeconomicus, sondern eben Genussmensch – mit oder ohne Herz –, er will das Leben genießen, zumal er seit geraumer Zeit in einer Erlebnisgesellschaft lebt, deren Hedonismus in dem Maße seine Enttäuschungsrisiken erhöht, wie sie ihm immer mehr Genüsse in Aussicht stellt. Interessant an diesem Lacan'schen Changieren zwischen Recht und Genuss sind an dieser Stelle aber zwei Querbezüge, die uns der Formel von einem Genießen des Geldes auf einigen Umwegen näher bringen.[3]

Die eine Spur führt uns wieder auf eine genuine Bedeutung des *nomos* in der Numismatik zurück. Gesetz und Recht hatten in den antiken Kulturen eine ihrer Wurzeln in den Opferkulten. Im Tausch zwischen Menschen und Göttern liegt nicht nur ein Ursprung des Geldes im Stieropfer, sondern *nomos*,

---

3 Es wäre unschwer nachzuweisen, dass die seit Mitte 2009 in Deutschland geführte Kontroverse zwischen den philosophischen Positionen Axel Honneths und Peter Sloterdijks um einen gerechten Sozialstaat auf diesem Lacan'schen »Feld des Rechtes-auf-den-Genuß« tobt. Dass sich dabei Sloterdijks Denken seinerseits aus Quellen Batailles speist, wurde von seinen Kritikern weitgehend übersehen.

Gesetz und Recht kristallisierten sich zu Instanzen der gerechten Verteilung und Aufteilung von Opfergaben. Lesen wir Freuds Mythos vom Urvatermord auf diesem Hintergrund weiter, müsste das symbolische Gesetz des toten Vaters zugleich ein Maß der gerechten Verteilung des rituell verzehrten Totemtieres enthalten: Jedem seinen gerechten Anteil an »Vaterbisschen« – in der Logik des Mythos die beste Prävention gegen Neid und Missgunst. Der Begriff des Symbolischen ist mit der Idee der Verteilungsgerechtigkeit und damit mit jeder intersubjektiven Dialektik der Anerkennung aufs Engste verbunden; historisch war diese Idee dem *nomisma* des Geldes denn auch gleichursprünglich verschwistert. Weil *nomos* auch in der Ökonomie enthalten ist, bleibt deren Normativität immer schon mit der Idee einer gerechten Verteilung verbunden. Und wenn sich selbst *money*, also die Moneten, von der römischen Göttin Juno Moneta herleiten sollen, in deren Tempel man Münzen prägte, Moneta aber auch als Aequitas, »Gleichheit«, verehrt wurde, dann mag plausibel werden, wie Geld, Geldverteilung und Gerechtigkeit gleichen Ursprungs sein konnten. Die Geschichte sollte anders verlaufen, aber dies führt uns auf eine zweite Spur, zurück zu Aristoteles, auf dessen Ethik sich Lacan an besagter Stelle berufen möchte und auf die letztlich auch eine psychoanalytische Numismatik rekurriert.

Aristoteles denkt sowohl in der *Nikomachischen Ethik* wie in der *Politik* in einer Weise über die legitime Funktion des Geldes und zugleich über seinen Missbrauch nach, die Lacans Auslagerung des Genießens aus der Ökonomie des Lustprinzips nachträglich erhellen könnte. Er formulierte das Problem der beginnenden Selbstreferenzialität und – wie die Systemtheorie heute sagen würde – Autopoiese des Geldes in der *Chrematistik* als ein offenes Rätsel, an dem sich noch Marx abarbeiten sollte, auf das auch die klassische psychoanalytische Analtheorie des Geldes keine wirklich befriedigende Antwort geben konnte, das aber schließlich unter der Hand im Konzept des Genießens wieder auftaucht. Für die Analtheorie des Geldes blieb dieses ein Objekt der Lust, eine Triebrepräsentanz im Konflikt zwischen Lust und Abwehr, zwischen libidinöser Besetzung und der Gegenbesetzung von Reaktionsbildung, Verkehrung ins Gegenteil oder Sublimierung – die Spannweite zwischen Dreck und Gold, zwischen Kot und Geld eben, zwischen Geiz, Sparsamkeit, Lust an Besitz und Akkumulation oder großzügiger, bis hin zu exzessiver Verschwendungssucht. Laster und Tugenden, vor allem sekundäre, verteilen sich auf dem Kontinuum dieser Spannweite. Der Objektstatus des Geldes für das Genießen ist ein anderer, den es noch zu bestimmen gilt; eine exzessive, ruinöse und selbstdestruktive Verschwendungssucht liegt bereits an der kritischen Schwelle von der Lust zum Genießen. Für Aristoteles lag die rätselhafte Doppelstruktur des Geldes zwischen *oikonomia* und *chremata*, zwischen Ökonomie und Chrematistik (vgl. Hénaff 2002). Abgeleitet vom privaten Haushalt des *oikos*, ist die Ökonomie eine arbeitsteilige Tauschgemeinschaft von Gebrauchsgütern, in der die gegenseitige Abhängigkeit im System der Bedürfnisse das Geld zu deren funktionalem und zweckmäßigem Repräsentanten erhebt; das Geld als »Vertreter des Bedürfnisses«, so ja dann seine gängige Definition. Doch reichte schon für Aristoteles weder das Bedürfnis als anthropologische noch der Gebrauchswert als ökonomische Kategorie aus, um eine Dimension des Geldes zu verstehen, die erst in der Erwerbskunst der Chrematistik mit ihrem Rätsel des Zinses *(tokos)* zur Geltung kam. Er hat diese Generativität des Geldes mit einem schrankenlosen Streben nach dessen Vermehrung ins Unbegrenzte verglichen und dieses Streben als das »widernatürlichste« beschrieben. Die Chrematistik ist demnach eine unvermeidliche Konsequenz des Geldes in seiner Funktion als gesetztes *nomisma*, das seine Genese nicht der Natur verdankt. Aristoteles sollte diese Konsequenz mit einem moralischen Bann belegen, der diesen Missbrauch der Geldfunktion um des Geldes selbst willen bis in unsere Zeit begleitete.

An der lasterhaften Wurzel dieses Missbrauchs schwante ihm die *pleonexia*, eine von einem grenzenlosen Verlangen nach Geld getriebene Habgier, die er nicht nur in der Psychologie des Menschen mit ihren hybriden Anmaßungen angelegt sah, sondern in einer perversen und korrumpierenden Verführung des Geldmediums selbst. Aristoteles' Intuitionen zu diesem grenzenlosen Verlangen blieben von einer Reichweite, deren Wirkungsgeschichte sich über die politische Ökonomie und ihre Marx'sche Kritik hinaus bis in Lacans Begriff der *jouissance*, des Genießens erstreckt. Aristoteles Chrematistik des Geldes nimmt diesen Begriff ebenso vorweg, wie dieser das chrematistische Rätsel ex post zu klären vermag.[4] Aristoteles muss also nach den Gründen

---

4 Eine dieser aristotelischen Quellen im Kapital von Marx findet sich in dessen Charaktermaske des »Schatzbildners«, dem »verrückten« Vorläufer des Kapitalisten als »rationellem Schatzbildner«, der die Grenze zwischen Ökonomik und Chrematistik ständig zu verschieben gezwungen ist: »Der Trieb der Schatzbildung ist von Natur maßlos [...]. Dieser Widerspruch zwischen der quantitativen Schranke und der qualitativen Schrankenlosigkeit des Geldes treibt den Schatzbildner stets zurück zur Sisyphosarbeit der Akkumulation. Es geht ihm wie dem Welteroberer, der mit jedem neuen Land nur eine neue Grenze erobert [...]« (Marx 1867,

fragen, weswegen Geld die Macht verkörpert, ein grenzenloses Verlangen zu wecken. Er ringt mit einer Grenze zwischen Ökonomie und Chrematistik, und wenn der Kreis der Ökonomie durchbrochen wird, öffnet sich der Haushalt des *oikos* nicht nur für den Gast und die Kultur der Gastfreundschaft, den gastlichen Empfang des Fremden; es ist gleichzeitig eine Öffnung der Grenze für die chrematistische Spekulation, für unbegrenzte Kreisläufe des Geldes, in denen es in der Charaktermaske der »Kaufmannsseele« (Max Weber) zu einem Funktionswandel des Geldmaßes kommt. Anthropologisch wird dieser Wandel genährt von einer Konstitution der menschlichen Triebnatur, in der die Grenze zwischen gesättigter Endlichkeit des Bedürfnisses und einer Transzendenz des Bedürfnisses in der Unendlichkeit des Verlangens und Begehrens verwischt wird. Kein anderes Objekt aber als das chrematistisch entgrenzte Geld scheint dieser Transzendenz so weit entgegenzukommen, dass es zu einem selbstreferenziellen Maß seiner selbst wird, das Begehren in sich absorbiert und dieses in das Genießen kippen lässt. In der aristotelischen Gegenseitigkeit des ökonomischen Handelns ist das Begehren ebenso in eine intersubjektive Dialektik der Anerkennung eingebettet wie später bei Hegel und Lacan. Das Gesetz als *nomos* des Begehrens fordert immer eine prinzipielle Teilbarkeit des begehrten Objekts. Das Genießen sucht diese Normativität von Teilung und gerechter Verteilung im Kampf um Anerkennung zu sabotieren, es spekuliert weiterhin, um in Freuds Mythos von *Totem und Tabu* zu bleiben, auf den allmächtigen, unendlichen, einen als unbegrenzt unterstellten Genuss des ermordeten Vaters. Schon Hegel monierte den Wunsch nach unteilbarer Subjektivität und unvermittelter Besonderheit im Genuss. In der Weigerung, sich kraft des Gesetzes als begrenztes, kastriertes, beschnittenes, hinkendes Genießen zu definieren, bleibt es in ständiger Versuchung, die Leerstelle des toten Vaters doch noch besetzen zu können, die Gesetzeskraft der symbolischen Ordnung mit ihrer ökonomischen Normativität von Tausch und Gerechtigkeit gleichsam delinquent zu unterlaufen.

Dass es davon nicht lassen kann, hat mit der Illusion und der Macht des chrematistisch von der Ökonomie entkoppelten Geldes zu tun. Der mythoforme

---

S. 135–137). Man kann an Stelle des Welteroberers ein Begehren setzen, das gänzlich vom Genießen okkupiert ist und an jeder neuen Grenze immer wieder auf das Unendliche spekuliert. Für Lacan ist die Nikomachische Ethik in den Seminaren, die sich im Besonderen mit dem Genießen beschäftigen, der Ethik der Psychoanalyse und Encore, eine zentrale Bezugsquelle.

Urvater, klinisch von Lacan zur universellen und notwendigen Funktion des symbolischen Vaters im psychischen Leben weitergedacht, verdichtet dieses fundamentale normative Gesetz und den Stachel zu seiner Übertretung in der unbewussten Wunschfantasie eines absoluten Genießens. Dessen entfesselter und unabschließbarer »Gralssuche« (Roudinesco/Plon 1997, S. 336) bietet sich das Geld als verheißungsvollstes Objekt an. Dieses Gesetz des toten Vaters erfordert vom begehrenden Subjekt immer eine Zensur seines Genießens im Dienste des Lustprinzips. Wenn aber die Gralssuche des Genießens die Zensoren – wie die römischen Beamten in ihrer Doppelfunktion als Sittenwächter und Wirtschaftsprüfer benannt wurden – des Lustprinzips zu hintergehen sucht, dann ließe sich doppelbödig postulieren: Das Genießen ist der Zins der Lust, der maximiert werden muss, nötigenfalls mit leid- und schmerzvollem, schlimmstenfalls mit tödlichem Ausgang.[5] Mit Freuds zweiter Topik und von klinischer Erfahrung gesättigt, lässt sich das Verhältnis von Überich und Ich in der Tat als eine Beziehung von Gläubiger und Schuldner bestimmen – eine Beziehung, die nicht nur die historische Entstehung von Geld ermöglicht, sondern als eine Wirtschaft und Ökonomie begründende Interaktionsform überhaupt verstanden werden muss (vgl. Simon 2009, S. 34ff.). Das Ich als Schuldner hat dem fordernden Überich diesen Zins der Lust zu entrichten, solange von ihm der Imperativ des Genießens ausgeht. In diesem enthält das »Genieße!« einen Kredit, der seine libidinösen Ressourcen aus dem Es schöpft.

Verliert also das Geld seine Funktion als Maß des Bedürfnisses im Kreislauf von Gütern im Rahmen ökonomischer Gegenseitigkeit, stellt sich die Frage nach dem Funktionswandel seines Maßes. Wie später Marx fragte Aristoteles danach, was das Geld misst, wenn es nicht mehr den bedürfnisadäquaten Gebrauchswert einer Ware zum Ausdruck bringt. Seine Antwort war anders, aber Marx wusste sie noch zu schätzen. Sie liegt in der chrematistischen Entgrenzung des ökonomischen Handlungskreises, getrieben von einem Genießen des Geldes selbst, des Geldes als Mittel des Genusses. In einer erweiterten Definition der spekulativen Erwerbskunst der Chrematistik konnotiert er den Genuss mit einem Übermaß. Dies ist noch keine spröde Genussfeindlichkeit, ebenso wenig schon ein moralisierender Appell an seine Mäßigung.

---

5 Schon bei John Maynard Keynes findet sich die Bemerkung, der Zinsfuß sei ein »hochpsychologisches Phänomen«.

Vielmehr eine tiefe Einsicht in jenen triebhaften Imperativ eines »Mehr!«, der dann bei Lacan das Begehren in das Genießen transformieren sollte, die ökonomisch gebundene Lust nach einer verzinsbaren Mehr-Lust gieren und spekulieren lässt, und zwar nach Analogie des sich selbst verwertenden Werts des Kapitals.[6] Doch war es Aristoteles, der die Grundlinie dieser Analogie als ein konzentrisches Kreisen von Bedürfnis, Begehren und Genießen um das Maßobjekt des Geldes zeichnete:

> »Sobald das Geld nicht mehr innerhalb des nützlichen gegenseitigen Austauschs, in Beziehungen wechselseitiger Abhängigkeit operiert, verliert es seine Funktion, das Maß des Bedürfnisses zu sein. Dennoch bleibt das Geld ein Maß. Aber was mißt es? Aristoteles' Antwort ist erstaunlich: Es mißt das Verlangen nach Geld selbst, das heißt nach Geld als Mittel des Genusses. ›Weil nämlich der Genuß im Übermaß liegt, suchen die Leute die Kunst, die das *genußhörige* Übermaß erwirkt‹ (Aristoteles, Politik, 1258a7; Hervorhebung R.H.) Sobald der Kreis der Gegenseitigkeit durchbrochen ist, kennt dieses natürliche Erwerbsverlangen keine Grenzen mehr« (Hénaff 2002, S. 139).

V.

Es ist diese rätselhafte, in unserem Kontext indes signifikante Formulierung von einem »genußhörigen Übermaß«, die aufhorchen lässt. Um welche »Hörigkeit« geht es hier, um welchen Gehorsam, um welche Unterwerfung? Mit der Vermutung einer Affinität zwischen zwanghaft verhärtetem Überich und kategorischem Imperativ hat Freud eine Spur gelegt, die zu späteren, im Be-

---

6 Wenn Lacan mit seinem Begriff des Genießens als Mehr-Lust (plus-de-jouir) auf den Marx'schen Mehrwert anspielt, setzt er lediglich eine metaphorische Tradition Freuds fort, seine Theorie des psychischen Apparates mit Anleihen bei der politischen Ökonomie gleichnishaft zu demonstrieren. Zensur, census, Zins, die Metaphern des Unternehmers und Kapitalisten in der Traumdeutung oder der »Vergleich der psychischen Ökonomie mit einem Geschäftsbetrieb« in Der Witz und seine Beziehung zum Unbewußten: Damit kann leicht gezeigt werden, »wie Freud mit Hilfe von Vergleichen und Bildern, die er zur Illustration seiner Metapsychologie verwendet, die äußeren politischen und ökonomischen Verhältnisse und damit auch das Geld intrapsychisch wiederkehren läßt [...]. Er hat den psychischen Apparat einem Staats- oder Wirtschaftsapparat entsprechend konzipiert« (Harsch 1985, S. 445f.).

sondern kleinianischen Befunden über archaische, sadistische und andere destruktive Regungen in einer psychischen Instanz führte, die ansonsten als Erbe des Ödipuskomplexes wie keine andere die Kultureignung des Menschen sichern sollte. Man begann das Überich mit einer tyrannischen Instanz, mit einem Folterprinzip, mit einer schweren Pathologie in Verbindung zu bringen – eine Version des erwähnten genealogischen Prinzips in der Psychoanalyse. Oder eben: *Kant mit Sade,* so Lacans Variante dieser Genealogie. Wie kann es aber kommen, dass Genuss, Übermaß und Hörigkeit sich um ein Überich konstellieren, das unerbittlich seinen Preis, seine Opfer und andere Schuldigkeiten einfordert und all dies dann auch noch im Geld konvergieren lässt?

Diese nachfreud'sche Archäologie des Überichs radikalisiert seine Funktion des kategorischen Imperativs und macht auf dessen Rückseite die Paradoxie eines scheinbar gänzlich konträren Befehlstons kenntlich. Das Überich in dieser archaischen Gestalt wird zur eigentlichen Konversionsinstanz der Lust in das Genießen; es steht an der Grenze zwischen der Ökonomie des Lustprinzips und einem Genießen, das die energetischen Verteilungsgesetze dieses Prinzips unterläuft. Es sucht den unbegrenzten Exzess, liebt auf Hochtouren laufende Erregungsquantitäten und eskalierende Reizzuwächse des psychischen Apparates, aber genauso das Kippen der Lust in den Schmerz; es will den »infinite jest« (David Foster Wallace), jenen unendlichen Spaß, den ein ganz exquisites Ding, und sei es bei Wallace auch nur ein Film, verheißt. Das Genießen treibt das Subjekt zu seinem exaltierten »Siedepunkt« (Bataille), zu einer erhabenen »Verzückungsspitze« (Nietzsche). Eine kleine Geschichte Kants nimmt in aller Drastik und übertriebener Zuspitzung die gesättigte klinische Erfahrung der Psychoanalyse vorweg, die nicht nur Freud zum Jenseits des Lustprinzips brachte, sondern im Anschluss daran Lacan zur Formulierung der Paradoxie des Genießens trieb. Ein Mann also steht vor einer entscheidenden Wahl: Es winkt ihm für eine Nacht der Besitz einer lange begehrten Frau, das Ziel seines leidenschaftlichsten erotischen und sexuellen Wunsches. Hinter dem *chambre separée* aber wartet der Galgen. Handelt er im Dienste des Lustprinzips, lässt er die Hände von der Frau und begehrt sie vielleicht weiterhin. Entscheidet er sich für das Genießen, riskiert er sein Leben, er wird es für sein höchstes Gut, ein absolutes Objekt, opfern und hat dafür auch seine unbewussten Gründe. Dieses Opfer ist der wertvollste aller Schuldscheine, die das Überich dem begehrenden Subjekt ausstellen kann, aber die Schulden wachsen in dem Maße, wie sich die Opfer im Laufe eines Lebens kumulieren. Wenn man bedenkt, dass Geld als Schuld entstanden ist und historisch in einem gigantischen Kredit- und Zinsüberbau die spekulativen Blasen aufblähen lässt, die immer wieder platzen müssen, dann erahnt man, wie sich eine Kritik der politischen Ökonomie und eine Kritik der libidinösen Lustökonomie in der Sache treu geblieben sind.

Die Schuld des Geldes und die Schuld des Genießens scheinen eine verbindende Klammer in einem Befehl, einem Kommando oder eben in einem Imperativ zu besitzen. Es ist dieser Imperativ, der jene opferkultische Hörigkeit nach sich zieht, auf die man bei Aristoteles in der Chrematistik des »genußhörigen Übermaßes« stößt. Lacans Archäologie und Genealogie des Überichs hat in diesem die Instanz sondiert, die dieses Übermaß vom begehrenden Subjekt einklagt und es immer wieder, wie in Kants Beispiel, vor die kritischen Übergänge zwischen Begehren, Lust und Genießen stellt – ohne allerdings immer die Freiheit einer Entscheidung zu haben. Oder eben an die Schwelle zwischen ökonomisch gebundener Lust und ihrem Jenseits, zwischen Ökonomie und dem Antiökonomischen, zwischen Gebrauchswertwirtschaft und Chrematistik. Schließlich vor die Differenz zwischen dem Geld als Maßstab des bedürftigen Tausches von Gebrauchswerten und dem Geld als Maßstab eines Genießens, das zwar Güter, Körper und Lüste kennt, seine Objekte sucht, seine Ultima Ratio aber in einem Übermaß findet, dessen »automatisches Subjekt«[7] letztlich allein das Geld selbst ist. Wie der Schuld des Geldes wohnt dem Genießen des Geldes ein wohl begründeter doppelter Genitiv inne. Deswegen wird das Genießen des empirischen Individuums in einer letzten Konsequenz der objektiven Kapitallogik ebenfalls zu einer ökonomischen Charaktermaske, zur Funktion eines selbstreferenziellen Genießens des Geldes selbst, insofern »die ökonomischen Charaktermasken der Personen nur die Personifikation der ökonomischen Verhältnisse sind, als deren Träger sie sich gegenübertreten« (Marx 1867, S. 91).

Nun war Lacans Formel für dieses Überich noch nicht auf das Geld gemünzt, wir können sie hier zunächst lediglich vor dem Hintergrund der klinischen Erfahrung mit Spaltungsprozessen zwischen (Kant'scher) Hypermoral und

---

[7] Marx' Selbstvermehrungsformel für die geldheckende Spirale des Geldes als Kapital, G–W–G', dann nur noch G–G' (1867, S. 162, 169), trifft gleichfalls für die Eskalation von Lust – Genießen – Mehr-Lust zu. Auch das Genießen wird zu einem »Inkrement« (a.a.O., S. 158) oder eben zu einem Zins der Lust.

(Sade'scher) Grausamkeit in Erinnerung rufen: »Das Recht ist nicht die Pflicht. Nichts zwingt jemanden zu genießen, außer dem Über-Ich. Das Über-Ich, das ist der Imperativ des Genießens – Genieße!« (1975, S. 9) Allerdings wächst diesem Imperativ eine zeitdiagnostische Reichweite zu, wenn sich in ihm ein breites Spektrum an Sozialpathologien verdichten lässt, die vom erschöpften Selbst der Depression über die Nöte der Burnout-Gesellschaft und eine zwanghafte Devise des »Erlebe Dein Leben!« bis zu den üblichen Süchten reichen. *Zu viel genießen müssen, zu wenig begehren können* – eine Grundformel für zahlreiche Pathologien in Spät- und Postmoderne, die sich aus den Paradoxien zwischen Lust und Genießen herleiten lassen (vgl. Heim 2007). Das »Genießen« avancierte vom ökonomiekritischen Begriff der Freud'schen Metapsychologie zu einer vielseitigen Anwendung in verschiedenen Gebieten der psychoanalytischen Kultur- und Gesellschaftskritik.

Doch wo findet sich die Münze eines Äquivalents, das eine strukturelle Homologie zwischen dem Geld und einem derart radikalisierten Überich mit seinem Kommando des »Mehr!« zu begründen vermöchte? Eine Münze beziffert und zählt, sie ist materieller Träger einer Zahl. Die Zahl aber, lesen wir gleich zu Beginn der *Dialektik der Aufklärung* von Horkheimer und Adorno, wurde zu deren

> »Kanon [...]. Dieselben Gleichungen beherrschen die bürgerliche Gerechtigkeit und den Warenaustausch. [...] Die bürgerliche Gesellschaft ist beherrscht vom Äquivalent. Sie macht Ungleichnamiges komparabel, indem sie es auf abstrakte Größen reduziert. Der Aufklärung wird zum Schein, was in Zahlen, zuletzt in der Eins, nicht aufgeht« (1944, S. 13).

Zur gewaltigsten Abstraktionsleistung ist aber das Geld in seiner Funktion als allgemeines Äquivalent in der Lage, und auch seine kleinste numerische Einheit ist die Eins. Doch erst wenn von dieser Zahl ein Imperativ, das Kommando des Zählens ausgeht, gewinnt es eine funktionale Identität mit dem Genießen gebietenden Überich. Die unendliche, unbegrenzte Mehr-Lust, die das imperativische Überich aus der Ökonomie des Lustprinzips herauspresst, konvergiert mit einem dem Geld inhärenten Befehlston, dessen Schlüsselsignifikant ein »Mehr« ist. Bekanntlich hat bereits Freud die Genealogie des Überichs aus auditiven Erinnerungsspuren, aus lautlichen und stimmlichen Elementen des Sprachmaterials hergeleitet, dem das Kleinkind ausgesetzt ist. Befunde der sprachlichen Sozialisation können nachweisen, dass »mehr« eines der ersten Worte ist, das ein Baby zu artikulieren lernt. In einer entspannten amerikanischen Wissenschaftsprosa hört sich dies so an: »Geld ist nicht viel anderes als Milch oder Apfelmus; haben wir ein bisschen davon geschmeckt, sagen wir ›mehr‹« (Zweig 2007, S. 254).

Lacans Grundformel des Genießens bekommt also einen Zwilling. Vom Überich geht nicht nur der Imperativ aus, auf Teufel komm raus genießen zu müssen, um die Grenzen des Lustprinzips im »genußhörigen Übermaß« auszureizen. Aber da in der lutherischen Theologie Geld ohnehin Teufelszeug ist und damit den Geist des Kapitalismus diabolisiert, ist es nicht erstaunlich, dass das Geld mit dem Imperativ des Überichs gemeinsame Sache macht. Wie sich dies anhört, führen uns die Brüder Ralph und Stefan Heidenreich in einer lakonischen Dichte vor, in der das Mehr und das Geld im Titel *Mehr Geld* (2008) eine unauflösliche Symbiose eingehen. Hier endlich kommen der Imperativ des Genießens und das Kommando des Geldes zu einer Deckung in der Sache, die letztlich nichts anderes als die Sache *(chose)* des Dings ist, die Sache der Verdinglichung, des Fetischcharakters des Geldes. Der Imperativ des Überichs hat sich im Geld das sublimste und abstrakteste Objekt zueigen gemacht, das Geld hat im Überich endlich seine vertrauenswürdigste Seelenbank gefunden. Denn auch deren Kreditschöpfung wächst in dem Maße ins Unermessliche, wie ihr Schuldenkonto von der Spekulation auf die Rückzahlungsfähigkeit kommender Generationen lebt.

Geld also gibt, im Sinne dieser Homologie mit dem Überich,

> »ein Kommando. Seine Order lautet ›Mehr!‹ Denn Geld zählt. Zählen aber hat eine Richtung. Wir zählen nicht 0-1-0-1, sondern 1-2-3-4 ... Das Zählen verlangt ganz von selbst nach Mehr. Geld ist eine Zahl mit Besitzer. Deshalb ist der Besitzer von Geld der erste, dem das Kommando ›Mehr!‹ gilt« (Heidenreich/Heidenreich 2008, S. 7).

Deswegen ist die »Zahlung« der fundamentale Akt jeder Ökonomie, soweit dieser im symbolisch generalisierten Kommunikationsmedium des Geldes vermittelt ist. Das »automatische Subjekt« als Geldsubjekt und das begehrende Subjekt, das immer an einer kritischen Grenze zum Genießen steht, kreuzen sich so die Wege. Auf dem einen wird gezählt, bezahlt und gezahlt, auf dem anderen er-zählt, und dies nicht nur literarisch, sondern erst recht in der psychoanalytischen Praxis. Beide Wege aber verlieren sich im Unendlichen: die infiniten Zahlen der Mathematik und die »unendliche Analyse«, in der ein datiertes Behandlungsende zur Interpunktion eines virtuell unendlichen Prozesses wird.

Maßlosigkeit und »qualitative Schrankenlosigkeit des Geldes« (Marx) als »automatisches Subjekt« und Objekt eines Genießens werden derart getrieben von einem numismatischen Zählzwang, der in der Struktur der mathematischen Zahl angelegt ist und logisch zur Konstruktion des Unendlichen geführt hat. Historisch haben die Abstraktionsleistungen von Münze und Geld philosophische Denkformen und Mathematik entscheidend geprägt (vgl. Sohn-Rethel 1978). Wenn Zählen eine Richtung hat und Geld eine Zahl mit Besitzer unter dem Kommando »Mehr!« ist, dann nimmt diese Richtung zwangsläufig Kurs auf das Unendliche. Eine mathematische Lesart der lacanianischen Psychoanalyse postuliert denn folgerichtig, dass dem »Subjekt des endlichen Begehrens das unendliche Objekt gegenüber(steht), das dessen Begehren in der phantasmatischen Szene verursacht« (Sciacchitano 2004, S. 167). Als unendliches Objekt bietet sich als aussichtsreichster und vielversprechender Kandidat ein in seiner Omnipotenz phantasmatisch besetztes Geld an, wenn das Maß des endlichen Begehrens in die Maßlosigkeit des Genießens übergeht. »Nichts hat – historisch, methodisch, metaphysisch – mehr Probleme hervorgerufen als infinite Größen. Die Geschichte dieser mit ∞ verbundenen Probleme ist in vieler Hinsicht die Geschichte der Mathematik selbst« (Wallace 2003, S. 45).[8] Wir können hinzufügen: die Geschichte des Geldes und der Psychoanalyse – sofern diese ihren Begriff der (Lust-)Ökonomie noch einmal radikal überdenkt.

VI.

Was also macht Faszination und Attraktivität des Geldes als Objekt-Ursache eines Begehrens aus, dessen Genealogie, Reaktionsbildung und Subli-

---

[8] Mit seiner Abhandlung über den Mathematiker Georg Cantor (1845–1918) lieferte David Foster Wallace den theoretischen Überbau zu seinem Roman Infinite jest nach. Wenn sich Psychoanalytiker mit Cantor beschäftigen, tun sie dies in der Regel mit dem Interesse, die klinische Struktur des Wahnsinns und der Psychose zu denken. Es könnte sein, dass das Geld als unendliches Objekt zwischen Begehren und Genießen, mit seiner Stellung zwischen funktionaler Rationalität und magisch-fetischistischer Irrationalität, der fundamentalen Spaltung in dieser Struktur nahekommt.

mierungsmacht die Pioniere der Psychoanalyse auf die prägenitale Besetzung von Kot und Dreck zurückführen wollten? Man kann heute solche Ableitungen der klassischen Triebtheorie historisieren; ihre Reichweite für eine zeitgemäße Deutung des Geldes ist sicher begrenzt. Dessen problematischer Objektstatus erfordert eine erneute Bestimmung im Lichte neuerer nachfreud'scher psychoanalytischer Objektbegriffe. Sieht man von den Objektbeziehungstheorien ab[9], empfehlen sich im bisherigen Kontext Lacans vier minimalistische Objekt-Ursachen in der Kausalität des Begehrens, die er neben die spezifische Position des Phallus stellt: Brust, Kot, Stimme und Blick als *Objekte klein a*, Partialobjekte, um die sich die empirisch zahlreichen Triebschicksale und Triebkonflikte in unterschiedlichen Variationen konstellieren können.[10] Weil diese *Objekte klein a* bei Lacan gerade dadurch definiert sind, dass sie die überschüssige Mehr-Lust des Genießens vertreten und dessen Mehrwert die ökonomische Konstanz des Lustprinzips sprengt, bleibt zu fragen, in welcher Beziehung das Geld zu ihnen steht. Wenn es mit Goethes *Faust* und Marx' Warenanalyse tatsächlich so etwas wie eine magisch-fetischistische Alchemie des Geldes gibt, dann wird dieses zum fünften Element im Verbund dieser Partialobjekte, notabene zu ihrer »Quintessenz« (vgl. Binswanger 1985, S. 43ff.). Die Funktion des Geldes für das Subjekt des Unbewussten unterhält spezifische und unterschiedliche phantasmatische Beziehungen zu diesen vier partialen Objekttypen: Geld und Brust sind über die Gier vermittelt; Geld als Vorstellungs- und Affektrepräsentanz der Gier sieht sich im *Objekt klein a* der Brust gegründet; Geld und Kot enthalten die ganze Palette der klassischen Analtheorie des Geldes; Geld und Stimme fallen in den Radius eines vom Überich ausgehenden Imperativs des Genießens im »genußhörigen Übermaß«, wobei es hier nicht mehr um die Kant'sche Stimme des Gewissens als kategorisches ethisches Regulativ handelt, sondern nun um die sadokantianische Stimme des Genießens als Pflicht zur Über-

---

9 Beispielsweise sprechen Tuckett und Taffler im Rahmen einer im Wesentlichen von Melanie Klein und von Bion inspirierten Objektbeziehungstheorie von fantastischen Objekten, die als unbewusste Determinanten Erregungszustände mit Affekten wie Gier, Panik und Schuld in den exzessiven Phasen von Finanzspekulationen, manischen Blasen und Crashes verursachen (vgl. 2008, S. 236ff.).

10 Ein Großteil der von der kleinianischen Psychoanalyse präsentierten Theorie und Kasuistik mit ihrer primären Spaltung zwischen guten und bösen inneren Objekten würde sich demnach, übersetzt in Lacans Begriffe, um das Objekt klein a der Brust anordnen lassen.

tretung des Lustprinzips;[11] Geld und Blick schließlich nehmen Freuds fetischistische Bestimmung des Blicks (*glance*; Glanz) auf und lassen sich so umstandslos mit der Analyse von Waren- und Geldfetischismus verbinden.

Eine numismatische Genealogie des Geldes legt zudem nahe, dieses in seiner immensen Abstraktionsleistung als gesellschaftliche Synthese zu sehen, die im Prinzip ebenso ein Prozess der Sublimierung ist. Sublimierung ist hier eine »Denkform« (Sohn-Rethel), die ebenso in der Genese des Tauschwerts aus konkreter sinnlicher Arbeit am Werk ist, wie in der Sublimierung ein sexuelles Triebobjekt zu einem sozial, kulturell und ethisch hochwertigen Gut transformiert wird. Dann aber würde auch auf das Geld zutreffen, was Lacan in die »allgemeinste Formel […] von der Sublimierung« fasste, nämlich dass diese »ein Objekt zur Dignität des Dings [erhebt]« (Lacan 1986, S. 138). Ohne hier die vielfachen Implikationen dieser Formel erörtern zu können, wird zumindest eine Affinität zwischen Geld und Ding zu prüfen sein. Dabei bietet sich noch einmal die Gelegenheit, die Verdinglichungsthematik des westlichen Marxismus mit ihren Quellen im Fetischismuskapitel des *Kapitals* einer nachfreud'schen Psychoanalyse in Erinnerung zu rufen, in der Lacans Ding-Begriff eine eigenwillige theoretische Position besetzt.[12] Bei Lacan ist das »Ding« zunächst anders gedacht; es mit der Formel von einem Genießen des Geldes in Verbindung zu bringen, wird dennoch nicht abwegig sein.

Das »Ding« ist in der Ethik der Psychoanalyse eine Art fataler Attraktor des Genießens, ein nicht symbolisierbarer Topos an den Rändern der somatopsychischen Ökonomie der Lust, der das menschliche Begehren zudem mit einem höchsten Gut verführt und den Griff danach, wenn nicht immer

---

[11] Selbstverständlich zentrieren sich um die Stimme auch zahlreiche Triebschicksale, in denen sich ein neurotischer oder pathologischer Grundkonflikt in den performativen Sprechakten anzeigt. Zusammenhänge zwischen Neurose und Sprechverhalten wurden in der Psychoanalyse immer wieder erforscht.

[12] Für die Kritische Theorie hat Axel Honneth (2007) diesen Faden wieder aufgenommen. Zu Lacans Ding-Adaptation vgl. Die Ethik der Psychoanalyse (a.a.O.). Dass schon Freud in seinem Entwurf einer Psychologie (1895) den im Kontext rätselhaften Begriff des Dings mit dem »Komplex des Nebenmenschen« in Verbindung bringt, lässt ahnen, dass der Begriff auch in der Psychoanalyse intersubjektivitäts- und anerkennungstheoretisch von Interesse bleiben sollte. Wenn es bei Freud hieß: »[A]m Nebenmenschen lernt darum der Mensch erkennen« (ebd., S. 426), nimmt dies nicht nur Lacans Begriffe des anderen/Anderen vorweg, sondern Honneths Leitidee, das Anerkennen gehe dem Erkennen voraus. Wenn der Andere verdinglicht wird, indem er durch Geld vermittelt ist, kann er weder anerkannt werden noch als Quelle von (Selbst-)Erkenntnis dienen.

tragisch, so doch meist im Schmerz, nicht selten im Tod enden lässt. Dies ist eine der paradoxen Liaisons zwischen Kant und Sade.

> »Alles in allem ist Kant einer Meinung mit Sade. Denn um an das Ding absolut zu kommen, um alle Schleusen des Begehrens zu öffnen, zeigt de Sade uns am Horizont was? Wesentlich den Schmerz. Den Schmerz der anderen und auch den eigenen Schmerz des Subjekts, denn das ist hier ein und dieselbe Sache. Das Extrem der Lust, insofern es darin besteht, den Zugang zum Ding zu erzwingen, können wir nicht ertragen« (Lacan, a.a.O., S. 100).

Gerade das Lustprinzip mit seinem vitalen Interesse an Konstanz und Homöostase bot ja bei Freud einen Schutz vor dieser Unerträglichkeit, die, darin wird die Wahrheit von *Jenseits des Lustprinzips* fortbestehen, nichtsdestotrotz Stachel im Fleisch des psychischen Apparates bleibt. Den Ort dieses dinglichen höchsten Guts können die unsublimierten und sublimierten Objekte der Lust besetzen; um sich Zugang zum Ding zu erzwingen, hat sich das Genießen verschiedenste Medien und Techniken ersonnen. Vor allem stößt es in seiner Suche auf Objekte, die sich besonders zu eignen scheinen, der Faszinationskraft des Dings zu erliegen und dessen Funktion zu assimilieren. Dazu gehören bei Weitem nicht nur die Sexualisierung und Erotisierung des Schmerzes. Das »Ding« allein ist nicht schon Objekt, vielmehr eine spezifische Bedingung der Möglichkeit für eine spezifische Objektwahl. Wenn vom Ding als einer Funktion die Rede sein kann, dann ist es die, einem Objekt, einer Erfahrung, einem Erlebnis eine phantasmatische Repräsentation zu verschaffen, die wiederzufinden verspricht, was unwiederbringlich verloren ist. Verwandt mit dem Status eines immer schon »verlorenen Objekts«, an dessen Stelle in der Lacan'schen Psychoanalyse sämtliche Triebobjekte stets nur substitutiv, also metaphorisch und metonymisch, stehen können, handelt es sich bei dieser Repräsentation um einen »Versuch, an die Beziehungen des Subjekts zu etwas Ursprünglichem heranzukommen, an seine Anbindung an das fundamentale, archaischste Objekt, wofür mein operational definiertes Feld *das Ding* den Rahmen abgibt« (Lacan, a.a.O., S. 132).[13]

In seiner funktionalen Spannweite innerhalb dieses »operational definierten Feldes« ist das »Ding« offen: Es ist überall dort virulent, wo es nicht nur um

---

[13] Lacan geht es an dieser Stelle um eine Kritik Melanie Kleins, der er vorwirft, den »mythischen Körper der Mutter« an den »zentralen Platz des Dings« (ebd., S. 131) gesetzt zu haben.

die Schmerz- und Leistungsgrenzen eines lustbewegten Körpers geht, sondern um die Übertretung von Gesetzen, sicher aber eines fundamentalen Gesetzes, das für die symbolische Verfassung der menschlichen Kultur schlechthin steht – eben das Inzestverbot und damit die Notwendigkeit zum Tausch. Das »Ding« ist, dem Geld auch in dieser Hinsicht verwandt, ein Äquivalent, ein »Leveller«, eine Übersetzungsfunktion, mit dem die möglichen Objekte einer Ultima Ratio des Genießens – in ihrer paradoxen Struktur nicht selten zutiefst irrational – gegeneinander abgeglichen und auf ihre Bonität für ein höchstes Gut überprüft werden. Das inzestuöse Objekt, ein Objekt vor seiner symbolischen Codierung, ist nicht nur eines unter vielen in dieser Äquivalentenreihe; für die klinische Psychoanalyse bleibt es in der unbewussten Struktur am wirksamsten. »*Das Ding* ist eine im Subjekt bleibende Spur von etwas, das nie mehr sein wird«, es besitzt die Macht, »als absolutes Objekt das psychische Leben uneingeschränkt [zu beherrschen]« (Braunstein 2000, S. 114).

Es ist keineswegs zufällig, wenn das Geld selbst zum geeignetsten Objekt werden konnte, den Platz des Dings in der Mitte seines operationalen Feldes zu besetzen. Allgemeines Äquivalent, universeller Übersetzer und Stellvertreter, mächtiger Code und Maß der Konvertierung konkreter Qualitäten in die Werteinheiten abstrakter Arbeit: Spätestens seit Marx gehört diese Funktion des Geldes – schon Aristoteles war ihr auf der Spur – zum fetischistischen Bann, den es ausstrahlt und damit zur Verdinglichung menschlicher Lebensverhältnisse beiträgt. Michel Serres (1980) hat dieser Geldfunktion eine treffliche Metapher verliehen: Das Geld ist ein Joker im spekulativen Spiel der ökonomischen Kräfte, ein »weißes Objekt«, das sich auf der Rückseite dieser technisch notwendigen und zweckrationalen Funktionalität als stärkster Anreiz für das »unersättliche menschliche Begehren als auch die unsägliche menschliche Angst« (Margaret Atwood) anbietet. »Joker« und »weißes Objekt« sind auch Metaphern für die Reflexivität von Tauschverhältnissen, die das Geld bietet und die von Luhmann auf die knappe Formel gebracht wurde: »In der Form von Geld tauscht man Tauschmöglichkeiten ein« (Luhmann 1984, S. 615). Die neueste Finanzmarktkrise hat einmal mehr gezeigt, wie dieses weiße Objekt buchstäblich in den Dreck gezogen werden kann, wenn es zu einem Repräsentanten des Dings hypostasiert wird und auch das Genießen in seinen Bann schlägt. Die Gemengelage zwischen Ding, Geld und Genießen liegt in einer eigentümlichen Spaltung in der Geldfunktion selbst, von der Michel Serres sagt:

> »Das Geld hat keine Bedeutung; es hat alle Bedeutungen. Es ist weiß und polysemisch. [...] Das Geld ist das allgemeine Äquivalent, es hat jeden Wert; es hat jede Bedeutung, um keine einzige zu haben. [...] Das Geld ist unbestimmt, als allgemeines Äquivalent ist es alles; es ist nichts als weiße Bedeutung« (Serres, zit. n. Hénaff, a. a. O., S. 507).

Die rätselhafte Rede von einer weißen Bedeutung des Geldes bleibt nur so lange enigmatisch, bis sie von den Einsichten in die Widersprüchlichkeit des Triebdualismus zwischen unersättlichem Begehren und grenzenlosem Genießen jenseits des Lustprinzips kommentiert werden kann. Die weiße Bedeutung des Geldes steht für seine Abstraktheit, für die fetischistische Magie der ihm unterstellten Fähigkeiten, sämtliche Wünsche und Leidenschaften zu absorbieren, weil es als Wünschelrute Zugang zu allen begehrten Objekten verspricht. Diese magische und phallische Leichtigkeit verleiht dem Geld die Macht, sich an die Stelle des Dings zu setzen und mit dieser täuschenden Maske das Genießen zu ködern. Weil es als weißes Objekt eine nicht zu sättigende virtuelle Welt jenseits jeder Ökonomie der Begrenzung, des Maßes und des Mangels bietet, ist es die vorzügliche und einzigartige Projektionsfläche für die durch keinerlei Gebrauchswert zu befriedigende, also unersättliche Dynamik des menschlichen Begehrens. Was Aristoteles angesichts der Chrematistik staunen ließ, was ihm in der Grenzenlosigkeit des Geldes, in der Habgier, der *apeira pleonexia* als anthropologisches Rätsel erschien, ist seine Funktion als weißes Objekt des Begehrens, als weiße Bedeutung und Joker in der Spekulation des Genießens auf das höchste Gut des Dings.

Man bemüht in diesem Zusammenhang gerne die alte Midaslegende, aus der Ernest Borneman mit dem »Midaskomplex« dem Genießen des Geldes denn auch eine angemessene Metapher schuf.

> »Midas, König von Phrygien, erbat sich von Dionysos, den er als Gast gespeist hatte, daß alles, was er anfasse, sich in Gold verwandeln möge, und entdeckte dann zu spät, daß er nun weder essen noch trinken, weder lieben noch sich warm halten konnte, da Speise und Trank, Frauen und Kleidung sich bei seiner Berührung in kaltes, starres Gold verwandelten« (Borneman 1973, S. 447).

Man ermisst hier die genealogische Tragweite von Freuds Selbstbeschreibung als »neuer Midas« in seinem Brief an Fließ aus dem Jahre 1897: Was sich ihm alles in Dreck auflöst! Unüberhörbar werden im »Midaskomplex« also Destruktivität und tödliche Selbstdestruktivität eines Genießens, das Gold oder Geld zur Repräsentanz des Dings erhebt, das funktionale Objekt des Geldes zur täuschenden Dignität des Dings kürt. Und noch einmal wird die entscheidende Differenz zwischen Ökonomie und Chrematistik auch für eine psychoanalytische Triebtheorie deutlich, die von Anfang an jeden naturalistisch verkürzten Bedürfnisbegriff subvertierte. Die chrematistische Maßlosigkeit des Geldes rührt daher, dass sie keinen gebrauchswertorientierten, konkreten sinnlichen Bedarf sättigt und sich der natürlichen Begrenzung von Bedürfnissen entzieht. Selbst der Sexualität sind körperliche Grenzen gesetzt, wenn auch das verdinglichte Genießen sie in der Sucht und im Schmerz zu übertreten neigt. Unbegrenzt ist allein die Maßlosigkeit des Geldes, das über jede Sättigungsgrenze aller Bedürfnisse und Begierden hinweg spekuliert. Hénaff spricht von einer Korrumpierbarkeit des Begehrens durch das Geld und betont dessen Macht als Joker im Tausch von unbegrenzten, ja unendlichen Tauschmöglichkeiten:

> »Doch damit [das Geld] korrumpieren kann, muß es begehrt werden und muß diese Begierde unersättlich sein. Und genau das hat man schon immer von ihm behauptet [...]. Warum kann das Geld nicht allein über den Bedarf hinaus akkumuliert werden, sondern grenzenlos zuweisbar sein? Weil es durch seine Abstraktheit, seine Fähigkeit, alle nur denkbaren Möglichkeiten (Güter, Handlungen, Eingriffe, Investitionen, Produktionen, Vergnügen, Beziehungen, Einflüsse) zu repräsentieren, vollkommen unbestimmt bleibt; in diesem Sinne bleibt es absolut leicht; es bietet eine nicht zu sättigende virtuelle Welt. Für alle anderen Bedürfnisse und Begierden gibt es eine durch die Sättigung angezeigte Grenze. Das Geld dagegen kann angehäuft werden, ohne diese Grenze je zu erreichen. Anders gesagt, es entgeht dem Gesetz des abnehmenden Grenznutzens (das heißt der Grenze, ab der ein Gut aufhört, begehrt zu werden, weil sein Konsum befriedigt ist). Es ist das einzige Gut, das dieses Merkmal aufweist« (Hénaff, a.a.O., S. 590).

VII.

Weil das Geld dieses einzige Gut ist, verführt es das menschliche Begehren, es als Repräsentanz des Dings zu besetzen und sich damit dem Genießen als dieses »weiße Objekt« anzubieten. Dies nun ist sicherlich die Stelle, an der die Gier ihren legitimen Sinn bekommt, nachdem sie jüngst wieder als schwammiger Begriff in der Ursachenforschung zu platzenden Finanzblasen, zur Schamlosigkeit von Finanzmarktakteuren und monströsen Manager-Boni medial herumgereicht wurde. In der Tat ist es die Geldgier, die unbegrenzt ist; Aristoteles hat dies mit der Verbindung von Geld und *apeira pleonexia* früh erkannt. Jetzt aber ist die Gier auch anthropologisch und triebtheoretisch deutlicher bestimmbar: Die Gier ist der Affekt des Genießens, in diesem Falle des Genießens des Geldes, der dieses unter dem Imperativ »*Genieße! Suche immer, nötigenfalls suchtartig, die Mehr-Lust!*« auf das Ding zutreibt. Wenn in der Psychoanalyse sinnvoll von Gier die Rede sein möchte, dann empfiehlt sich Melanie Kleins Beschreibung im Rahmen ihrer Theorie des Neides. Auch für sie geht die Gier genauso über den Grenznutzen eines Objekts hinaus, wie das Genießen des Geldes sämtliche ökonomischen Sättigungsgrenzen übertritt. Wenn für sie das Objekt zunächst das primäre Objekt der mütterlichen Brust ist, dann ist das für die Archäologie und Genealogie der psychoanalytischen Methode nur konsequent, weil schon Freud eine erste Form des Genießens im Übergang vom sättigenden Saugen zum Nuckeln bestimmte:

> »Die Gier ist ein forderndes und unersättliches Verlangen, das über die Bedürfnisse des Subjekts und über das, was das Objekt zu geben fähig und willens ist, hinaus geht. Auf der unbewußten Ebene hat die Gier in erster Linie zum Ziel, die Brust zu erschöpfen, sie vollständig auszusaugen und zu verschlingen: das heißt, ihr Ziel ist eine destruktive Introjektion« (Klein 1957, S. 290).

Wenn dies ein psychoanalytisches Modell von Destruktivität ist und für das psychische System, den »psychischen Apparat« (Freud) eines Individuums gilt, so ist dies selbstverständlich nicht umstandslos auf das ökonomische System einer Gesellschaft übertragbar. Für beide Systeme gilt indes das paradoxe Prinzip, dass lebenswichtige und lebenserhaltende Ressourcen angegriffen und zerstört werden können. Jede Krise zwischen Finanz- und Realwirtschaft führt immer wieder zu derselben Paradoxie, nämlich dass in jeder Ökonomie eine systemimmanente Negativität angelegt ist, die ihre Grundlagen unterhöhlen kann. Die Formel von einem »Genießen des Geldes« ist für diese zuweilen selbstzerstörerische Negativität, die bei Weitem nicht mit Schumpeters »Kreativität durch Zerstörung« gedeckt ist, lediglich eine psychoanalytische Heuristik. Immerhin spricht heute ein führender Manager fast schon reumütig von einer ruinösen Gier, die unmissverständlich diese Heuristik anklingen lässt (vgl. Goeudevert 2008).

Wieder einmal aber ist es Goethe, dem wir abschließend die tiefsten Einsichten vor Freud in die Dialektik von Begehren, Gier in der Begierde und Genießen verdanken. Joseph Vogl (2002) hat im doppelten Blick auf Literaturhistorie und politische Ökonomie nachgewiesen, dass sich um 1800 eine aufschlussreiche Spiegelbildlichkeit zwischen neuem ökonomischem Wissen und Dichtung abzuzeichnen beginnt. Hier schwingt sich nicht nur die Chrematistik in ihrem aristotelischen Sinne zu einer neuen Geltungsmacht auf, die schließlich in der Kritik der politischen Ökonomie bei Marx, notabene in der Analyse von Waren- und Geldfetischismus, einen einstweiligen Höhepunkt erringen sollte. Sie dringt ebenso sehr in die poetisch gezeichneten Liebesverhältnisse ein, deren Lebenswelt sie als Systemimperativ einer expandierenden kapitalistischen Geld- und Warenwirtschaft gleichsam kolonisiert. In Goethes Werken wie den *Wahlverwandtschaften* und im *Faust* sind mustergültige literarische Bilder enthalten, die einen weiten Bogen zu spannen erlauben, der das Jahrhundert überwölbt und in der Freud'schen Psychoanalyse einen tragenden Stützpfeiler finden wird.

Auf der Folie einer Poetik des ökonomischen Menschen handelt es sich um die diskursive »Geburt eines begehrenden, arbeitenden, produzierenden und konsumierenden Subjekts« (Vogl 2002, S. 17), an der eine Elternschaft politischer und libidinöser Ökonomie gleichermaßen beteiligt war. Nur stand historisch bis Freud eine Theorie dieser Letzteren noch aus und blieb, wenn nicht thematisch, so jedenfalls begrifflich, ein notwendiges Desiderat im Rahmen einer Grundlagenkritik modernen ökonomischen Denkens. Die Psychoanalyse lieferte nach, was in deren fachwissenschaftlichen Gründungsurkunden von Adam Smith bis Marx noch implizit eingeschrieben oder dann in signifikanten Werken wie denen Goethes literarisch explizit vorgedacht wurde: neben der Poetik eine *Klinik des ökonomischen Menschen*. Denn »[i]ns Zentrum jeder politischen Ökonomie ist [...] von nun an das eingeschrieben, was man ein Wissen vom triebhaften und begehrenden Menschen, d.h. eine Libido-Ökonomie nennen könnte« (Vogl, a.a.O., S. 82). Anhand der *Wahlverwandtschaften* gelingt Vogl eine Verdichtung, die nicht nur die bisherige Formel von einem chrematistischen Genießen des Geldes enthält, sondern zwischen den Zeilen andeutet, wie diese psychoanalytische Klinik des ökonomischen Menschen nach einer Differenzierung der Triebtheorie in Begriffen des Mangels, der Lust, des Begehrens und des Genießens, kurz: nach einer fundamentalen Kritik ihres eigenen »ökonomischen Gesichtspunkts«

der Metapsychologie rufen wird. Freud selbst hat in *Jenseits des Lustprinzips* (1920) oder in *Das ökonomische Problem des Masochismus* (1924) an diesen Fundamenten zu rütteln begonnen und sein Spätwerk im Zeichen dieser Erschütterung verfasst. Es darf als Verdienst der Lacan'schen Psychoanalyse verbucht werden, diese Kritik nach Freud gerade im verminten Feld zwischen Begehren und Genießen einzigartig radikalisiert zu haben.

»Die Stelle einer Liebeslehre und einer Diätetik der Leidenschaften wird in Goethes Roman von dem eingenommen, was bei Aristoteles einmal Chrematistik hieß, von jener Lehre, die bis ins 17. Jahrhundert hinein von den Modellen einer guten häuslichen und staatlichen Regierung ferngehalten wurde, im 18. Jahrhundert aber zu einer der Gründungsurkunden des neuen polit-ökonomischen Wissens geworden ist. Eine Lehre vom Erwerb, vom beweglichen Reichtum und vom Geld, das den Kreis der Selbstgenügsamkeit und der Bedürfnisse aufbricht und mit Entgrenzung, Übermaß und nicht-natürlichem Wachstum den Mangel und eine stets offene Zukunft zum Maß für die Selbstreproduktion des ökonomischen Prozesses macht. [...] So sehr in Goethes Roman nun Kredit, Kapital und ›Kasse‹ zu den Organen der Neuordnung geworden sind, [...] so sehr wird die Frage einer Begrenzung des Grenzenlosen zur Schicksalsfrage dieser Ökonomie. Die Verwaltung knapper Güter und die Einverseelung des Mangels sind zu Bedingungen geworden, an denen die Steuerung einer künftigen (Libido-) Ökonomie sich orientieren wird« (Vogl, a.a.O., S. 302).

Doch erst in *Faust* wird dieses Feld in einer Art und Weise vermessen, deren Dramaturgie auch Freud erahnte und die ihn in den Protagonisten des Werks einen zentralen Konflikt im triebhaften und begehrenden Subjekt erkennen ließ. Faust wird zum Idealtypus der ökonomischen Moderne, in ihm nimmt »der schon lange angekündigte Typ, der ökonomische Mensch, seine Gestalt« (Vogl, a.a.O., S. 345) an. Dessen Erfolgsgeschichte wie seine Tragik bestehen darin, dass er »in der Fülle das Fehlen verspürt, im Mangel die Bedingung seines Wünschens erfährt und die Kunst des Verfehlens beherrscht: nämlich im unendlichen Streben endliche Güter zu wollen«. Zwischen Begehren und Genießen »ist [er] ein Mensch, der sein Leben verbringt, verbraucht und verzehrt, indem er sich selbst, seine Reichtümer, sein Leben und Fortleben produziert« (ebd.). Freud wird an dieser Anthropologie des ökonomischen Menschen, die ein scharfes Kontrastbild des wirtschaftswissenschaftlich gängigen Homo oeconomicus entwirft, anknüpfen, wenn er in seiner Klinik des ökonomischen Menschen vor allem die Dimension der Selbstverzehrung erforscht. Als deren treibende Kraft wäre nun gerade das Genießen zu sehen. Es entbehrt also jeder Zufälligkeit, wenn er an einer entscheidenden Stelle in *Jenseits des Lustprinzips* diesen fundamentalen Konflikt mit einer Reverenz an Faust erläutert. »Der verdrängte Trieb gibt es nie auf, nach seiner vollen Befriedigung zu streben, die in der Wiederholung eines primären Befriedigungserlebnisses *bestünde*« (Freud 1920g, S. 44; Hervorhebung R. H.).

Freud spricht hier konsequenterweise im Konjunktiv, denn er muss damit die Wunschfiktion einer ursprünglichen Lust betonen, in der wir nun aber das »Ding« erahnen können, das das Genießen dem Lustprinzip abringen und aus der versunkenen Vergangenheit eines immer schon verlorenen Objekts in eine gelebte Gegenwart zurückholen möchte. Das Genießen muss in dieser Fiktion so tun, als ob es dieses primäre Befriedigungserlebnis wirklich gegeben hätte, und macht daraus die unerbittliche Forderung eines Imperativs, der auf Wiederholung drängt: den Imperativ des Genießens mit seinem Sitz in einem despotischen Überich. Diese Forderung ist der mephistophelische Stachel im Streben und Begehren Fausts, den Freud noch implizit als Differenz des Genießens bestimmen sollte:

> »[…] und aus der Differenz zwischen der gefundenen und der geforderten Befriedigungslust ergibt sich das treibende Moment, welches bei keiner der hergestellten Situationen zu verharren gestattet, sondern nach des Dichters Worten ›ungebändigt immer vorwärts dringt‹ [Mephisto im Faust, I, 4. Szene]« (ebd.).[14]

Die Dramaturgie des Werks besteht von Anfang an in einer Wette auf genau diese Differenz, in einer Spekulation auf die Zinsen der Lust, die diese Differenz abwerfen soll. »Spekulation«, »Wette«, selbst »Glücksspiel« sind längst Grundbegriffe der ökonomischen Theorie geworden (vgl. Stäheli 2007; Koslowski 2009). Nichts spricht dagegen, sie als Metaphern in den ökonomischen Gesichtspunkt der Freud'schen Metapsychologie einzuführen und im Besonderen die Beziehung zwischen Ich und Überich in bestimmten Konstellationen als eine Wette zu sehen. Allgemein ließe sich sagen: Jenseits des Lustprinzips wird das Begehren in seiner *Spielart* des Genießens spekulativ. Es spekuliert auf eine volle Repräsentanz des Dings, d. h., es wettet auf das höchste Gut des Dings und setzt damit das Leben des begehrenden Subjekts

---

14 Schon für Marx war Goethes Hauptwerk eine Inspirationsquelle: »Damit entwickelt sich gleichzeitig in der Hochbrust des Kapitalindividuums ein faustischer Konflikt zwischen Akkumulations- und Genußtrieb« (Marx 1867, S. 623).

aufs Spiel. Die neuere psychoanalytische Klinik des ökonomischen Menschen ist in ihrer Kasuistik randvoll mit solcherart Spekulationen und Wetten; als einstige Klinik der Lust ist sie – um die jahrzehntelange Diskussion um die »neuen Leiden der Seele« (Julia Kristeva) auf einen Punkt zuzuspitzen – zu einer Klinik des Genießens geworden.

Doch schon das Drama von Faust führte eine solche paradigmatisch vor: In der Wette zwischen ihm und Mephistopheles geht es um einen Pakt, der sich dann auflösen soll, wenn es Faust gelingt, sein Streben zu einem endgültigen Ziel, dem zum Verweilen einladenden »höchsten Augenblick«, zu führen. Mit anderen Worten: Faust hat sein Leben dem Imperativ des Genießens unterworfen und lässt diesen von seinem mephistophelischen Überich verkörpern. Das Wissen, der Eros, Liebe und Sexualität vermochten es nicht, ihm diese »geforderte Befriedigungslust« des Genießens zu vermitteln, denn die Lust, die diese Bereiche durchaus ermöglichen, ist immer zeitlich begrenzt, also ökonomisch. Sie bleibt allerdings stets nur empirisch je »gefundene Befriedigungslust« (Freud), und so musste auch für Faust die Differenz zur »geforderten« offen bleiben. Der Stachel des Genießens bleibt unerbittlich und schmerzhaft virulent – ein Grund dafür, weshalb auch die Grenzen zwischen Lust, Schmerz und Tod immer wieder zerfließen können. Deshalb resigniert Faust vorerst im Dilemma, die Lust der Liebe mit Gretchen in der Gegenwart, nicht aber in der Zeitlosigkeit einer unbegrenzten Dauer zu finden. Seine Trauer über die Unerfüllbarkeit jedes menschlichen Begehrens gehört zu den Schlüsselstellen im ersten Teil: »O daß dem Menschen nichts Vollkommenes wird / Empfind' ich nun.« Und: »So tauml' ich von Begierde zu Genuß, / Und im Genuß verschmacht' ich nach Begierde.« Er hätte es dabei belassen können – wie Analysand und Analytiker beide, aber gewiss auf unterschiedliche Weise, nach einer gelungenen Analyse.

Aber Faust wollte mehr. Er will in seiner eigenen begrenzten Lebenszeit die Steigerung eines Lebensgefühls, das diesem höchsten Augenblick angemessen ist, aber im Verweilen die Überwindung der Zeit anstrebt. Erst mit dieser unmöglichen Flucht aus der Zeit verlässt Faust den triebökonomischen Kreislauf der Lust und betritt im zweiten Teil des Dramas – die Paradoxie kann nun nicht mehr erstaunen – als Ökonom, als Prototyp des modernen Unternehmers und Financiers, das Feld des wirtschaftlich-technischen Fortschritts. Er tut dies bekanntlich unter anderem damit, dass er zum Schöpfer von Papiergeld wird, mit dem er seine kostspieligen Investitionen tätigt. Unbewusst hat er also vom Register der Lust in das Register des Genießens gewechselt, für das nun die Verheißung eines absoluten Reichtums die Repräsentanz des Dings besetzt. Dieser Reichtum mit seinem Universaljoker des Geldes ist es, der nun die Aussicht auf jenen Augenblick zu sichern scheint, von dem sich sagen ließe: »Verweile doch, du bist so schön!« Dann winkt endlich das erlösende Finale: »Im Vorgefühl von solchem hohen Glück / Genieß' ich jetzt den höchsten Augenblick.« Der Ausgang der Wette aber bleibt auch so unentscheidbar, und inmitten jeder Repräsentanz des Dings klafft eine Leere, die auch die Macht des Geldes nie auch nur annähernd wird füllen können. Dies weiß heute selbst eine ernsthafte Glücksforschung als Zweig der Wirtschaftswissenschaft. Denn die

> »Ironie dieses Schlusses hinterlässt nicht nur eine Situation, in der man einerseits im Reichtum erfühlt, ›was uns fehlt‹, und andererseits in der scheinbaren Vollendung des ›größte[n] Werk[s]‹ nur die Ruine verkennt. Sie findet ihre Prägnanz vor allem darin, dass sich der ebenso ominöse wie umstrittene Glücksmoment am Schluss wiederum nur als ›Vorgefühl‹, als Genießen einer Prolepse auf das Genießen einstellt. Von hier aus, von dieser notwendigen Verfehlung des Jetzt und des glücklichen Moments, kann man behaupten, dass die anfängliche Wette zwischen Mephisto und Faust für jede Seite sowohl gewonnen wie verloren wie unentschieden ausgegangen ist: weil der Augenblick, den man zum Verweilen auffordert, vielleicht glücklich, aber eben dieser gegenwärtige Augenblick nicht ist« (Vogl, a. a. O., S. 334f.).

Faust stirbt gleichsam auf der Verzückungsspitze seines Genießens des höchsten Augenblicks. Unter dessen Diktat tätigte er langfristige Investitionen in Wissen, Liebe und Sexualität, schließlich in ökonomisches Wachstum mittels Geldschöpfung und Kredit. Doch wie schon Moses blieb ihm der Eintritt ins gelobte Land verwehrt; er musste sich mit einem »Vorgefühl«, einer zeitlich nicht zu beendenden »Vorlust« begnügen. In seiner berühmten Wette zwischen Glauben und agnostischer Vernunft setzte Pascal auf Gott und war sich sicher, sie zu gewinnen. Faust setzte zuletzt auf Geld und Kredit und konnte sich schon fast darauf verlassen, dass die alte Systemkonkurrenz zwischen »Gott« und »Geld« – so ja eine fundamentale Hypothese der Moderne – zugunsten des Letzteren entschieden werde. Heute sieht alles wieder anders aus, und zu den ökonomischen Grundwahrheiten gehört ohnehin das in seiner Schlichtheit unübertroffene Bonmot aus der Feder von John Maynard Keynes: »Auf lange Sicht sind wir alle tot.« Daran wird vorerst auch Geld nichts ändern können. Es sei denn, es wäre inzwischen längst zum Träger eines Replikators eigener Art geworden, der – nach Gen und Mem[15] – als Mon (vgl. Mérő 2007, S. 239ff.) das Ende des Menschen ankündigt und sich anschickt, diesen evolutionär zu überbieten. Aber auch dies wäre vermutlich wiederum nur eine Phantasmagorie des Geldfetischs, eine Selbstironie im Genießen des Geldes.

---

15 Nach dem Gen der Genetik hat der Evolutionsbiologe Richard Dawkins das Mem als Replikator der Memetik postuliert, die kleinste Einheit in der kulturellen Evolution. Nun soll es also nach der Göttin Juno Moneta und nach money und monetär auch das Mon als analogen Replikator geben.

Literatur

Adorno, Th. Wiesengrund (1970): Postscriptum. In: Aufsätze zur Gesellschaftstheorie und Methodologie. Frankfurt a. M. (Suhrkamp), 1973.
Atwood, Margaret (2008): Payback. Schulden und die Schattenseiten des Wohlstands. Berlin (Berlin Verlag), 2008.
Bataille, Georges (1957): Der heilige Eros. Berlin (Ullstein), 1982.
Bataille, Georges (1967): Die Aufhebung der Ökonomie. München (Rogner & Bernhard), 1975.
Binswanger, Hans Christoph (1985): Geld und Magie. Eine ökonomische Deutung von Goethes Faust. Hamburg (Murmann), 2009.
Borneman, Ernest (1973): Psychoanalyse des Geldes. Frankfurt a. M. (Suhrkamp).
Braunstein, Nestor A. (2000): Das Genießen: von Lacan zu Freud. In: Michels, André et al. (Hg.): Jahrbuch für Klinische Psychoanalyse, 2. Das Symptom. Tübingen (edition diskord), S. 90–128.
Brown, Norman O. (1959): Zukunft im Zeichen des Eros. Pfullingen (Neske), 1962.
Ferenczi, Sandor (1914): Zur Ontogenie des Geldinteresses. In: Bausteine zur Psychoanalyse. Band I: Theorie. Berlin (Ullstein), 1984.
Ferguson, Niall (2008): Der Aufstieg des Geldes. Die Währung der Geschichte. Berlin (Econ), 2009.
Freud, Sigmund (1895): Entwurf einer Psychologie. In: G. W. Nachtragsband. Texte aus den Jahren 1885–1938. Frankfurt a. M. (Fischer), S. 375–486.
Freud, Sigmund (1908b): Charakter und Analerotik. G. W., Bd. 7, S. 203–209.
Freud, Sigmund (1920g): Jenseits des Lustprinzips. G. W., Bd. 13, S. 1–69.
Freud, Sigmund (1985): Briefe an Wilhelm Fließ 1887–1904. Frankfurt a. M. (S. Fischer), 1986.
Goeudevert, Daniel (2008): Das Seerosen-Prinzip. Wie uns die Gier ruiniert. Köln (Dumont).
Goux, Jean Joseph (1973): Freud, Marx. Ökonomie und Symbolik. Berlin (Ullstein), 1975.
Harsch, Wolfgang (1985): Das Geld bei Marx und Freud. Psyche – Z Psychoanal 39(5), 429–455.
Hartmann, Martin & Offe, Claus (Hg.) (2001): Vertrauen. Die Grundlage des sozialen Zusammenlebens. Frankfurt a. M. (Campus).
Haubl, Rolf (1998): Geld, Geschlecht und Konsum. Zur Psychopathologie ökonomischen Alltagshandelns. Gießen (Psychosozial-Verlag).
Heidenreich, Ralph & Heidenreich, Stefan (2008): Mehr Geld. Berlin (Merve).
Heim, Robert (2007): Paradoxien des Genießens. Einige Konstellationen zwischen Lacan und Adorno. In: Busch, Hans-Joachim (Hg.): Spuren des Subjekts. Positionen psychoanalytischer Sozialpsychologie. Göttingen (Vandenhoeck & Ruprecht), S. 81–107.
Hénaff, Marcel (2002): Der Preis der Wahrheit. Gabe, Geld und Philosophie. Frankfurt a. M. (Suhrkamp), 2009.
Honneth, Axel (2007): Verdinglichung. Eine anerkennungstheoretische Studie. Frankfurt a. M. (Suhrkamp).
Horkheimer, Max & Adorno, Th. Wiesengrund (1944): Dialektik der Aufklärung. Frankfurt a. M. (S. Fischer), 1972.
Klein, Melanie (1957): Neid und Dankbarkeit. In: Gesammelte Schriften Band 3, Schriften 1946–1963. Stuttgart/Bad Cannstatt (frommann-holzboog), 2000.
Koslowski, Peter (2009): Spekulation: Wette oder Glücksspiel? In: Frankfurter Allgemeine Zeitung v. 23.10.2009, S. 12.

Lacan, Jacques (1975): Encore. Das Seminar, Buch XX (1972–1973). Berlin (Quadriga), 1986.
Lacan, Jacques (1986): Die Ethik der Psychoanalyse. Das Seminar, Buch VII (1959–1960). Berlin (Quadriga), 1996.
Luhmann, Niklas (1984): Soziale Systeme. Grundriß einer allgemeinen Theorie. Frankfurt a.M. (Suhrkamp).
Marx, Karl (1867): Das Kapital. Kritik der politischen Ökonomie. Erster Band. Berlin (Dietz), 1951.
Mérő, László (2007): Die Biologie des Geldes. Darwin und der Ursprung der Ökonomie. Reinbek bei Hamburg (Rowohlt), 2009.
Reemtsma, Jan Philipp (2008): Wie weiter mit Sigmund Freud? In: Hamburger Institut für Sozialforschung (Hg.): »Wie weiter mit ...?« Hamburg (Hamburger Edition).
Roudinesco, Elisabeth & Plon, Michel (1997): Wörterbuch der Psychoanalyse. Wien/New York (Springer), 2004.
Sciacchitano, Antonello (2004): Das Unendliche und das Subjekt. Zürich (RISS-Verlag).
Serres, Michel (1980): Der Parasit. Frankfurt a.M. (Suhrkamp), 1981.
Simon, Fritz B. (2009): Einführung in die systemische Wirtschaftstheorie. Heidelberg (Carl-Auer Verlag).
Sohn-Rethel, Alfred (1978): Warenform und Denkform. Frankfurt a.M. (Suhrkamp).
Stäheli, Urs (2007): Spektakuläre Spekulation. Das Populäre der Ökonomie. Frankfurt a.M. (Suhrkamp).
Stroczan, Katherine (2002): Der schlafende DAX oder das Behagen in der Unkultur. Die Börse, der Wahn und das Begehren. Berlin (Wagenbach).
Tuckett, David & Taffler, Richard (2008): Fantastische Objekte und der Realitätssinn des Finanzmarkts. Ein psychoanalytischer Beitrag zum Verständnis der Instabilität der Wertpapiermärkte. In: Mauss-Hanke, Angela (Hg.): Internationale Psychoanalyse 2009. Gießen (Psychosozial-Verlag), S. 227–263.
Vogl, Joseph (2002): Kalkül und Leidenschaft. Poetik des ökonomischen Menschen. München (sequenzia Verlag).
Viderman, Serge (1993): De l'argent en psychanalyse et au-delà. Paris (PUF).
Wallace, David Foster (2003): Die Entdeckung des Unendlichen. Georg Cantor und die Welt der Mathematik. München (Piper), 2007.
Žižek, Slavoj (2006): Lacan. Eine Einführung. Frankfurt a.M. (Fischer), 2008.
Zweig, Jason (2007): Gier. Neuroökonomie. Wie wir ticken, wenn es ums Geld geht. München (Hanser), 2007.

Tauschverhältnisse

Die Kunst, mit Geld und guten Worten ans Ziel der Wünsche zu gelangen

Horst Kurnitzky

Menschen leben vom Austausch. Sie tauschen Güter, Arbeiten und Dienste, Gedanken und Ideen. Selbst ein Handschlag, eine flüchtige Begegnung oder das Aufeinandertreffen verschiedener Kulturen können Sache eines Austauschs werden. Durch den Tauschprozess gewinnen alle Parteien, solange es sich nicht um eine Täuschung oder einen Betrug handelt. Das ist des Pudels Kern. Die Worte »Tausch« und »täuschen« verbindet nicht nur die Etymologie, sie bezeichnen auch einen realen Widerspruch, der allen Tauschverhältnissen innewohnt (vgl. Kurnitzky 1980). Darum wird der Tausch, als gerechter Tausch, einem sozialen Imperativ unterstellt. Gegenstände des Tauschs können Güter, Waren, materielle wie immaterielle Objekte, Einfälle oder Ideen sein. Etwas, das vordem nicht Eigentum eines Tauschpartners war, gelangt durch den Tauschakt in seinen physischen oder intellektuellen Besitz. Seit Beginn der rationalen Philosophie in der griechischen Antike gilt der Tausch als Ursprung allen sozialen Lebens. Wie und warum der Tausch diese entscheidende Rolle bei der Entwicklung der Zivilisation gespielt hat, ist Sujet von Hypothesen und Untersuchungen, Gemeinplatz aber: Am Anfang war der Tausch. Ohne Austausch kann das menschliche Gemeinschaftsleben nicht einmal in der Einbildung simuliert werden. Der Tausch muss also einer logischen Notwendigkeit folgen, dank der das soziale Leben überhaupt funktioniert. Sollte die Kommunikation, um einen aktuellen Ausdruck für den Austausch zu gebrauchen, die Voraussetzung sein, ohne die kein Leben möglich ist?

Aber was heißt Kommunikation? Streng genommen ist das ganze Universum ein System der Kommunikation, der Attraktion und der Abstoßung, wie es die Gravitation der Himmelskörper oder die Beugung des Lichtes durch sie lehrt. Wenn das Zusammentreffen zweier Substanzen diese durch ein System physischer oder chemischer Reaktionen verwandelt, kann man von Kommunikation sprechen. Jede Reaktion ist eine Antwort. In diesem Sinn wird auch die biologische Welt durch unzählige physische wie chemische Reaktionen bestimmt. Pflanzen, die von Insekten oder anderen Plagen attackiert werden, stimulieren durch ihre Reaktionen, vermittelt durch sogenannte Botenstoffe[1], benachbarte Pflanzen, ebenfalls auf die Bedrohung zu reagieren. In der Fauna teilen sich die Angehörigen einer Spezies untereinander mit, wo es Nahrung und Wasser gibt, oder warnen vor der Gefahr eines nahenden Raubtiers, was die Artgenossen veranlasst, zu fliehen oder Abwehrmaßnahmen zu ergreifen, indem sie z. B. als Herde ganz dicht zusammenrücken und ein neues, größeres Corpus bilden oder, wie einige Meerestiere, für den Angreifer gefährliche Gegner simulieren. Wir wissen, dass Tiere sich im Wasser und auf dem Land meist durch Töne und Laute verständigen, wie Elefanten durch Stampfen auf den Boden oder Infraschall-Knurren, das sie noch viele Kilometer entfernt wahrnehmen können, oder Affen durch Schnalzlaute und Klappern mit den Zähnen, während Vögel durch Pfeif- oder Pieplaute miteinander kommunizieren. Auch in den sogenannten Gesängen der Blauwale, deren überaus laute Töne unter Wasser mehrere hundert Kilometer weit zu hören sind, glaubt man, eine Art Sprache entdeckt zu haben. Im Grunde kann man sagen: Wo etwas ist, gibt es irgendeine Form der Kommunikation, eine Wechselwirkung, einen Austausch, und wo es keine Kommunikation gibt, ist auch nichts.

Im menschlichen Körper stehen etwa zehn Billionen Zellen in ständiger Kommunikation. Jede Zelle empfängt und sendet Signale aus, die direkt über Zellverbindungen oder durch Botenstoffe via Blut-, Lymph- oder Nervenbahnen ihr Ziel erreichen. Diese Organismen aus vielen Zellen, bei denen jede einzelne eine Funktion im gesamten Organismus erfüllt, erfordern ein System zur Erzeugung und Übertragung, zum Empfang und zur Beantwortung einer Vielzahl von Signalen, mit denen die Zellen untereinander kommunizieren und in Wechselbeziehung stehen. Ohne sie gäbe es keine Koordination der Bewegungen, keinen

---

[1] Die »Pheromone« genannten Botenstoffe sind erstmals 1959 von Butenandt bei Insekten nachgewiesen worden, später in der gesamten belebten Welt. Als Alarmpheromone, Markierungspheromone, Sexualpheromone etc. sind sie Kommunikationsmittel, die z. B. auch benachbarte Pflanzen dazu bewegen können, sich für Pflanzenfresser ungenießbar zu machen, indem sie Bitterstoffe in ihre Blätter pumpen.

Appetit, keine Atmung. Natürlich würde das Herz ohne sie nicht schlagen und das Gehirn nicht die primitivsten Reflexe der Glieder des Körpers veranlassen können. Das Fehlen bestimmter Neurotransmitter verursacht Ausfälle in der Kommunikation und führt damit zu Krankheiten und anderen Defekten. Erst der ungehemmte Fluss der Neurotransmission über Neuronen und Synapsen, welche die einzelnen Zellen im Gehirn verbinden, versetzt uns in die Lage, auch darüber zu reflektieren und zu kommunizieren. Doch das ist zu großen Teilen immer noch eine biologische Kommunikation, die allein der Selbsterhaltung der Zellen und des Organismus dient, dessen Teil und Funktionsträger sie sind. Zellen sind egoistisch und ihr Organismus auch. Sie kennen keine Empathie, kein Mitgefühl, das die biologische Funktion der eigenen Selbsterhaltung und Vermehrung auch einmal zugunsten anderer Ziele aussetzen könnte. Erst die soziale Kommunikation befreit das Individuum von diesem biologischen Automatismus, zwingt es aber zugleich in neue Abhängigkeiten.

Der Psychoanalytiker René Spitz hat die Ursprünge sozialer Kommunikation im Verhältnis eines Kindes zu seiner Mutter aufgespürt (Spitz 1957). Sie entsteht, wo etwas fehlt. Ist die Verbindung mit der Mutter erst einmal durchtrennt und der endogene Kreislauf, in dem der Fötus mit ihr stand, unterbrochen, beginnt die lebenslange Suche nach der als befriedigend erinnerten oder auch nur fantasierten Situation, mit dem Ziel, diese durch Spannungsabfuhr und Bedürfnisbefriedigung wiederherzustellen.

>»Mit dem Durchtrennen der Nabelschnur«, schreib René Spitz, »hat zwischen Mutter und Kind ein Schnitt stattgefunden. Sie sind zu getrennten physischen Einheiten geworden. Zugleich streben Mutter und Kind, wie in einem [...] Drang zur Wiederherstellung des früheren Zustandes, nach engstem persönlichen Kontakt, der im Stillakt seinen Höhepunkt findet« (Spitz 1957, a.a.O., S. 106f.).

Dass der Nabelschnur bei vielen Völkern eine zentrale Bedeutung zukommt, zeigen die bei Geburten veranstalteten *rites de passage* (Übergangsriten) und all das, was mit der Nabelschnur angestellt wird, um Babys Glück und ein langes Leben herbeizuzaubern. Als Symbol einer einmal befriedigenden Verbindung wird sie nicht einfach abgebissen und weggeworfen, wie es bei vielen der menschlichen Spezies verwandten Primaten üblich ist, sondern um den Hals gehängt, an heiligen Plätzen verwahrt oder geopfert, oder als Opfergabe in Töpfen, Gruben und Kultlöchern deponiert, wie in den auf Hawaii als Piko-Löcher bekannten Gruben in Steinflächen (Halley/Strasack 1970). Bei den Inselbewohnern heißt die Nabelschnur Piko. Wie Marshall Sahlins von einer mündlichen Überlieferung berichtet, die James Cook in seinen Tagebüchern erwähnt, hatten die hawaiianischen Frauen sogar die Nabelschnüre ihrer Babys in die Risse der Schiffe ihrer britischen Verehrer gesteckt (Sahlins 1985, S. 139) (vgl. Jolly 2009, S. 99).

Vermutlich wurden auch die seit vielen tausend Jahren bekannten spiralförmigen Labyrinthbauten, -ritzungen und -zeichnungen sowie die spiralförmigen Tänze vieler Völker von der Nabelschnur inspiriert. Nicht zu vergessen Theseus' Faden der Ariadne, der von der Psychoanalyse als Nabelschnur gedeutet wird. Heute, da Mythos und Magie sich längst in Wissenschaft verwandelt haben, versucht die medizinische Forschung, aus der Nabelschnur Stammzellen zu gewinnen, um Krankheiten genetisch zu behandeln und dem Menschen auf diesem Weg ein langes Leben zu ermöglichen. Wenn Technik und Kultpraxis sich auch geändert haben, bleibt das Ziel doch das gleiche, nämlich, einen befriedigenden Zustand wieder- oder erstmals herzustellen.

In jedem Fall ist diese erste traumatische Erfahrung eines Entzugs durch die Kappung der Versorgungsstränge für das weitere Leben prägend. Es ist die Stelle, an der die Rekonstruktion eines befriedigenden Lebens beginnt, oder, wenn wir einmal von fötalen Erfahrungen und Sinneseindrücken absehen, der eigentliche Beginn des Lebens. Es beginnt mit einem Desaster. Freud spricht in diesem Zusammenhang von einer Gefahrsituation, von Angst, vom Trauma der Geburt und von dem Versuch, der ersten Trennungserfahrung mit einer Aktion zu begegnen, z. B. dem Herbeirufen der Mutter durch Schreien (vgl. Freud 1926).

»Die Angst«, schreibt Freud,

> »erscheint so als Reaktion auf das Vermissen des Objekts und es drängen sich uns die Analogien auf, daß auch die Kastrationsangst die Trennung von einem hochgeschätzten Objekt [durch das Inzesttabu; H. K.] zum Inhalt hat, und daß die ursprünglichste Angst (die ›Urangst‹ der Geburt) bei der Trennung von der Mutter entstand.
>
> Die nächste Überlegung führt über diese Betonung des Objektverlusts hinaus. Wenn der Säugling nach der Wahrnehmung der Mutter verlangt, so doch nur darum, weil er bereits aus Erfahrung weiß, daß sie alle seine Bedürfnisse ohne Verzug befriedigt. Die Situation, die er als ›Gefahr‹ wertet, gegen die er versichert sein will, ist also die der Unbefriedigung, des Anwachsens der Bedürfnisspannung, gegen die er ohnmächtig ist. Ich meine, von diesem Gesichtspunkt aus ordnet sich alles ein; die Situation der Unbefriedigung, in der Reizgrößen eine unlustvolle

Höhe erreichen, ohne Bewältigung durch psychische Verwendung und Abfuhr zu finden, muß für den Säugling die Analogie mit dem Geburtserlebnis, die Wiederholung der Gefahrsituation sein; das beiden Gemeinsame ist die ökonomische Störung durch das Anwachsen der Erledigung heischenden Reizgrößen, dieses Moment also der eigentliche Kern der ›Gefahr‹. In beiden Fällen tritt die Angstreaktion auf, die sich auch noch beim Säugling als zweckmäßig erweist, indem die Richtung der Abfuhr auf Atem- und Stimmuskulatur nun die Mutter herbeiruft« (Freud, a. a. O., S. 167f.).

Diese Erfahrung schlägt sich im Gedächtnis des kleinen Egoisten nieder, der glaubt, mit Schreien alles erreichen zu können. Tatsächlich ist durch die Differenzierung des »Ich« vom »Nicht-Ich« zwar eine Bedingung der gerichteten Kommunikation erfüllt[2], aber noch nicht die Voraussetzung für eine auf Kommunikation aufbauende Gesellschaft geschaffen. Wer sich nur darauf beschränkt, durch Schreien die Mutter herbeizurufen, lernt nie dazu. Erst die Versagung, eine Negation, die sich der unmittelbaren Triebbefriedigung in den Weg stellt – wie es schon durch die quasi rituell organisierten Stillzeiten geschieht[3] –, setzt Lern- und Gedächtnisprozesse in Gang[4], die das Indi-

---

2 »Die Unterscheidung des ›Ich‹ vom ›Nicht-Ich‹ ist die conditio sine qua non aller gerichteten Kommunikation. Bevor man von irgendeiner Form gerichteter Kommunikation sprechen kann, muß ein anderes, vom Subjekt verschiedenes Wesen wahrgenommen werden« (Spitz 1957, S. 95). »Die Geburt, die den Körper des Kindes von der Mutter trennt, entläßt das Kind als eine umschriebene physische Einheit in die Welt. Mit drei Monaten nimmt das Kind das ›Nicht-Selbst‹ wahr, ein Zeichen, daß es auch eine umschriebene physische Einheit geworden ist. Schließlich ist die Wahrnehmung des Selbst im zweiten Lebensjahr das Zeichen dafür, daß das Kind begonnen hat, als umschriebene soziale Einheit zu funktionieren. Jede dieser Stufen wird zwangsläufig durch Versagung herbeigeführt. Die physische Versagung zwingt das Kind, eine umschriebene physische Einheit zu werden. Ebenso sind es physische Versagungen, die das Kind zu einer psychischen Einheit umformen. Dagegen geschieht die Entwicklung zur sozialen Einheit durch psychische Versagung« (ebd., S. 116).
3 Durch die Organisation von nicht säugen – säugen – nicht säugen wird die traumatische Erfahrung der Versagung in einem Ritual artikuliert und bewusst gemacht. Ritual und Logik dienen der Abwehr der Angst, der Überwindung der Gefahrsituation. »Wenn wir in der griechischen Logik auf spezifische Formulierungen stoßen«, schreibt Klaus Heinrich, »dann haben wir uns zu fragen: wogegen hat man sich mit diesen spezifischen Formulierungen gewehrt? Wenn die Sätze der Logik scheinbar jenseits von Affekt und Angst zu stehen scheinen, haben wir uns zu fragen: wieweit sind sie fähig gewesen, wie weit reicht ihre Macht, Affekt und Angst abzuwehren; wieweit sind sie entdämonisierende Sätze gewesen?« (Heinrich 1981, S. 54)
4 Nach Tagen einübender Erfahrung verlangt der Säugling immer zu bestimmten Zeiten die Milch liefernde Brust, worüber sich so manche Mutter wundert, die sich ihrer Rolle als liebende Dompteurin nicht bewusst ist. »Denkvorgänge und Urteile werden durch ›Lernen‹

viduum schließlich befähigen, den Wunsch der unmittelbaren Befriedigung zugunsten einer auf Umwegen differenzierten und erweiterten Befriedigung aufzugeben. Und wer wollte schon immer nur Muttermilch trinken? Es ist also die Versagung, eine frustrierende Situation, die überwunden oder umgangen werden muss, um die Wünsche doch noch zu befriedigen, was dann meist ein Ersatz des ursprünglichen Triebziels ist. In einem Prozess, der von Ersatz zu Ersatz fortschreitet, bleibt die Versagung bestehen, wird aber verdrängt. Dass dabei nicht selten das Ziel vermöge der Plastizität des Triebs völlig aus dem Blick gerät, weil es durch ein anderes ersetzt wird, das scheinbar keinen direkten Bezug zum Primärziel hat, ist kein Schaden. Darauf baut die gesamte Kulturentwicklung auf. Milch, wie im Schlaraffenland, durch Suppenströme zu ersetzen, oder Blut, wie die Azteken, durch Schokolade oder wie die Christen durch Wein, bedeutet doch im Grunde eine enorme Bereicherung. Vielfalt entsteht durch permanenten Ersatz. Natürlich verrät das Wort Ersatz bereits ein ursprungsmythisches Bewusstsein. Was wird eigentlich ersetzt? Wird nicht vielmehr durch das, was Ersatz genannt wird, ein Ursprung erst produziert?[5] Aber das geht nicht ohne Verarbeitung der Erinnerung, wie überhaupt erst die verarbeitete Erinnerung zur Erinnerung wird, die dann weitere Arbeitsprozesse in Gang setzt, um das versagte Triebziel auf Umwegen zu erreichen. Spitz bemerkt dazu,

> »daß unerledigte Handlungen besser erinnert werden als erledigte. Wenn wir das verbietende ›Nein‹ des Erwachsenen […] betrachten, so zeigt sich, daß jedes Verbot durch Worte, Gesten oder beides zusammen eine Handlung des Kindes

---

erworben. Dieses Lernen besteht einerseits aus autoplastischen Modifikationen während der Ontogenese des Individuums, andererseits aus Weitergabe der Erfahrung der Eltern in der Erziehung. Die psychoanalytische Theorie spricht vom Lernen mittels Objektbeziehungen. Das erfordert irgendeine Form der Kommunikation, und sei sie noch so primitiv. Sowohl Objektbeziehungen wie Kommunikation ergeben sich aber aus der engen Wechselbeziehung, die auf der Hilflosigkeit des Neugeborenen beruht« (Spitz 1957, S. 28f.).

5 »In der Welt der ursprungsmythischen Herleitungen –«, schreibt Klaus Heinrich, »von den ganz kleinen Beispielen angefangen, wie der Ermächtigung, die jemand vorbringt, indem er seine Ahnen herzählt und sich auf diese beruft, […] bis hin zu allen philosophischen Anwendungen dessen – […] ist das, worin wir leben, eben nicht ursprünglich – es ist nur ein Ersatz. Die Kategorie Ersatz gehört als Kehrseite zur ursprungsmythischen Welt dazu; und die negative Selbsteinschätzung, beispielshalber unserer industriellen kapitalisierten Welt als einer Ersatzwelt, wo ursprüngliche Werte verlorengegangen sind, ist nicht etwas Neues oder Modernes, sondern ist selber ein sehr altes ursprungsmythisches Bild« (Heinrich 1981, S. 105f.).

im Ansatz unterbindet. Die wachsende Zahl der Verbote hinterläßt daher eine gleich große Zahl unvollendeter ›Arbeitsaufgaben‹. Ihr gemeinsames Element, das ›Nein‹, die verbietende Geste und das verbietende Wort, kann dadurch zu dem unveränderlichen Faktor werden, und zwar aus der Akkumulation unerledigter Arbeiten heraus« (Spitz 1957, S. 42).

Die erste Form der Versagung besteht also in der physischen Trennung von der Mutter, die sich als physisch-psychische Erfahrung im Gedächtnis niederschlägt und auf spätere Formen der Versagung und schließlich das verbale »Nein« vorbereitet. Jedes Verbot bedeutet eine Versagung, die die unmittelbare Befriedigung blockiert.

»Ob wir dem Kind eine Tätigkeit verbieten, ob wir etwas aus seiner Reichweite fortnehmen, wonach es greift, oder ob wir mit der Form, die es seinen Objektbeziehungen zu geben wünscht, nicht einverstanden sind, immer frustrieren wir seine Es-Antriebe. Daher erhalten die Gedächtnisspuren der Verbote, sowie die Gesten und Worte, mit welchen wir sie aussprechen, eine bestimmte affektive Besetzung, eine Gefühlstönung der Verweigerung, der Niederlage, des um etwas Betrogenseins, der Vereitelung – mit einem Wort, der Versagung. Diese spezifische affektive Besetzung sichert der Gedächtnisspur des verbietenden »Nein« in Geste oder Wort die Dauer« (Spitz 1957, S. 42f.).

Diese Negation steht am Anfang nicht nur aller Objektbeziehungen, sondern auch jeder Form der Gemeinschaftsbildung. Sie ist die Grundlage der sozialen Kommunikation, die ohne die Unterscheidung zwischen Ich und Nicht-Ich gar nicht möglich wäre. »Im Unbewußten gibt es den Begriff des ›Nein‹ nicht« (ebd., S. 84).

»Die Erwerbung des ›Nein‹ ist der Indikator für die neue erreichte Stufe der Autonomie, für die Wahrnehmung des ›Anderen‹ und die Gewahrung des ›Selbst‹. Es bezeichnet den Beginn einer Neustrukturierung der Denkvorgänge auf einer höheren Ebene. Es gibt den Anstoß zu einer ausgedehnten Ichentwicklung, in deren Rahmen die Vorherrschaft des Realitätsprinzips über das Lustprinzip immer ausgeprägter wird« (ebd., S. 111).

Im Grunde repräsentiert das Realitätsprinzip jene Umwegfunktion, auf der die sozialen Beziehungen aufbauen. Wie kann ich das Hindernis überwinden, das der Befriedigung meiner Bedürfnisse im Weg steht? Ich muss überlegen, auf welchem Umweg ich meine Wünsche befriedigen kann. Vielleicht genügt eine Geste, ein paar freundliche oder verführerische Worte; ein Minimum an Kommunikation ist auf jeden Fall notwendig.

»Die Kommunikation ist eine Umwegfunktion und vollzieht sich dementsprechend nach dem Realitätsprinzip, nämlich durch Aufschub der Triebbefriedigung zum Zwecke umso besserer Erlangung dieser Befriedigung«, schreibt René Spitz (1957, S. 123).

> »Die Entstehung der Kommunikation aus dem ›Abtasten‹[6] weist dieser natürlich ihre Rolle bei der Realitätsprüfung zu. Diese Rolle wird sehr deutlich in der eigentlich sprachlichen Kommunikation des Erwachsenen, in Fragewörtern, Fragesätzen und auf höchster Ebene in der Diskussion. Ferner hat die Entstehung der Kommunikation mit der Realitätsprüfung gemeinsam, daß beide einem Bedürfnis entstammen. Wir haben das im Falle des Suchverhaltens nachgewiesen; für die Realitätsprüfung, stellt Freud fest, [sei] eine wesentliche Vorbedingung […], daß Objekte verlorengingen, die vordem echte Befriedigung gewährten« (ebd., S. 77).
>
> »Kommunikation und Denkvorgänge werden […] immer charakteristische Umwegfunktionen sein, Methoden, die den Weg zum eigentlichen konsumatorischen Akt bahnen. Wenn die beim Suchverhalten [nach der Brust der Mutter; H.K.] verwendete Bewegung im Verlauf des zweiten Jahres reaktiviert und in den Dienst der Kommunikation gestellt wird, wird sie zum semantischen Zeichen des ›Nein‹« (ebd., S. 58).

Weiter schreibt Spitz: »Die semantische Verständigung öffnet die Tür, die von der privaten Welt der archaischen Objektbeziehungen in die weitere der Sozialbeziehungen führt« (S. 113). »Damit wird das ›Nein‹ zur Matrix der sozialen Beziehungen auf menschlichem Niveau« (S. 123).

Aber es ist nicht allein das Nein des versagenden Erwachsenen, welches das frustrierte Kind nach Umwegen suchen lässt, um sein Bedürfnis doch noch befriedigen zu können; es ist auch das internalisierte Nein, das durch Identifikation mit dem oder der versagenden Person – die ja auch ein Liebesobjekt ist – zur Nachahmung anregt und Denken und Handeln zur Suche nach einem Ausweg beflügelt. Nachahmung und Identifikation sind selbst schon Elemente des ständigen Versuchs, eine Versagung auf Umwegen in eine Befriedigung

---

6 Das bezieht sich nicht nur auf die tastende Suche nach der Brust der Mutter; jede Berührung, jeder Hautkontakt, der Sicherheit sucht, antizipiert den Akt der Befriedigung.

zu verwandeln.⁷ So wie das Nein am Anfang steht, gehen Gemeinschaft und Gesellschaft aus physio-psychischen Verdrängungsprozessen hervor. »Das verneinende Urteil ist der intellektuelle Ersatz für die Verdrängung.⁸ Er ist in mehreren Richtungen wirksamer als die Verdrängung« (ebd., S. 74f.). »Die Beobachtung zeigt«, so Spitz (S. 39), »daß das semantische Kopfschütteln, die Verneinung, in Identifikation mit der Geste der Erwachsenen erworben wird.«

> »Nachahmung und Identifikation mit den Gesten sind äußerst wichtige Beiträge des Kindes zur Bildung von Objektbeziehungen. [...] Sie entstehen im Verlauf der sich entfaltenden Objektbeziehungen zumeist als Spiele zwischen dem Erwachsenen und dem Kind, als unmittelbare Reaktion, in der sich die vom Erwachsenen gemachte Bewegung spiegelt. In der nächsten Phase ergreift das Kind die Initiative; es stellt Imitationen des Verhaltens, das es an seinen libidinösen Objekten beobachtet hat, in den Dienst seiner spontanen Handlungen und Spiele, und zwar auch in Abwesenheit des betreffenden Erwachsenen. Daß es sich dabei eigentlich um Identifikationen handelt, ist offenkundig; das Kind hat Handlungen, die es beim libidinösen Objekt beobachtet hat, dem Gedächtnisapparat seines Ich einverleibt, wodurch eine gewisse Modifikation seiner Ichstruktur eingetreten ist« (ebd., S. 41).

René Spitz vermutet im verneinenden Kopfschütteln ein Relikt der Bewegung des Kopfes bei der Suche nach der Mutterbrust, um das Bedürfnis des Säuglings nach Nahrung zu befriedigen. Aus einer Befriedigung suchenden Bewegung hervorgegangen, wird das Nein zum stärksten Element des Rea-

---

7 Die Funktion der von Giacomo Rizzolatti 1995 entdeckten Spiegelneurone könnten über die Befriedigung, welche durch Nachahmung erfahren wird, Aufschluss geben. Die simulierte oder auch reale Reproduktion einer Haltung, einer Bewegung, eines Blicks oder auch eines Wortes verkörpert schon ein Stück der gesuchten Befriedigung, bei der Empathie und Mitgefühl die verbindende Rolle spielen. Lachen steckt an, wie man sagt, und vor allem löst es Spannungen, die durch Versagung, Unlust und Trennung verursacht wurden (vgl. Rizzolatti 2008).
8 René Spitz (1957, S. 74) merkt dazu an: »Freuds Formulierung der Verneinung als Ersatz für Verdrängung ist im heutigen psychoanalytischen Denken einigen Einschränkungen unterworfen worden. Die Verdrängung, von der Freud spricht, ist im Leben des Säuglings eine sehr archaische Erscheinung. Sie entspricht mehr der Zurückziehung libidinöser Besetzung vom Perzept als dem Abwehrmechanismus der Verdrängung, wie wir ihn nach voller Entwicklung der seelischen Struktur zu verstehen gewohnt sind. Wohl bedeutet Verdrängung als Abwehrmechanismus auch einen Besetzungsrückzug, aber das ist nur ein Teil des Vorgangs.«

litätsprinzips, was Sprache und Wissenschaft nur bestätigen.[9] Das »Nein« ist in der Lage, alles zu verwandeln.

> »Ausgehend vom angeborenen motorischen Automatismus des Suchverhaltens beim Neugeborenen, der noch kein Bewußtsein hat und für den es noch kein ›nein‹ gibt, führt dieser Weg schließlich zum Begriff der Verneinung und zum bewußten Gebrauch des semantischen ›Nein‹ für die Kommunikation. Das ist der Weg zur eigentlichen Menschwerdung des Menschen« (ebd., S. 127).

Ausgangspunkt ist das Trauma der Geburt: eine zwar erzwungene aber gewissermaßen »natürliche« Versagung, das »Nein« der Natur[10], nämlich den beschützenden Uterus verlassen zu müssen, nicht mehr versorgt zu sein, weil die biologische Kommunikation durch die Nabelschnur abgeschnitten wurde. Es ist also ein ganzer Komplex von Versagungserfahrungen, von Frustrationen, die das durch ebendiese Trennung entstandene Individuum zeitlebens veranlassen, vermittels Arbeit und Fantasie, aber auch durch Kommunikation[11] – zunächst mit der eigenen Mutter, dann aber auch mit allen anderen Individuen – den als befriedigend erinnerten oder auch nur fantasierten Zustand wieder- oder eben erstmals herzustellen. Die Mythen der Völker haben die entsprechenden Bilder von diesem Prozess der Menschwerdung entwickelt.

Was eine Geste der Suche nach der Befriedigung verheißenden Brust der Mutter war, wandelt sich in die Geste des »Nein«, das einen Ausweg aus einer frustrierenden Situation sucht. Vor aller sprachlichen Kommunikation stehen die Gesten, deren stärkste das Nein ist, sowohl das Nein, welches die unbefriedigende Situation produziert hat, als auch das Nein, das sich gegen die versagende Autorität wendet, um seine Bedürfnisse doch noch zu befriedigen.

---

9 Die rebellierenden deutschen Studenten von 1968, denen ihre negative Haltung, ihr kategorisches »Nein« gegenüber der bürokratisch erstarrten, kapitalistischen Gesellschaft immer wieder vorgehalten wurde, antworteten auf die Frage, was sie denn nun eigentlich wollten: »Wir wollen alles.« In Paris wurde dasselbe Bedürfnis poetischer formuliert: »Soyez réalistes, demandez l'impossible« (seid realistisch, verlangt das Unmögliche), oder einfach: »Sous les pavés, la plage« (unter dem Pflaster liegt der Strand).
10 »Man darf endlich annehmen, daß aller innere Zwang, der sich in der Entwicklung des Menschen geltend macht, ursprünglich, d. h. in der Menschheitsgeschichte nur äußerer Zwang war« (Freud 1915, S. 333).
11 Arbeit und Fantasie werden erst kommuniziert zu dem, was wir Arbeit und Fantasie nennen.

Davon geht jede Kommunikation aus. Sie ist ein Produkt des durch die Geburt erzwungenen Opfers primärer Bedürfnisbefriedigung. Das bezieht sich nicht nur auf den durch die Nabelschnur fließenden Ozon- und Nährstrom[12], auch die befriedigenden taktilen Erfahrungen des angehenden Individuums im Uterus, welche die Geburt abrupt unterbricht, werden zeitlebens Gegenstand der Suche nach einem Ersatz sein.[13] Wenn alles befriedigend läuft, ist keine suchende Kommunikation notwendig. Wo sie versagt, die unmittelbare Befriedigung behindert oder negiert wird, beginnt die Kommunikation als Antwort auf den Verlust und die dadurch evozierte Angst. Dieser Negation der Negation folgt auch die Dialektik der Sprachentwicklung.

Wie kann aus dem Nein ein Ja, wie kann ein befriedigender Zustand wiederhergestellt werden? Die Negation der Negation beschränkt sich nicht nur auf das Nein zum Nein oder die ersten Worte (»da, da, da« oder »Mama«) und die ganze Welt der Infinitive, mit denen das Kind sein Ziel zu erreichen versucht, die Sprache selbst bildet mit ihrer grammatischen Konstruktion[14] alle gesellschaftlichen Relationen ab. Indem sie der Kommunikation dient, trägt sie zur Bildung der Gemeinschaft bei.[15] Ob eine Gemeinschaft im Pazifik mit Zahlwörtern bis fünf eine Welt zusammenhält oder frühe agrarisch-zyklische Gesellschaften nur das Präsens kennen, beispielsweise die Hebräer oder amerikanische Indio-Gesellschaften wie die Hopi oder die Azteken, die Sprache dient gewissermaßen als neue Nabelschnur, sie führt zusammen, stellt eine befriedigende Welt wieder oder erstmals her. Sie funktioniert als Medium der Gemeinschaftsbildung und dient als Bollwerk gegen alles Fremde. Darum ver-

---

12 Dass der Zwang, sich nach der Geburt durch Atmung selbst mit Sauerstoff versorgen zu müssen, immer eine traumatische Erfahrung ist, bestätigen auch Herzpatienten, die bei einer Operation an eine Herz-Lungen-Maschine angeschlossen waren. In dem Moment, in dem sie wieder selbstständig atmen sollen, haben sie das Gefühl, keine Luft zu bekommen und sterben zu müssen. Die Schwierigkeiten bei der Respiration verursachen Todesangst. Ein Grund, weshalb bei vielen Völkern die Seele mit der Respiration in Verbindung gebracht wird. Der Sterbende haucht seine Seele aus.
13 Vermutlich bauen darauf auch spätere sexuelle Reizungen der erogenen Zonen auf. Wiewohl sie als Ersatz fungieren, sind sie es doch, die die sexuelle Befriedigung vorbereiten – ein Ersatz, der zum Ziel führt.
14 Die grammatische Konstruktion umfasst die Art und Weise, mit Buchstaben Worte zu bilden, diese durch Syntax, Interpunktion und Satzzeichen in ein Verhältnis zu setzen, sowie die ganze Welt der verbalen und schriftlichen Kommunikation.
15 Communicatio ist ja nicht nur eine Mitteilung, sie macht gemein, stellt die communio her. Darum ist jede Kommunikation gemeinschaftsbildend.

teidigen Gesellschaften ihre Sprache gegen andere oder bilden auf der Grundlage einer gelegentlich auch erfundenen, neuen Sprache ihre Gemeinschaft.

Wie wichtig die Sprache als Kohäsionsmedium ist, erkennt man z. B. an der Académie française, die von Ludwig XIII. 1635 zur Pflege und Vereinheitlichung der französischen Sprache gegründet wurde, aber erst nach der großen Revolution von 1789 zum Garanten der Einheit von Sprache und Nation avancierte.[16] Sie steht bis heute dafür ein, dass das Französische nicht von Fremdwörtern überschwemmt und auch in den überseeischen Provinzen richtig Französisch gesprochen und geschrieben wird. Kunstsprachen wie das Serbokroatische, das eine Zeit lang half, das politische Kunstgebilde Jugoslawien zusammenzuhalten, oder Regionalsprachen wie das Baskische, das in den 60er Jahren des 20. Jahrhunderts von baskischen Nationalisten aus einigen Dialekten zum Euskara Batua, zum vereinigten Baskisch zusammengebastelt wurde, lassen ein Bewusstsein von der Kohäsionskraft der Sprache erkennen. Diese stützt die Gemeinschaft und hält sie zusammen.

Sie ist auch ein Medium der Erinnerung, wenn nicht an einen einst befriedigenden Zustand im Uterus, so doch an bessere, paradiesische Zeiten; wobei der Wunsch, wenn wir Freud folgen, oft so stark ist, dass er einmal erfüllt gewesen sein muss (vgl. Freud 1926) und Vieles, das wir glauben, real erfahren zu haben, vor diesem Hintergrund zu einer Konstruktion wird. Das betrifft auch die historischen Überlieferungen, deren Wahrheiten nicht selten einem Fantasiegebilde entstammen. Schon die Epen Homers, die, durch Übertragung und Hörensagen eingefärbt, gelegentlich von der historischen Wahrheit ebenso weit entfernt sind wie die unglaublichen Begebenheiten aus der Zeit der Kreuzzüge, von denen die Geschichtenerzähler noch heute dem gebannten Publikum auf den Souks von Damaskus berichten. Sie zeigen, wie weit der Wunsch die Wahrheit modelliert. Als Medium der Erinnerung entstammt die Sprache sowohl dem nun allerdings vergesellschafteten *Nein der versagenden Natur*, an deren Stelle Opfer fordernde Götter, Autoritäten und die Verbote und Gebote traten, mit deren Hilfe die Gesellschaft hofft, unkontrollierte Natur zu bannen, als auch dem *Widerstand leistenden Nein*, das sich der Autorität nicht beugen will[17] und Individuum wie Gesellschaft

---

16 Zu Zeiten der Revolution hatte, Schätzungen zufolge, nur ein Viertel der Bevölkerung Französisch gesprochen. Der Rest verwendete Dialekte oder Sprachen angrenzender Staaten.

17 Exemplarisch steht hierfür Goethes Gedicht Prometheus. Beginnend mit der Zurückweisung des Gottes, »Bedecke deinen Himmel Zeus«, dem Widerstand gegen die Autori-

nach Auswegen suchen lässt. Als Medium der Kommunikation verkörpert die Sprache jene Umwegfunktion, die René Spitz als Kernpunkt des menschlichen Lebens ausgemacht hat. Während das Opfergebot die erste Rationalisierung der versagenden, bedrohlichen Natur verkörpert, sinnt der rebellierende, egoistische Mensch schon darauf, wie man das Verbot umgehen kann.

Freud hat in »Hemmung, Symptom und Angst« (1926) auf die Analogie der Angst im Trauma der Geburt und der Kastrationsangst hingewiesen, nämlich »daß die ursprüngliche Angst [...] bei der Trennung von der Mutter entstand« (ebd., S. 167). Beide folgen aber derselben Logik, mit dem Unterschied, dass nicht die Kastrationsdrohung, der mythische Urvatermord, die folgende Internalisierung der Autorität, das Inzesttabu und der ganze Ödipuskomplex der Ausgangspunkt ist, sondern dass beide Teil der Opferverhältnisse sind, ohne die es keine menschliche Gemeinschaft gibt. So gesehen, sind Inzestbedürfnis und Inzesttabu Abkömmlinge der ursprünglichen Angst, die bei der Trennung von der Mutter entstand, und des Versuchs, diese Versagung auf Umwegen wieder aufzuheben. Es ist zu vermuten, dass das Inzestbedürfnis zu Teilen dem gesteigerten Bedürfnis des Neugeborenen nach taktilen Formen der Befriedigung entstammt – der Vorlust, die im Säugen schließlich ihr befriedigendes Ziel findet, vielleicht schon in den taktilen Erfahrungen des noch nicht Geborenen im Uterus –, Formen der Befriedigung, die sich über Hautreize in erotische und schließlich sexuelle Formen der Befriedigung fortentwickeln und derart ganz neuen Formen von Bedürfnissen und Bedürfnisbefriedigung den Weg bahnen. Wer die Sexualität in Theorie und Praxis allein in den Dienst der Fortpflanzung der Spezies stellt, eskamotiert das Ziel, nämlich die Lust, aus der die Geschlechterspannung bewegenden Dialektik hinaus. Das Inzesttabu kann in diesem Zusammenhang als Reproduktion einer ursprünglichen Versagung oder als Sozialisierung einer primären Erfahrung gelesen werden. Die Analogie, auf die Freud verweist, will sagen, dass beide, sowohl die mit dem Trauma der Geburt verbundene Versagung als auch die durch das Inzesttabu produzierte Kastrationsangst, derselben Logik sozialisierender Opferverhältnisse folgen.

Opfer bilden die Grundlage jeder Assoziation von Menschen. Keine Gesell-

---

tät (ihre Gebote und Verbote), schließt es mit: »Hier sitz' ich und forme Menschen nach meinem Bilde«. Prometheus hat sich an die Stelle von Zeus gesetzt, ist selbst zum Schöpfer geworden. Das ist das Modell: Negation mit dem Ziel, den Gott zu stürzen und seine Stelle einzunehmen.

schaft kann darauf verzichten, sie sind universell. Ob es sich um prähistorische Formen der Gemeinschaftsbildung, einfache Stammesstrukturen oder die Reproduktionsformen moderner Gesellschaften handelt, immer steht das Opfer im Mittelpunkt der Ideenwelt und ihrer sozialen Praxis. Es ist Ausgangspunkt von Mythen und Kulten, die Opfer als Garantien für den Zusammenhalt und die Reproduktion einer Gemeinschaft fordern, und verschwindet auch nicht, wenn ein Opfer durch ein anderes ersetzt wird, selbst wenn durch die Vielfalt von Ersatzbildungen schließlich die Präsenz des Opfers als Opfer verblasst. Noch im Aufbegehren gegen das Opfergebot, in der Rebellion gegen einschränkende Gesetze bleibt das Opfer das Gravitationszentrum, um das sich die Gesellschaft dreht. Es wird auch dort gebracht, wo eine rationale Tauschgesellschaft sich scheinbar vom Opfer gelöst hat. Jeder Tausch ist schon eine mentale oder materiale Antwort auf einen Verlust, auf ein vorausgegangenes Opfer, ist ein Versuch, etwas, das fehlt oder verloren ging, wiederzugewinnen, um ein immer noch unbefriedigtes Bedürfnis zu befriedigen. Insofern trifft die Begründung der rationalen Philosophie und Ökonomie für den Sinn des Tauschs den Kern: Er dient der Befriedigung eines ohne den Tausch nicht zu befriedigenden Bedürfnisses, allerdings eines Bedürfnisses, das durch einen Verlust entstand und dadurch, dass immer etwas fehlt, wieder aktiviert wird.

Der schottische Moralphilosoph und Ökonom Adam Smith nahm an, dass der Hang zum Austausch in der menschlichen Natur begründet liege, er machte den Egoismus für das Tauschbedürfnis verantwortlich. Er treibe die Leute zum Austausch, weil jeder das haben wolle, was sich im Besitz von anderen befindet. Menschen mit unterschiedlichen Fähigkeiten produzieren unterschiedliche Güter, sie akkumulieren Waren und werden durch ihren eigenen Egoismus angetrieben, ihre Produkte gegen Güter auszutauschen, die andere produziert haben. Das ist die Logik, nach der laut Smith Gesellschaft und Austausch funktionieren. Und Spitz gibt ihm recht. Es ist der eigene Egoismus, der den Egoisten zur Kommunikation, zum Austausch treibt, um einen Ersatz des unerreichbaren Triebziels durch den Tausch zu gewinnen. Doch das Verhältnis ist ambivalent. Wiewohl Motor des Austauschs, bedroht der Egoismus zugleich das zivile Leben der Gesellschaft, weil das Verlangen, sich Güter anderer anzueignen, auch ohne Tauschverhältnisse besteht. Darum die Einschränkungen, Gebote und Verbote, das Tabu, gewissermaßen das sozialisierte Nein der versagenden Natur, welches das Zusammenleben regelt – eine außerökonomische Zwangsgewalt, von Smith als »unsichtbare

Hand«[18] bezeichnet, eine Metapher, die er allerdings nur wenige Male benutzte. Smith war Moralphilosoph und meinte damit das Walten der unsichtbaren Hand Gottes und der christlichen Moral, die den Wohlhabenden veranlasst, seinen Reichtum mit den Armen zu teilen. Was Smith und Spitz verbindet, ist der Ausgangspunkt: der Egoismus; bei Spitz der des Neugeborenen und bei Smith ganz allgemein der aller Menschen. Was bei Spitz die Dialektik von Egoismus und Versagung ist, die den Neugeborenen von Anfang an bewegt, immer wieder einen Ausweg zu suchen, um sein Triebziel zu erreichen, ist bei Smith die Dialektik von Egoismus und christlicher Moral, der unsichtbaren Hand, die den Egoismus, ohne dass er sich dessen bewusst wird, automatisch in wohltätige Bahnen lenkt. Gemeinsam ist beiden eine außerökonomische Zwangsgewalt, die mit einem Nein den Egoismus in Schranken hält oder als »Vorsehung« den Menschen zum Wohltäter werden lässt. Aber wie kommt die außerökonomische Zwangsgewalt in die Welt?

In seinem 1913 publizierten Werk »Totem und Tabu« versuchte Freud, die Entstehung der Gottesfurcht mit der Emanzipation der Gattung aus der Natur, mit dem Mythos vom Urvatermord zu erklären. Gottesfurcht und Glaube sind für Freud Produkte der Angst, die durch Versagung hervorgerufen wird. Seine These knüpft an die Darwin'sche Urhorde der Primaten an und versucht zu zeigen, dass diese Urhorde, geführt von einem herrischen Urvater, der in der Natur wurzelnde Ausgangspunkt der sozialen Entwicklung sei. Diese These nimmt Freud 1939 in seinem letzten Werk »Der Mann Moses und die monotheistische Religion« noch einmal auf. Mit diesem, wie er selbst sagt, wissenschaftlichen Mythos versucht Freud eine materiale Erklärung der Entstehung des Opfers. Es beginnt mit der Tötung des Chefs der Primatenhorde, des sogenannten Urvaters, um die von ihm monopolisierten weiblichen Hordenmitglieder allen Primaten zugänglich zu machen. Darauf folgt in Freuds »wissenschaftlichem Mythos« ein schlechtes Gewissen ob der Tat, der Ersatz des Hordenchefs durch ein Totemtier, der Verzicht auf die Frauen, Exogamie und ständig wiederholte, rituelle Tötungen und Totemmahlzeiten als Erinnerungsmahlzeiten, eine gewissermaßen physische Einverleibung und Internalisierung der Autorität

---

18 »Er [der Kaufmann] wird [...] von einer unsichtbaren Hand geleitet, um einen Zweck zu fördern, den zu erfüllen er in keiner Weise beabsichtigt hat« (led by an invisible hand to promote an end which was no part of his intention; Smith 2005, Buch IV, Kap. 2). Vgl. auch Smith 2004.

des Chefs, der später zu einem Gott erhoben wird. Dass Freud die in der Realität den Urvatermorden vorausgegangenen »Urmüttermorde«, wie er selbst sagt, in die Theorie nicht einbauen kann, tut der Tatsache, dass das Opfer und der Opferkult im Zentrum der Gemeinschaftsbildung stehen, zunächst keinen Abbruch. Das Opfer erinnert an eine Versagung, die das Individuum durch ständige wiederholte Opfer und Tauschrituale aufzuheben versucht. Wenn wir allerdings die aus diesem Zusammenhang hervorgegangenen Tauschverhältnisse und die Geldentwicklung als deren Medium reflektieren – die auf sexuelle Reproduktion bezogenen Protogeldformen wie die Kaurischnecken oder die Münze, die an den Tempeln der Muttergottheiten geschlagen und mit ihren Attributen versehen wurden etc. – wird deutlich, dass die Gebärfähigkeit der Frauen zu einem ökonomischen Modell avancierte. Als materiale Reproduzenten der Gesellschaft verkörpern sie bis heute den ausgebeuteten, in ihrem Wesen als Mensch unterdrückten Teil der Gesellschaft. Aus ihrem Opfer ging das Geld einmal als Tauschmittel hervor, und es ist bis heute der Angelpunkt, um den sich die Gesellschaft bewegt (vgl. Kurnitzky 1974).

Historisch entstammt das Geld einem Opferkult und verkörpert in allen Gesellschaften Opferverhältnisse. Unter seinem Zeichen trat die Gesellschaft zur Gesellschaft zusammen. Das erforderte Triebverzicht, Abschied von der Wildnis und von der Angst machenden Natur. Opfer und Triebverzicht waren mit Kulthandlungen verbunden und wurden in Ritualen dargestellt. Davon ging die Ökonomie aus: Opfer – Verteilung des Opferbratens – gemeinsames Opfermahl – anschließend Tanz. Ritualisierte Tauschakte und Feste. Die Kultbeamten an den griechischen Tempeln z. B., die die Opferfeste veranstalteten, tauschten Hände voll Obolen gegen die von Pilgern herangeschleppten Opfertiere. Während die Pilger die Obolen als symbolisches Opfer auf den Altar legten – sie wurden von den Tempelverwaltungen an jedem Abend eingesammelt, um am nächsten Tag wieder ausgegeben werden zu können –, trieben die Kultbeamten mit den Opfertieren einen schwunghaften Handel (vgl. Laum 1924). Die Bank stand sozusagen am Kultplatz. Sie war als Sitz der Kultmanager, Warenakkumulation, Geldentwicklung und Fernhandel, Sache der Tempelverwaltung. Aus dem Opferkult hervorgegangen, vermittelt das Geld Ersatz, Ersatz für das Opfer, Ersatz für das geopferte Triebziel. Es steht für alle Wünsche ein und vermittelt dem Bedürftigen die Welt. Opferverhältnisse bilden die Grundlage der gesellschaftlichen Synthesis, die in

Tauschverhältnissen die Ambivalenz dieses Unternehmens vor Augen führt: das Opfer und der Versuch, die geopferten Triebwünsche im Tausch gegen Ersatz wenigstens zum Teil zu befriedigen.

Gewissermaßen als Zertifikat steht das Geld dafür ein und verkörpert die Ambivalenz derartiger Veranstaltungen: das Opfergebot, das mit schmerzlichen Erfahrungen verbunden ist, und der Versuch, sich vom Opfer zu befreien, indem das Opfer durch ein anderes Opfer ersetzt wird. Der unterdrückte Trieb, der befriedigt werden will, lässt die Gesellschaft dann von Befriedigungsersatz zu Befriedigungsersatz fortschreiten. Der Triebwunsch bleibt bestehen und richtet sich auf die Stellvertreter und Stellvertreterinnen und die im tabuierten, aber immer noch mächtigen Vereinigungswunsch zum Ausdruck kommende Geschlechterspannung (vgl. Heinrich 1962, 1982). Sie wird die treibende Kraft des zivilisatorischen Prozesses. Der Weg der vermeintlichen und auch zu Teilen realen Befreiung vom Opfer führt von Ersatz zu Ersatz, während der Stellvertreter als Vermittler auftritt. Er vermittelt alle Objektivationen der daraus resultierenden neuen Bedürfnisse, deren Befriedigung später im ständig revoltierenden Konsumversprechen in Aussicht gestellt wird. Um René Spitz zu paraphrasieren: Geld ist wie die Kommunikation ein Medium des Umwegs, nämlich über den Umweg des Tauschs die ohne den Tausch nicht zu befriedigenden Wünsche doch noch zu befriedigen oder wenigstens mit Hilfe des Tauschs ein das Triebziel ersetzendes Objekt der Begierde konsumieren zu können.

Vermittelt durch das Geld, das als Tauschmittel zuletzt das tabuierte Triebziel verkörpert, ist es vor allem die erotische Qualität der vermittelten Objekte und deren Vermittlung durch den Handel, die Menschen auf dem Markt zusammenführen. In ihm kehrt der symbolische Uterus, die Höhle des Mythos wieder, in der sich die Kultgemeinde einmal versammelt hat; eingebettet in die Stadt, die selbst als Ansammlung vieler kleiner Höhlen erscheint, bildet der Markt, auf dem Kommunikation und Geld alle erdenklichen Triebziele vermitteln, die soziale Grundlage einer historischen Utopie: Es ist der Ort, an dem alle Wünsche befriedigt werden können – wenigstens potenziell, und das Geld ist ihr materieller Kommunikator. Geld und Kommunikation vermitteln auf dem Umweg über den Austausch einen Befriedigungsersatz. Sie sind die entscheidenden Umwegfunktionäre. Geld ist immer auf Kommunikation angewiesen, ohne sie fehlen dem Vermittler die Adressaten, während die Kommunikation allein, ohne das immer wieder neue Triebziele vermittelnde

Geld, zumindest auf dem Markt ohne Gegenstand bliebe.[19] So gelesen, ist die Geschichte eine Geschichte der Kunst, mit Geld und guten Worten ans Ziel der Wünsche zu gelangen.

Alles Lebende kommuniziert, es lebt erst durch Kommunikation, Austausch und Wechselbeziehungen. Doch bei der Spezies Mensch kommt noch etwas hinzu. Die primäre Erfahrung eines Verlustes, das Trauma der Geburt, die Angst[20], wird durch immer wiederkehrende Abwehr-, Opfer- und Kommunikationsrituale zu überwinden versucht, mit dem Ziel, die Versagung befriedigender Lebensverhältnisse durch Opferersatz auf Umwegen doch noch aufheben zu können. Dabei spielen das Geld als Tauschmittel und die Kommunikation von Bedürfnissen und deren Befriedigung eine entscheidende Rolle. Sie haben zu Tauschverhältnissen geführt, die die Spezies aus der bewusstlosen Natur in eine mit Reflexions- und Kommunikationsfähigkeiten begabte Gesellschaft verwandelten, aber immer wieder drohen, die Gesellschaft durch dieselben, von Angst und Egoismus geprägten Tauschverhältnisse in bewusstlose Natur regredieren zu lassen.

---

19 Georg Jochum hat in dem Aufsatz »Geld und Sprache – ein historischer Blick auf konkurrierende Medien der Kommunikation« auf den Opferzusammenhang von Geld und vermittelnder Kommunikation hingewiesen. (Jochum 2006, S. 295). Er geht von Jürgen Habermas' Theorie des kommunikativen Handelns aus und gesteht der Kommunikation nur die über den Opferkultzusammenhang Gemeinschaft produzierenden Qualitäten zu, nicht aber die vom Neugeborenen ausgehenden, egoistischen Versuche, auf dem Umweg über tastende Kommunikation einen einmal befriedigenden Zustand wiederherzustellen.

20 »Die Dyade am Anfang [...] – egal ob Sohn oder Tochter: jeweils ein Mutterprodukt – ist etwas, was nach dem Austritt des Kindes zunächst ein Tauschverhältnis bedeutet, ein sehr bedrohtes, in dem – wie es später in der kleinianischen Schule, also einer der großen Weiterbildungen Freuds, formuliert werden wird – ›namenlose Angst‹ (Bion) jede Unterbrechung des Tauschs begleitet. Auf der einen Seite ist dort der Tausch [...] zugleich so etwas wie ein aufnehmender Spiegel, der in der Bion'schen Formulierung [...] ein von Angst befreites Bild zurückgibt. Auf der anderen Seite ist dort ein Austausch, der bereits in dem Augenblick, wo er nicht mehr funktioniert, Opfer, und jetzt durchaus die rituellen, durchaus die gesellschaftlich ritualisierten Opfer, nötig macht, für die dann im Laufe der Geschichte der Tausch steht; so daß jeder spätere Tausch das [...] unzureichende Substitut für einen früheren Tausch ist, sowie das Opfer selber ein Substitut sein muß und darum sich in Substituten fortsetzt« (Heinrich 2004, S. 225).

Literatur

Freud, Sigmund (1913): Totem und Tabu. GW Bd. IX. Frankfurt a.M. (Fischer), 1950 (Imago, London 1940).
Freud, Sigmund (1915): Zeitgemäßes über Krieg und Tod. GW Bd. X. Frankfurt a.M. (Fischer), 1967.
Freud, Sigmund (1926): Hemmung, Symptom und Angst. GW Bd. XIV. Frankfurt a.M. (Fischer), 1948–1968.
Freud, Sigmund (1939): Der Mann Moses und die monotheistische Religion, FW Bd. XVI. London, 1950, S. 239–242.
Halley, J. & Strasack, Edward (1970): Hawaiian Petroglyphs. Honolulu, 1970.
Heinrich, Klaus (1962): Geschlechterspannung und Emanzipation. Das Argument 4(23), 22–25.
Heinrich, Klaus (1981): tertium datur. Eine religionsphilosophische Einführung in die Logik. Frankfurt a.M. (Stroemfeld/Roter Stern).
Heinrich, Klaus (1982): La fiamma di costanti affetti. Notizen über die italienische Oper. In: Notizbuch 5/6. Musik. Hrsg. von Kapp, Reinhard. Berlin/Wien, S. 93–99.
Heinrich, Klaus (2005): Diskussionsbeitrag zu Horst Kurnitzky: Die Mutter und das Geld. In: Burmeister, Hans-Peter (Hg.): Metamorphosen, Verwandlungen der Religion und Triebkräfte der Zivilisation. Tagung mit dem Religionsphilosophen Klaus Heinrich, 25.–27. Juni 2004, Evangelische Akademie Loccum, Loccumer Protokolle 26/04, Rehburg-Loccum.
Jochum, Georg (2006): Geld und Sprache – ein historischer Blick auf konkurrierende Medien der Kommunikation. In: Habscheid, Stephan; Holly, Werner; Kleemann, Frank; Matuschek, Ingo & Voss, Günter: Über Geld spricht man. Kommunikationsarbeit und medienvermittelte Arbeitskommunikation im Bankgeschäft. Wiesbaden (Verlag für Sozialwissenschaften).
Jolly, Margaret (2009): Gender und Sexualität auf Cooks Reisen im Pazifik. In: James Cook und die Entdeckung der Südsee, Katalog, Kunst- und Ausstellungshalle der Bundesrepublik Deutschland, Bonn 2009.
Kurnitzky, Horst (1974): Triebstruktur des Geldes. Ein Beitrag zur Theorie der Weiblichkeit. Berlin (Wagebach).
Kurnitzky, Horst (1980): Tausch und täuschen. In: Freibeuter 4. Berlin (Wagenbach).
Laum, Bernhard (1924): Heiliges Geld. Eine historische Untersuchung über den sakralen Ursprung des Geldes. Tübingen (J.C.B. Mohr).
Rizzolatti, Giacomo & Sinigaglia, Corrado (2008): Empathie und Spiegelneurone: Die biologische Basis des Mitgefühls. Frankfurt a.M. (Suhrkamp).
Sahlins, Marshall (1985): Islands of History. Chicago.
Smith, Adam (2004): Theorie der ethischen Gefühle (Theory of Moral Sentiments, 1759). Hamburg (Meiner).
Smith, Adam (2005): Untersuchung über Wesen und Ursachen des Reichtums der Nationen (An Inquiry into the Nature and Causes of the Wealth of Nations, 1776). Berlin (Ullstein).
Spitz, René (1957): Nein und Ja. Die Ursprünge der menschlichen Kommunikation. Stuttgart (Klett-Cotta), 1978. [No and Yes. On the Genesis of Human Communication, International University Press, New York 1957].

»Raubt der Sache die gesellschaftliche Macht ...«

Zur Aufhebung des Geldes

Hannes Gießler

> »Wo Geld ist, da ist der Teufel.
> Aber wo kein Geld ist, da ist er zweimal.«
> (Georg Werth)

Auch wenn es Geld schon vor der kapitalistischen Epoche gab, verdeutlicht es anschaulich, was sie charakterisiert: Es ist eine ökonomische Kategorie, die reale Gestalt und Gewalt angenommen hat und von den Menschen emanzipiert ist. Karl Marx nennt solche Kategorien Fetische. Darin haben sich gesellschaftliche Verhältnisse bis zur Unkenntlichkeit verdinglicht, so sehr, dass die Menschen nicht mehr über sie verfügen, sondern durch diese bestimmt werden. Damit sich die Menschen ihre ökonomischen Kräfte zurückerobern, votiert Marx für eine Vergesellschaftung der Produktion, wodurch verselbstständigte ökonomische Kategorien und Prozesse ihren Grund verlören und aufgehoben würden.

Ohne sich dabei explizit auf Marx zu beziehen, warnt Theodor W. Adorno auf einer soziologischen Tagung vor einer Aufhebung verdinglichter ökonomischer Formen und der Gefahr, dass »meta-ökonomische« Formen der Herrschaft eine »Präponderanz« gegenüber »ökonomischen Prozessen« gewännen. Er erinnert das Publikum daran, dass »wir unterdessen durch den Faschismus – und ich glaube, was Faschismus ist, das wissen wir – aufs gründlichste darüber belehrt worden sind, was der erneute Übergang in unmittelbare Herrschaft bedeuten kann« (Adorno 1968, S. 583f.).

Die Frage ist, ob die von Marx intendierte Aufhebung, nach dem Stande der historischen Erfahrung, weiterhin zu wünschen ist oder inwieweit sie mit der Gefahr, vor der Adorno warnt, koinzidiert.

Revolution der Eigentums- und Produktionsverhältnisse

Marx wendet sich gegen die Saint-Simonisten und Proudhonisten, die, um sozialistische Verhältnisse herbeizuführen, die Zirkulation umgestalten, das Geld durch Stundenzettel oder den Markt durch eine Volksbank ersetzen, die Produktionsverhältnisse aber beibehalten wollen: »Ebensowohl könnte man den Papst abschaffen und den Katholizismus bestehen lassen« (Marx 1872, S. 102). Soweit das Privateigentum an Produktionsmitteln und die Atomisierung der gesellschaftlichen Produktion bestehen bleiben, hätten solche Stundenzettel entweder gar keinen Sinn oder erhielten wieder die Funktionen von Geld und Kapital.

Wir finden hier ein Motiv der Religionskritik des jüngeren Marx wieder. In seiner vierten Feuerbachthese heißt es:

> »Die Tatsache [...], daß die weltliche Grundlage sich von sich selbst abhebt und sich, ein selbständiges Reich, in den Wolken fixiert, ist eben nur aus der Selbstzerrissenheit und dem Sich-selbst-widersprechen dieser weltlichen Grundlage zu erklären. Diese selbst muß also erstens in ihrem Widerspruch verstanden und sodann durch Beseitigung des Widerspruchs praktisch revolutioniert werden« (Marx 1845, S. 5f.).

Das »selbständige Reich in den Wolken«, die Religion, hat sich bilden können, weil die weltliche Grundlage zerrissen und selbstwidersprüchlich ist. So denkt Marx auch das Verhältnis von Zirkulation und Produktion. Waren-, Geld- und Kapitalfetisch haben ihren Grund in der Zerrissenheit der gesellschaftlichen Produktion. Die Aufhebung von Geld und Kapital setzt die Aufhebung der kapitalistischen Eigentumsordnung und des Privateigentums an Produktionsmitteln sowie die Vergesellschaftung der Produktion voraus. Volksbank und Stundenzettel sind in Marx' Urteil die Ideen kleinbürgerlicher Intellektueller, die diese politische, soziale und ökonomische Revolution scheuen und stattdessen ihren antikapitalistischen Furor gegen Banken, Zins und Geld richten.

System allseitiger sachlicher Abhängigkeit

Der kapitalistische Produktionsprozess zeichne sich dadurch aus, so Marx, dass die ökonomischen Zusammenhänge der Menschen verdinglicht und verselbstständigt sind und ihre Gesetze den Menschen »als übermächtige, sie willenlos beherrschende Naturgesetze erscheinen« und »sich ihnen gegenüber als blinde Notwendigkeit geltend machen« (Marx 1894, S. 839). Obgleich er historischer Materialist und der Auffassung ist, dass die Menschen ihre Geschichte selbst machen, war Marx im Zuge seiner ökonomischen Studien zu der Auffassung gelangt, dass »der Mensch noch nicht den Produktionsprozeß bemeistert« (Marx 1872, S. 95). Nicht die Allmacht egoistischer Kapitalisten, sondern im Gegenteil die Ohnmacht aller Menschen dem Kapital gegenüber zeichne dieses aus: »Ihr eigenes Aufeinanderstoßen produziert ihnen eine über ihnen stehende, fremde gesellschaftliche Macht« (Marx 1857/1858, S. 127) beziehungsweise das »automatische Subjekt« Kapital (Marx 1872, S. 169). Wie soll etwas, das sie selbst schaffen, die Menschen beherrschen? Diesen Springpunkt des Kapitals versucht Marx schon ziemlich am Anfang seiner Darstellung des Kapitals zu fassen zu bekommen – am Beispiel des »Fetischcharakters der Waren«.

Welche Vorstellungen der Begriff des Fetischs auch heute wecken mag; als Marx ihn aufgriff, war dieser dem Portugiesischen entlehnte Begriff in Europa vorerst nur gebräuchlich, um abergläubische Praktiken primitiver Kulturen zu bezeichnen, also Praktiken, in denen Dingen Bedeutungen und Kräfte zugeschrieben werden, die ihnen nicht primär eigen sind. Marx bemühte diesen Begriff, um das Selbstbild der europäischen und amerikanischen Gesellschaft zu treffen: Ihre ökonomischen Verhältnisse sind alles andere als aufgeklärt, sie sind undurchsichtig. Die Beteiligten tappen im Dunkeln, durch eine Dingwelt, bestehend aus den Fetischen Ware, Geld, Gold, Zins und Kapital. Ihre Bestimmungen können diese Fetische nur durch die Menschen erhalten haben, dennoch erscheinen sie übermächtig, nicht nur dem vereinzelten Einzelnen gegenüber, sondern in Weltwirtschaftskrisen plötzlich und unvorhersehbar der ganzen Menschheit.

Dass Fetische den Produktionsprozess vermitteln, ist Marx zufolge ein Wesensmerkmal der kapitalistischen Epoche: »In früheren Gesellschaftsformen tritt diese ökonomische Mystifikation nur ein hauptsächlich in bezug auf das Geld und das zinstragende Kapital«, bleibe also eine Randerscheinung. Keine Rolle spiele sie, wo »Produktion [...] für den unmittelbaren Selbstbedarf« überwiegt, wo »Sklaverei oder Leibeigenschaft die breite Basis der gesellschaftlichen Produktion bildet« und in »ursprünglichen

Gemeinwesen«, in denen der Produktionsprozess in tradierten festgefügten Formen verläuft (Marx 1894, S. 839). Die Ausbreitung und Notwendigkeit ökonomischer Mystifikationen ist erst durch bürgerliche Eigentums- und Produktionsverhältnisse gegeben.

Im kapitalistischen Produktionsprozess wird, wie in allen anderen Gesellschaftsformationen auch (ausgenommen Subsistenzwirtschaften), gesellschaftliche Arbeit ausgeführt: in dem Sinne, dass jedes Individuum mit seiner Arbeit auf der Arbeit anderer aufbaut und ein Produkt herstellt, das anderen zugutekommt. Kein Schriftsteller käme ohne die Tinte aus, über deren Zusammensetzung er niemals nachgedacht hat, kein Arzt ohne Spritzen, die er nicht herzustellen vermag, kein Bauarbeiter ohne das Wissen über Architektur, Chemie und Thermik, das über Jahrhunderte in Universitäten zusammengetragen wurde. Der kapitalistische Produktionsprozess unterscheidet sich gegenüber anderen Gesellschaftsformationen nun aber darin, dass, obwohl die einzelnen Arbeiten voneinander zehrende Teile einer gesamtgesellschaftlichen Produktion sind, diese sich kraft privater Kapitale atomisiert und blind ereignet. Die privaten Kapitale mögen groß sein und Hunderte von Angestellten beschäftigen und koordinieren, zwischen ihnen ist die Arbeitsteilung nicht organisiert. Dass der Schriftsteller seine Tinte, der Arzt seine Spritzen und der Bauarbeiter hochwertige Baumaterialien erhält, regelt kein Befehl, kein Plan, kein Parlament, keine Tradition. Wenn nun die Menschen einerseits, bedingt durch das Privateigentum an Produktionsmitteln, privat und unabhängig voneinander produzieren, anderseits gesellschaftliche Arbeit leisten, muss sich die gesellschaftliche Seite ihrer Arbeit und überhaupt die gesamtgesellschaftliche Produktion anderweitig vermitteln: verdinglicht auf der Ebene der Zirkulation, des sogenannten Marktes, durch Fetische, besonders handgreiflich im Geld. Das »reale Gemeinwesen«, die Koordination des gesellschaftlichen Produktionsprozesses, existiert insofern als »bloße Abstraktion« und »äußerliche Sache« (Marx 1857/1858, S. 152) – die wir in Form von Münzen und Scheinen mit uns herumtragen können. Sonach ist Geld nicht einfach Hilfs- und Schmiermittel der Zirkulation, sondern der Vermittler der gesellschaftlichen Produktion, in dem Anweisungen und Entscheidungen deutlich werden. In Form des Geldes regelt sich der Preis einer Ware, in Form von Geld bekommt eine Arbeitskraft mit, inwieweit sie benötigt wird, und ein Unternehmer, ob seine Erzeugnisse irgendwo gebraucht und auch bezahlt werden können. Sobald die Beteiligten ihre Produkte zu Markte tragen, entdecken sie, »daß dieselbe Teilung der Arbeit, die sie zu unabhängigen Privatproduzenten [...] macht, [...] sich in einem System allseitiger sachlicher Abhängigkeit ergänzt« (Marx 1872, S. 122).

Urkommunistisches Problem

Weil sie nicht nur Zuschreibungen oder Projektionen sind, sondern auf Grundlage bürgerlicher Eigentums- und Produktionsverhältnisse notwendig sind, verschwinden die ökonomischen Fetische unserer heutigen Wirtschaftsformation nicht durch Entzauberung, Dekonstruktion oder Kritik. Erst durch die Revolutionierung der Eigentums- und Produktionsverhältnisse kann die Voraussetzung dafür geschaffen werden, dass sich der gesellschaftliche Zusammenhang der Produktion nicht weiter in fetischistischen Kategorien verdinglicht und zu einem System allseitiger sachlicher Abhängigkeit verselbstständigt. Doch was folgt in der Zukunft, nach der Revolution? Um dieser Frage nachzugehen, lohnt zuerst ein Rückblick in vorkapitalistische Epochen.

Marx fragt sich, wie Gesellschaftsformationen und deren Stoffwechsel mit der Natur organisiert waren, als die ökonomische Mystifikation noch ephemer und der Produktionsprozess noch kein System allseitiger sachlicher Abhängigkeit gewesen ist, und schlussfolgert: »Je weniger gesellschaftliche Kraft das Tauschmittel besitzt, [...] um so größer muß noch die Kraft des Gemeinwesens sein, das die Individuen zusammenbindet, patriarchalische Verhältnisse, antikes Gemeinwesen, Feudalismus und Zunftwesen« (Marx 1857/1858, S. 91). In feudalen Gemeinwesen besteht jene Kraft in »unmittelbaren Herrschafts- und Knechtschaftsverhältnissen« (Marx 1872, S. 93), der Produktionsprozess regelt sich demnach in einem festgesetzten System von Rangordnung, Herrschaft und Befehl. Als weiteres Beispiel für Gemeinwesen, die durch eine andere Kraft als das Tauschmittel zusammengehalten werden, führt Marx Stammesgesellschaften an. Dass er deren Produktionsweise als »Urkommunismus« fasst, ist nicht als Lobpreisung zu verstehen, sondern als Feststellung, dass in solchen Stammesgesellschaften die Produktion gemeinschaftlich geregelt war – dieses aber, worauf er nachdrücklich hinweist, unter der Voraussetzung, dass das Individuum der Gemeinschaft noch gar nicht entwachsen war:

> »Die Kooperation im Arbeitsproceß, wie wir sie in den Kulturanfängen der Menschheit [...] vorherrschend finden, beruht einerseits auf dem Gemeineigentum an den Produktionsbedingungen, andererseits darauf, daß das einzelne Individuum sich von der Nabelschnur des Stammes oder des Gemeinwesens noch ebensowenig losgerissen hat wie das Bienenindividuum vom Bienenstock« (Marx 1872, S. 354).

Der »Blutsurenge« solch »naturwüchsiger Gemeinwesen« – auch »naturwüchsige Gemeinheiten« genannt – müsse der »sachliche Zusammenhang« von Geld, Kapital und Weltmarkt vorgezogen werden (Marx 1857/1858, S. 95). Denn sind auch im kapitalistischen System allseitiger sachlicher Abhängigkeit keinesfalls Zwang und Herrschaft aufgehoben, so sind die Menschen seiner Gewalt immerhin als Gleiche unterworfen, zwar nicht mit den gleichen Vermögen an Eigentum, wie das Klassenverhältnis bezeugt, aber mit dem gleichen Recht auf Eigentum. In der Regel wird über das Individuum seitens keines Kollektivs und keines anderen Individuums verfügt, selbst die Ausbeutung der Arbeitskraft setzt die Einwilligung des betroffenen Individuums voraus.[1] Der Zwang erwächst aus dem leeren Geldbeutel, ferner aus dem Nichtbesitz an Produktionsmitteln, rührt aber aus keiner unbedingten Verpflichtung oder Abhängigkeit. Des Weiteren erlangt das Individuum der Gemeinschaft gegenüber eine größere Würde durch seine Stellung im Produktionsprozess, der sich durch den Akkumulationstrieb des Kapitals ausdifferenziert und beispielsweise einen Stand unverzichtbarer Handwerker hervorbringt (vgl. Mensching 1992, S. 129–138).

Wenn der kapitalistischen Epoche Epochen vorangegangen sind, in denen der Einzelne das Organ eines Kollektivs oder Herren war, drängt sich die Frage auf, inwieweit in einer antikapitalistischen Umwälzung das System allseitiger sachlicher Abhängigkeit überwunden werden kann, ohne die Unabhängigkeit der Person und damit die Voraussetzung der Emanzipation des Individuums zu gefährden. Sogar pessimistische Antworten auf diese Frage lassen sich bei Marx finden, etwa in Bezug auf verdinglichte beziehungsweise versachlichte

---

1 Von dieser Regel ausgenommen sind imperialistische Kriege und Ausbeutungsverhältnisse in Kolonien sowie die allgemeine Militärpflicht, durch die das Individuum zeitweise das Recht auf das eigene Leben einbüßt. Eine Ausnahme bildet auch die blutige Genesis der kapitalistischen Produktionsweise, die sogenannte ursprüngliche Akkumulation. In dieser ist noch nicht der »stumme Zwang der ökonomischen Verhältnisse« vorherrschend, sondern »unmittelbare Gewalt« (Marx 1872, S. 765f.).

ökonomische Vermittlung und ihre Aufhebung, hier die des Geldes: »Raubt der Sache diese gesellschaftliche Macht, und ihr müßt sie Personen über Personen geben« (Marx 1857/1858, S. 91). Solche Zweifel zeigen sich nur vereinzelt, zumal nur in Texten, die der Schublade seines Schreibtischs zugedacht waren; die kommunistische Bewegung sollte radikalisiert, nicht demoralisiert werden. Statt sie mit schwierigen Fragen der Zukunft zu belasten, pflanzte er ihr ein messianisch-prometheisches Selbstbewusstsein ein. Von seinem Urheber in letzter Konsequenz nicht intendiert, wurde dieses nicht allein zum Quell der Revolution, sondern darüber hinaus eines voluntaristischen Aktionismus, der in der totalitären Herrschaft sozialistischer Staaten über der Gesellschaft thronte. Zu deren Leidwesen rächte sich der Mangel an Selbstzweifel. Nach der Formel »Was verdrängt ward, kehrt wieder« mussten die Fragen, die in der Theorie unterschlagen worden waren, in der Praxis umso drängender beantwortet werden. Und die schwierige Frage, ob es möglich ist, das Privateigentum an Produktionsmitteln und damit das System allseitiger sachlicher Abhängigkeit beziehungsweise verdinglichter Vermittlung aufzuheben, ohne unmittelbare Abhängigkeit und Herrschaft zu restituieren, fand, nachdem sie niemals bewusst gestellt worden war, eine Antwort, die umso fataler ausfiel:

> »Die Abschaffung aller historischen Errungenschaften des Marktes und die Ersetzung dieser fundamentalen gesellschaftlichen Institution der Vermittlung durch eine zentrale Planungs- und Verteilungsapparatur führt die Gesellschaft mit modernsten Mitteln nur wieder zurück in archaische und autoritäre Strukturen« (Kurnitzky 1994, S. 17).

KOMMUNISTISCHE PRODUKTIONSWEISE

Jedes Kind, so Marx in einem Brief von 1868, wisse, »daß die [...] Notwendigkeit der Verteilung der gesellschaftlichen Arbeit« in jeder Gesellschaft besteht. Allein die »Form, worin sich diese proportionale Verteilung der Arbeit durchsetzt«, könne verändert werden. »Der Witz der bürgerlichen Gesellschaft«, so Marx weiter, »besteht [...] eben darin, daß a priori keine bewußte gesellschaftliche Regelung der Produktion stattfindet« (Marx 1868, S. 552f.). Wie soll nun in einer kommunistischen Gesellschaft die bewusste gesellschaftliche Produktion und wie die proportionale Verteilung der Arbeit geregelt werden?

Die bewusste gesellschaftliche Regelung der Produktion war, schon seit den Frühsozialisten, das Ziel der kommunistischen Bewegung; im Verein freier Menschen sollte es seine Einlösung finden. Der Idee nach ist dieses Ziel großartig: Die Menschen sollen ihre Kräfte konzertiert, solidarisch und schonend einsetzen und dabei der Natur die bestmöglichen Früchte entlocken. Liefe es so, würde auch W. Adorno gerne mitmachen: »In einer Welt, die so geplant wäre, daß alles, was man tut, in einer durchsichtigen Weise dem Ganzen dient und nicht mehr darin besteht, daß unsinnige Tätigkeiten ausgeführt werden, würde ich gerne zwei Stunden am Tag den Lift bedienen« (Adorno/Horkheimer 1956, S. 41).

Damit eine bewusste gesellschaftliche Produktion überhaupt stattfinden kann, so Marx, müssen die Arbeitsprozesse den Privatkapitalisten entrissen und die Produktion vergesellschaftet werden:

> »Innerhalb der genossenschaftlichen, auf Gemeingut an den Produktionsmitteln gegründeten Gesellschaft tauschen die Produzenten ihre Produkte nicht aus; ebensowenig erscheint hier die auf Produkte verwandte Arbeit als Wert dieser Produkte, als eine von ihnen besessene sachliche Eigenschaft, da jetzt, im Gegensatz zur kapitalistischen Gesellschaft, die individuellen Arbeiten nicht mehr auf einem Umweg, sondern unmittelbar als Bestandteile der Gesamtarbeit existieren« (Marx 1875, S. 19f.).

Im Hinblick auf vorkapitalistische Epochen, in denen Marx zufolge weit weniger individuelle Freiheit geherrscht hat, drängt sich nun aber die Frage auf, wie verhindert werden kann, dass, wenn die Arbeiten unmittelbar als Bestandteile der Gesamtarbeit gesetzt werden, nicht zugleich diejenigen, die diese Arbeit ausführen, zu unmittelbaren Bestandteilen eines gesamtgesellschaftlichen Arbeitskollektivs werden müssen, das im schlimmsten Fall durch eine Rangordnung und den Befehl »von oben« zusammengehalten wird. Oder: Wie lässt sich die kapitalistische Eigentumsordnung aufheben und die Produktion vergesellschaften, ohne dass die Einzelnen vergemeinschaftet und zu funktionstüchtigen Organen im Produktionsprozess degradiert werden müssen? Marx erörtert diese Frage nicht. Weder deklamiert er, dass die Produktion in Form einer Zentralverwaltungswirtschaft, wie sie später in den meisten sozialistischen Staaten praktiziert wurde, stattzufinden habe, noch favorisiert er das Gegenteil. Er belässt es bei Stichworten, etwa dem der »Buchführung« (Marx 1894, S. 859), mittels derer die gesamtgesellschaftliche Produktion rational geregelt werden soll.

Der Einwand Friedrich A. Hayeks, wonach das Ziel, eine Makroökonomie in toto bewusst regeln zu wollen, zwar humanistisch motiviert ist, aber eine monströse Staatsbürokratie erfordere, ist kaum von der Hand zu weisen. Zwar rührt die Idee, dass die Menschen ihre Verhältnisse geistig durchdringen und vernünftig gestalten, aus der Aufklärung, aber auch diese muss um ihre und die Grenzen der Vernunft wissen. Die Kritik der Verdinglichung und das Ansinnen einer »planmäßigen Kontrolle« (Marx 1872, S. 94) scheinen auf dem Glauben, die gesamte gesellschaftliche Produktion könne konzertiert und unisono vonstatten gehen, zu beruhen.[2] Die Frage, inwieweit einer solchen Hybris der Vernunft in der Praxis der Kontrollwahn und die Verwaltungsapparat sozialistischer Staaten entsprechen musste, schlösse sich unmittelbar an.

Wie auch immer die bewusste gesellschaftliche Regelung der Produktion aussehen wird, die Aufgabe, die proportionale Verteilung der Arbeit durchzusetzen, kommt erschwerend hinzu. Hinweise zu ihrer Lösung gibt Marx in der Kritik des Gothaer Programms. Er unterscheidet eine erste und eine höhere Phase eines Vereins freier Menschen. In der ersten Phase bekommt jedes Individuum entsprechend des Arbeitsquantums, das es für die Gesellschaft geleistet hat, einen Schein, der ihm dieses bestätigt und ihm gewährt, sich mit einer entsprechenden Summe an Konsumtionsgütern aus dem gesellschaftlichen Vorrat zu versorgen. Solche Arbeitsscheine wären kein Geld, wie wir es kennen, da sie nicht der verdinglichte Vermittler der Produktion wären, sondern dienten als Hilfsmittel zur Buchführung über Produktion und Konsumtion. An dieser Stelle zeigt sich nun das oben dargelegte Problem: die Gefahr der Restitution unmittelbarer Herrschaft und Abhängigkeit, und dessen Verdrängung durch Marx. Er schreibt: Der Produzent »erhält von der Gesellschaft einen Schein, daß er soundso viel Arbeit geliefert« hat (Marx 1875, S. 20). Aber wer verteilt hier die Scheine, wer ist »die Gesellschaft«? Wie und durch wen soll Sorge dafür getragen werden, dass alle gesellschaftlich notwendigen Arbeiten durch die nötige Anzahl Individuen ausgeführt werden, wie und durch wenn soll geprüft und

---

[2] Adorno zufolge ist die Kritik an Entfremdung und Verdinglichung durch einen »Drang zur Allherrschaft« und einen »Imperialismus der Vernunft« geschürt (Adorno 1966, S. 190–193).

entschieden werden, dass ein Individuum ein bestimmtes Arbeitsquantum für die Gesellschaft geleistet hat und deswegen einen entsprechenden Schein bekommt, und wer soll wie dafür sorgen, dass die gewünschten Konsumtionsgüter vorrätig sind? Wer soll den gewaltigen Koordinierungsaufwand übernehmen? Kurz: Wie kann der stumme Zwang substituiert, wie können all die Abläufe, die im System allseitiger sachlicher Abhängigkeit blind vonstattengehen, bewusst geregelt werden?

Marx drückt sich nicht nur vor der Erörterung dieser Fragen, die alle um das Problem von Herrschaft und Abhängigkeit kreisen, er stellt sie nicht einmal – und umschifft sie mit dem so gut gemeinten wie an dieser Stelle nichtssagenden Allgemeinbegriff »die Gesellschaft«. Andere mussten kommen und diese Leerstelle mit Inhalt füllen. Beispielsweise Lenin, der diese Stelle der Kritik des Gothaer Programms erörtert und mit dem Fazit schließt: »Insofern bleibt noch die Notwendigkeit des Staates bestehen, der unter Wahrung des gesellschaftlichen Eigentums an den Produktionsmitteln die Gleichheit der Arbeitsleistung und die Gleichheit bei der Verteilung der Produkte zu schützen hat« (Lenin 1918, S. 481). Dass Marx, der ein noch radikalerer Staatskritiker als die Anarchisten sein wollte, in der Kritik des Gothaer Programms absichtlich »das Gerede vom Staat fallenlassen« wollte (Engels 1875, S. 7), mag sympathisch scheinen, ist am Ende aber bedeutungslos, wenn er den Staat nur begrifflich und zugunsten des Euphemismus »die Gesellschaft« verdrängt hat. Sofern Lenin die Implikation der Ausführung Marx', etwa die Notwendigkeit einer die Scheinvergabe sanktionierenden Gewalt, zutage fördert, muss man ihm dankbar sein; wenn auch nicht dafür, dass er sie – ohne zu schaudern – als politisches Ziel verkündet.

Äquivalenz und Gerechtigkeit

Nachdem Marx in der Kritik des Gothaer Programms dargelegt hat, dass das Individuum in der ersten Phase des Vereins freier Menschen entsprechend seiner Arbeitsleistung am gesellschaftlichen Gütervorrat partizipieren kann, konstatiert er, dass durch ein solches Vorgehen das Äquivalenzprinzip nicht etwa abgeschafft, sondern in Reinform überhaupt erst durchgesetzt wird: Es »herrscht dasselbe Prinzip wie beim Austausch von Warenäquivalenten […]. Das gleiche Recht ist hier daher immer noch – dem Prinzip nach – das bürgerliche Recht, obgleich Prinzip und Praxis sich nicht mehr in den Haaren liegen« (Marx 1875, S. 20). In der kapitalistischen Produktionsweise liegen sich Praxis und Prinzip in den Haaren, weil das Prinzip erstens nicht in jedem Tauschakt, sondern nur im Durchschnitt manifestiert, und zweitens im Verhältnis von Arbeit und Kapital suspendiert ist, d. h., das Proletariat wird ausgebeutet und erhält kein Äquivalent seiner Arbeit, sondern nur so viel, dass es seine Arbeitskraft reproduzieren kann; den restlichen Ertrag der Arbeitskraft eignet sich das Kapital an, um sich zu akkumulieren. Erst im Verein freier Menschen würde die Arbeit mit einem Äquivalent entlohnt werden: »[D]er Produzent erhält von der Gesellschaft einen Schein, daß er soundso viel Arbeit geliefert« hat. Dieses Äquivalenzprinzip, das Marx mit dem »bürgerlichen Recht« synonym setzt, ist mit einer »bürgerlichen Schranke« (ebd.) behaftet – auch noch im Verein freier Menschen. Worin besteht diese Schranke?

Im Warentausch, so Marx, sind die Individuen »Gleichgültige gegeneinander. Ihr sonstiger Unterschied geht sie nichts an. Ihre individuelle Besonderheit geht nicht in den Prozeß ein« (Marx 1858, S. 913). Gleichgültigkeit bedeutet einerseits gleiche Gültigkeit und daher Gleichbehandlung, anderseits Reduktion der Individuen auf nur einen Aspekt – das Arbeitsquantum, das sich im Wert der Waren und im Geld ausdrückt. Diese Janusköpfigkeit der Gleichgültigkeit besteht im Verein freier Menschen fort:

> »Das Recht der Produzenten ist ihren Arbeitslieferungen proportionell; die Gleichheit besteht darin, daß an gleichem Maßstab, der Arbeit, gemessen wird. Der eine ist aber physisch oder geistig dem andern überlegen, liefert also in derselben Zeit mehr Arbeit oder kann während mehr Zeit arbeiten [...]. Es ist daher ein Recht der Ungleichheit, seinem Inhalt nach, wie alles Recht. Das Recht kann seiner Natur nach nur in Anwendung von gleichem Maßstab bestehn; aber die ungleichen Individuen [...] sind nur an gleichem Maßstab meßbar, soweit man sie unter einen gleichen Gesichtspunkt bringt, sie nur von einer bestimmten Seite faßt, z. B. im gegebnen Fall sie nur als Arbeiter betrachtet und weiter nichts an ihnen sieht, von allem absieht. [...] Um alle diese Mißstände zu vermeiden, müßte das Recht, statt gleich, vielmehr ungleich sein.«

Und wie im Geld alle Leistungen ein gemeinsames Maß finden, so müsste die »Arbeit, um als Maß zu dienen«, im Verein freier Menschen disponiert, d. h. »der Ausdehnung oder Intensität nach bestimmt werden« (Marx 1875, S. 21).

Gerechtigkeit und Billigkeit

Jene »Schranke des bürgerlichen Rechts« wurde schon in der Antike diskutiert – als Frage, ob Gesetze herrschen sollen oder nicht. Platon zufolge haben Gesetze, die Gerechtigkeit und einen allgemeinverbindlichen Maßstab gewähren sollen, einen großen Nachteil: Das festgeschriebene Gesetz verhält sich zur Vielfalt der Fälle, über die entschieden werden muss, abstrakt. Dem jeweils besonderen Fall kann es nicht gerecht werden; es verhält sich zu ihm wie ein »selbstgefälliger und ungelehriger Mensch« (Platon, *Der Staatsmann*, 294c). Aristoteles erkennt den gleichen, in der Natur der Sache liegenden Mangel der Gesetze: »Jede einzelne Bestimmung des Rechtes und Gesetzes verhält sich wie das Allgemeine zum Besonderen. Die konkreten praktischen Fälle sind ja viele, jene Bestimmungen sind aber je eine einzelne, weil sie allgemein für alle einschlägigen Fälle gelten« (Aristoteles, *Nikomachische Ethik*, 1135a). Dennoch entscheidet sich Aristoteles für die Herrschaft der Gesetze; da noch die besten Menschen fleischliche, leidenschaftliche, fehlbare Wesen sind, die nicht frei von Willkür urteilen können (vgl. Aristoteles, Politik, III 1281a–b; ders., *Nikomachische Ethik*, V, 1134a–b). Besser sei es daher, wenn demokratisch gefasste Gesetze herrschen, in denen sich die Vernunft der gesetzgebenden Versammlung fixiert. Um ihren Mangel zu kompensieren, müssen sie Aristoteles zufolge durch das Prinzip der Billigkeit ergänzt werden, und so geschieht es bis heute. Angemessen zu urteilen, bedeutet im Gericht, dass nicht nur das gesetzlich vorgeschriebene Strafmaß der Tat zugeordnet wird, sondern im Urteil auch die Motive und Umstände der Tat berücksichtigt werden. Das Gericht soll nicht nur recht, sondern auch billig entscheiden – und zwar so, wie der Gesetzgeber selbst es tun würde, wenn er den Fall vor sich gehabt hätte (vgl. Aristoteles, *Nikomachische Ethik*, 1137b). Folglich ist das Prinzip der Billigkeit nicht das Gegenteil des Gesetzes. Nicht dasselbe seiend, dienen sie in wechselseitiger Bezogenheit ihrem Zweck: der Idee der Gerechtigkeit.

Mit der ersten Phase des Vereins freier Menschen wäre das Problem der Äquivalenz überhaupt erst auf die Höhe gehoben, auf der das Problem der Gerechtigkeit in der Antike verhandelt wurde. Denn im System allseitiger sachlicher Abhängigkeit, näher im Warentausch, herrscht das Wertgesetz und mit ihm das Prinzip der Äquivalenz gleich einem »Naturgesetz« (Marx 1872, S. 88). So wenig die Menschen ein solches Gesetz erlassen, so wenig können sie davon eine Ausnahme machen. Es verhält sich der Welt gegenüber erst recht wie ein »selbstgefälliger und ungelehriger Mensch« – und zwar wie einer, der nur einen Gesichtspunkt betrachtet und befiehlt: Wer nicht arbeitet, soll auch nicht essen!

Ein Mensch, der aufgrund von Behinderungen nicht arbeiten kann, der dementsprechend im Warentausch nichts zu bieten hat, müsste untergehen, herrschten die Naturgesetze ungebrochen. Zum Glück wird deren Gewalt durch Sozialstaat, Familie und karitative Verbände abgemildert. Allerdings verhalten sich diese Institutionen zu den Naturgesetzen der kapitalistischen Produktionsweise nicht wie das Prinzip der Billigkeit zum Gesetz. Sofern Institutionen in der kapitalistischen Epoche für die Schwachen und Einzelnen Partei ergreifen, korrigieren sie die kapitalistischen »Naturgesetze« nicht im Sinne des Gesetzgebers, d. h. des »automatischen Subjekts« Kapital, sondern wider dessen Logik.

Das ist einer der Gründe, warum Marx kein Sozialdemokrat war. Soziale Institutionen stünden gerade in ökonomischen Krisen, die gleich Naturkatastrophen über die Menschen hereinbrechen, der Logik des Kapitals ohnmächtig gegenüber. Zudem würden sie nicht der grundsätzlichen Ungerechtigkeit, die im Klassenverhältnis besiegelt ist, opponieren. Heute wäre zudem die Frage zu stellen, inwiefern der Sozialstaat eine exklusive Institution ist, die die Verhältnisse, die sie zu beseitigen trachtet, geradezu voraussetzt – wie in der Dritten Welt: Dort wird ein Großteil der »Drecksarbeit« geleistet, wodurch hierzulande vielleicht erst jener Reichtum vorhanden ist, der soziale Errungenschaften ermöglicht. Die Höhe der Grenzen und Mauern, die Europa keinesfalls für Güter, aber für Flüchtlinge unerreichbar machen[3], illustriert den großen Unterschied zwischen den schlechten Lebensbedingungen der Dritten und dem

---

3 Seit 1988 sind 15.000 Menschen bei dem Versuch, die EU als Flüchtlinge zu erreichen, gestorben. Weit über 10.000 Flüchtlinge sind im Mittelmeer beim Versuch, dieses zu durchqueren, ertrunken. Eine unrühmliche Rolle dabei spielt die EU-Grenzschutzagentur Frontex, die nach eigenen Angaben allein im Jahr 2008 Hunderte Boote mit insgesamt 6.000 Menschen an Bord auf offenem Meer zur Umkehr drängen konnte – offenbar selbst dann, wenn es sich um Ruderboote handelte. Einzige Landverbindung vom afrikanischen Kontinent in die EU bieten theoretisch die spanischen Städte Ceuta und Melilla, die auf afrikanischem Festland liegen. Praktisch sind sie nicht zu erreichen. Sie wird durch eine von der EU finanzierte 18 Kilometer lange Sperranlage mit bis zu sechs Meter hohen Zäunen, einem bis zu drei Meter tiefen Graben, einer Tränengasselbstschussanlage und Hunderten Sicherheitskräften abgeschirmt.

Wohlstand der Ersten Welt und konterkariert den Stolz der Europäer, einen Kapitalismus mit sozialem Antlitz geschaffen zu haben.

Marx wollte keinen Sozialstaat, der die Symptome mildert, sondern ihre Ursache, die kapitalistische Produktionsweise und mit ihr ihre naturwüchsige Gewalt und ihren Krisen- und Klassencharakter abschaffen. Erst wenn Produktionsmittel und Produktionsprozesse vergesellschaftet wären, könnten die Menschen die Ziele und Prinzipien ihrer Produktion bewusst festlegen und verfolgen – zuallererst das Ziel, dass niemand mehr hungern muss.

Harmonische Ungleichheit

Platon war vorerst zu einem anderen Schluss als Aristoteles gelangt. Das Gesetz, das sich der Welt gegenüber so verhält wie ein »selbstgefälliger und ungelehriger Mensch«, unterlaufe die Idee der Gerechtigkeit. Er plädiert daher für die Herrschaft der Vernunft in nichtgesetzlicher, nichtfixierter Gestalt: Philosophen sollen zu Urteilen gelangen, die der Mannigfaltigkeit der Welt und der zu beurteilenden Fälle Rechnung tragen. Auch Marx will über die Phase, in der die Schranke des bürgerlichen Rechts noch besteht und die Individuen trotz ihrer Ungleichheit über einen Leisten geschlagen werden, hinaus: »Um alle diese Mißstände zu vermeiden, müßte das Recht, statt gleich, vielmehr ungleich sein.« Eine solche Utopie hat Étienne-Gabriel Morelly schon Mitte des 18. Jahrhunderts formuliert und als »harmonische Ungleichheit« bezeichnet. In der bestmöglichen Gesellschaft würde weder gekauft noch getauscht werden. Stattdessen würde jedes Individuum seinen Talenten und Kräften gemäß zum öffentlichen Nutzen beitragen, zugleich würde ihm das zustehen, was es benötigt: »[J]eder nimmt nach seinen Bedürfnissen« (zit. n. Meyer 1977, S. 288–292). Nicht die erbrachte Leistung entscheide darüber, was ein Individuum bekommt, sondern seine Bedürfnisse. Umgekehrt gäbe ein Individuum der Gesellschaft seine Arbeitskraft nicht, um dafür ein Äquivalent zurückzuerhalten, sondern aus freien Stücken. Auf diese Utopie greift Marx zurück; in der höheren Phase des Vereins freier Menschen müsse gelten: »Jeder nach seinen Fähigkeiten, jedem nach seinen Bedürfnissen!« (Marx 1875, S. 21) Dann würde das Individuum nicht mehr anhand des äußeren, abstrakten Maßstabs der durchschnittlichen Arbeitsleistung innerhalb einer Gesellschaft bemessen und nicht mehr allein unter dem Gesichtspunkt seiner Arbeitsleistung gefasst, sondern es selbst lieferte dann den Maßstab für das, was es bekommt und gibt.

VERNUNFT UND WILLKÜR

Die Formulierung »Jeder nach seinen Fähigkeiten, jedem nach seinen Bedürfnissen« scheint mit der Wendung »Jedem das Seine«, die schon von Platon in Hinsicht auf die gerechte Verteilung von Tätigkeiten und Gütern diskutiert (*Der Staat*, 433) und wortwörtlich (»Suum cuique«) im Imperium Romanum erörtert worden ist, verwandt zu sein. Indes wurde diese Wendung auch von den Nazis genutzt – als Losung am Eingangstor des KZ Buchenwald. Der Nationalsozialismus wirft einen dunklen Schatten auf den Verein freier Menschen, auch wenn ihm dessen Konzeption unendlich fernsteht: Die bürgerliche Schranke wurde überwunden, die Nazis haben einen rechtslosen Zustand hergestellt. Aristoteles hatte gewarnt: Jenseits von Gesetzen bliebe die Vernunft zufällig, es drohten Tyrannei und Willkür. Aufgrund der Erfahrung des Nationalsozialismus stellt sich umso dringlicher die Frage, inwiefern Tyrannei und Willkür zu verhindern sind und inwieweit die Herrschaft der Gesetze hierzu taugt.

Adorno greift diese Frage in einer Vorlesung auf:

> »Wer wie ich erlebt hat, wie die Welt aussieht, wenn – sei es auch in der Sphäre der Legalität – dieses Moment der formalen Gleichheit einfach zugunsten von apriorisch behaupteten inhaltlichen Bestimmungen vernachlässigt wird, der wird am eigenen Leib, sozusagen, oder wenigstens an der eigenen Angst spüren, welches unendlich Humane in diesem [kantischen; H. G.] Begriff des Formalen auch enthalten ist. [...] Der Gedanke [...] der Gleichheit vor dem Gesetz auf der einen Seite und auf der anderen Seite die faschistische Unterscheidung nach angeblich apriorischen spezifischen Differenzen, die zwischen den Menschen ein für allemal und schlechterdings herrschen sollen, – dieser Unterschied ist wahrhaft der Unterschied ums Ganze« (Adorno 1964/1965, S. 351f.).

Im weiteren Verlauf dieses Gedankens lobt Adorno ausdrücklich Aristoteles' Versuch, durch das Korrektiv der Billigkeit die Gewalt, mit der die Gesetze inkommensurable Differenzen einebnen, aufzuheben und dabei die Rationalität, die durch Gesetze ermöglicht wird, zu retten.

Angesichts der Gefahr einer Willkürherrschaft hatte am Ende seines Schaffens auch Platon die Notwendigkeit der Herrschaft der Gesetze eingestanden und die Idee einer Herrschaft der Vernunft in den Stand einer religiösen Utopie delegiert:

> »Der Grund hiervon ist der, daß keines Menschen Natur mit einer solchen Fähigkeit begabt ist, daß sie nicht nur erkennt, was den Menschen für ihre staatliche Gemeinschaft nützt, sondern auch, wenn sie es erkannt hat, die Kraft und den Willen aufbringt, das Beste zu verwirklichen. [...] Wenn allerdings einmal durch göttliche Fügung ein Mensch mit jener natürlichen Fähigkeit geboren würde und imstande wäre, eine solche Machtstellung zu erlangen, so brauchte es keinerlei Gesetze, die über ihn herrschen müßten. Denn dem Wissen ist kein Gesetz und keine Ordnung überlegen; und es widerspräche auch der göttlichen Satzung, wenn die Vernunft etwas anderem untertan und dessen Sklavin wäre, sondern sie muß über alles herrschen, sofern sie wirklich in ihrem Wesen wahrhaft und frei ist. Nun aber findet sich ja doch nirgends eine solche Fähigkeit, es sei denn in geringem Maße; darum gilt es das Zweitbeste zu wählen, die Ordnung und das Gesetz« (Platon, Gesetze, IX, 875a–d).

Marx aber gibt sich in der Kritik des Gothaer Programms nicht mit der zweitbesten Lösung, der Ordnung des bürgerlichen Rechts und ihrer Schranke, zufrieden und verkündet eine höhere Phase des Vereins freier Menschen. Wie er allerdings die Frage der Herrschaft schon im Rekurs auf die erste Phase im nebulösen Begriff »die Gesellschaft« verschwinden lassen hat, so erörtert er sie auch nicht anlässlich jener höheren Phase des Vereins freier Menschen. Allein die ökonomischen Bedingungen scheinen ihm zufolge die Triebfedern der Freiheit und Gerechtigkeit zu sein. Aber selbst deren Erörterung ist unzureichend, sie scheint allzu stark der kommunistischen Hoffnung verpflichtet. Nicht nur die Vergesellschaftung der Produktion und die damit einhergehende Abschaffung verdinglichter ökonomischer Vermittlung, die der ersten Phase des Vereins freier Menschen vorangeht, bergen Schwierigkeiten, die Marx – wie oben ausgeführt – unerwähnt lässt. Auch die angegebene Voraussetzung der höheren Phase wirft in dem Maße Fragen auf, in dem diese als große Antwort verkündet wird.

Wenn die Quellen reicher fliessen

Das Prinzip »Jeder nach seinen Fähigkeiten, jedem nach seinen Bedürfnissen« könne dann verwirklicht werden, wenn »alle Springquellen des genossenschaftlichen Reichtums voller fließen« (Marx 1875, S. 21). Die Analogie zu dem Land, in dem Milch und Honig fließen, drängt sich an dieser Stelle auf. Die erste Phase des Vereins freier Menschen wäre demnach die Wüste, durch die die Menschen erst noch hindurch müssen: die Wüste der Abstraktion, des Gesetzes und der Mühsal. Immerhin wären sie darin schon Herren ihres Schicksals, auf dem Weg ins gelobte Land. Dieser würde so lange währen, bis die gesellschaftlich notwendige Arbeit qualitativ und quantitativ ein Niveau erreicht hätte, auf dem kein Zwang, wie er im Äquivalenzprinzip enthalten ist, mehr nötig sein würde, sie auf die Schultern der Individuen zu verteilen. Ein solcher Zustand wäre im Grunde auch eine »göttliche Fügung« (Platon). Zwar hätten ihn die Menschen verwirklicht, als Potenz müsste er der Welt aber von Beginn an innewohnen. Natur und Menschen müssten ihren Möglichkeiten nach so konstituiert sein, dass erstens jeglicher Mangel, der naturgegeben herrscht, durch die gesellschaftlichen Produktivkräfte zugunsten des Reichtums, der der Natur zu entlocken ist, beseitigt und zweitens eine Harmonie zwischen den Bedürfnissen der Menschen und ihren Fähigkeiten hergestellt werden könnte. Dieses religiöse Moment in der kommunistischen Erwartungshaltung wird durch ihre Vordenker brüsk verkannt – etwa wenn Friedrich Engels proklamiert, dass, sobald der »natürliche Tätigkeitsdrang in die richtige Bahn« gelenkt wird, die »Summe der Neigungen aller Individuen im großen ganzen eine ausreichende Kraft« darstellt, »um die Bedürfnisse aller zu befriedigen«. Schließlich deklariert Engels diese verwegene These auch noch als »Ei des Kolumbus« (Engels 1843, S. 483). Allein schon, dass sich unter Engels Worten alle Anstrengungen und Fähigkeiten, die zur Ausführung gesellschaftlich notwendiger Arbeiten erforderlich sind, wundersam in Neigungen verwandeln, lässt vermuten, dass es sich hier weniger um das Ei des Kolumbus handelt denn um den Stein der Weisen.

Wiederum lassen sich realistischere Äußerungen Marx' finden, wonach leidige Arbeit zwar verringert und menschlicher gestaltet werden, nicht aber zum Verschwinden gebracht werden kann; gesellschaftlich notwendige Arbeit wird ebenso wenig zur Neigung[4], wie das Reich der Notwendigkeit zum Selbstverwirklichungsparcours innerhalb des Reichs der Freiheit wird:

---

4 Wenn Marx in der Kritik des Gothaer Programms schreibt, dass in der höheren Phase des Vereins freier Menschen die Arbeit selbst zum ersten Lebensbedürfnis wird, dann forderte er nicht wie Lenin, dass die Menschen aus freien Stücken die gesellschaftlich notwendige Arbeit leisten müssen (vgl. Lenin 1918, S. 483). Mutmaßlich erwünscht er vielmehr einen

»Das Reich der Freiheit beginnt in der Tat erst da, wo das Arbeiten, das durch Not und äußere Zweckmäßigkeit bestimmt ist, aufhört; es liegt also der Natur der Sache nach jenseits der eigentlichen Sphäre der Produktion. Wie der Wilde mit der Natur ringen muß, um seine Bedürfnisse zu befriedigen, um sein Leben zu erhalten und zu reproduzieren, so muß es der Zivilisierte, und er muß es in allen Gesellschaftsformen und unter allen möglichen Produktionsweisen. […] Die Freiheit auf diesem Gebiet kann nur darin bestehn, daß der vergesellschaftete Mensch, die assoziierten Produzenten, diesen ihren Stoffwechsel mit der Natur rationell regeln, unter ihre gemeinschaftliche Kontrolle bringen, statt von ihm als von einer blinden Macht beherrscht zu werden; ihn mit dem geringsten Kraftaufwand und unter den ihrer menschlichen Natur würdigsten und adäquatesten Bedingungen vollziehn. Aber es bleibt dies immer ein Reich der Notwendigkeit. Jenseits desselben beginnt […] das wahre Reich der Freiheit, das aber nur auf jenem Reich der Notwendigkeit als seiner Basis aufblühn kann« (Marx 1894, S. 828).

Wenn das Reich der Notwendigkeit mehr oder minder bestehen bleibt, dann fragt sich, wie es gerecht bewältigt werden kann, d.h. so, dass die gesellschaftlich notwendigen Arbeiten auf allen Schultern lasten. Sofern es sich so fügt, mögen Individuen, deren Neigungen und Fähigkeiten tatsächlich bestimmten gesellschaftlich notwendigen Arbeiten entsprechen, diese in für sie annehmbaren Maßen übernehmen. Was aber ist mit notwendigen Arbeiten, auf die niemand Lust hat? Darauf gibt das Prinzip »Jeder nach seinen Fähigkeiten, jedem nach seinen Bedürfnissen« keine Antwort, eher noch verhindert es eine: Wenn die höhere Phase als Überwindung der Missstände der ersten Phase ausgerufen wird, obwohl ihr Prinzip in reiner Form nicht zu realisieren ist, wird sie zum Fatum, dem die Menschen hinterherlaufen wie der Esel der Möhre, die, an seinem vorgestreckten Maul befestigt, nicht zu erreichen ist. Die Geschichte der Religionen und des Sozialismus hat gezeigt, dass aus großen Zielen zum Wohle der Menschheit Altäre werden können, vor denen Menschen niederknien und Opfer bringen müssen.

In der Kritik des Gothaer Programms sind die erste und die höhere Phase des Vereins freier Menschen als Abfolge konzipiert; besser wäre, ihr Verhältnis

---

Zustand, in dem die existenziellen Bedürfnisse, die zur Arbeit zwingen, weitgehend befriedigt sind, und folglich Arbeiten verrichtet werden können, die entweder ihren Zweck in sich selbst tragen (»wirklich freie Arbeiten, z. B. Komponieren«; Marx 1857/1858, S. 512), oder aber, dem Zweck der Erhöhung der Produktivkraft dienen, weil sie zu gefallen wissen (bspw. das Lösen mathematischer und chemischer Aufgaben, dem sich Marx mit Vergnügen widmete).

entspräche der Beziehung, in der das Reich der Freiheit und das Reich der Notwendigkeit zueinander stehen. Dem Prinzip der höheren Phase müsste schon während der ersten Phase Rechnung getragen werden – frei nach dem Prinzip der Billigkeit, als Korrektiv der Tauschgerechtigkeit. Die Voraussetzungen wären gegeben: Wenn das Wertgesetz als Quasinaturgesetz aufgehoben würde, setzte sich das Prinzip der Äquivalenz nicht mehr unerbittlich durch. »Die Gesellschaft«, die die Scheinvergabe gemäß des Prinzips der Äquivalenz regelt, müsste nicht nur recht, sie könnte dann auch billig entscheiden – und zwar in dem Maße, wie »alle Springquellen des genossenschaftlichen Reichtums voller fließen« und der Zwang, der im Äquivalenzprinzip waltet und die gesellschaftlich notwendige Arbeit auf alle Schultern verteilt, hinfällig wird. Den Individuen würde das Äquivalenzprinzip nicht wie ein »selbstgefälliger und ungelehriger Mensch« gegenübertreten, und die Realisierung des holden Prinzips der höheren Phase geschähe zwar unvollständig, verschöbe sich aber auch nicht ewig auf den Sankt-Nimmerleins-Tag. Als Fixstern diente es der Orientierung und bliebe der Realität enthoben. Möglicherweise hat sich Marx den Verein freier Menschen gar nicht anders vorgestellt und die Phasen nur voneinander abgegrenzt, um beide Prinzipien, das der Äquivalenz und das der harmonischen Ungleichheit, besser erörtern zu können.

Gleichwohl bliebe das oben erörterte Problem – wer ist »die Gesellschaft«? Wer ist die Instanz, die die Produktion rational regelt, die gerechte Zuteilung der Arbeiten organisiert, die Äquivalenz von Produktions- und Konsumtionsanteilen sichert und zu guter Letzt auch noch billig in Hinblick auf das Prinzip »Jeder nach seinen Fähigkeiten, jedem nach seinen Bedürfnissen« entscheidet? Just wird ein weiteres Problem deutlich: Inwiefern kann garantiert werden, dass billige Entscheidungen Korrektive des Gesetzes im Namen der darin fixierten Gerechtigkeit sind und sich nicht zu willkürlichen Entscheidungen wandeln, die die im Gesetz fundierte Gerechtigkeit hintertreiben – wo doch die billige Entscheidung das Ansehen der Person voraussetzt, die Augen der Justitia hingegen (nicht umsonst) verbunden sind? (vgl. Maye 2006, S. 66)

AUFHEBUNG?

Adorno erörtert das Äquivalenzprinzip auch in der *Negativen Dialektik*. Einerseits kritisiert er, dass durch den Tausch »nichtidentische Einzelwesen und Leistungen kommensurabel« werden: »Die Ausbreitung des Prinzips verhält die ganze Welt zum Identischen, zur Totalität.« Anderseits warnt er vor seiner Abschaffung: »Annulierte man simpel die Maßkategorie der Vergleichbarkeit, so träten anstelle der Rationalität, die [...] als Versprechen dem Tauschprinzip innewohnt, unmittelbare Aneignung, Gewalt, heutzutage: nacktes Privileg von Monopolen und Cliquen« (Adorno 1966, S. 149f.). Nach den Erfahrungen des 20. Jahrhunderts stellt sich neben der Frage, ob das Äquivalenzprinzip herrschen soll, die Frage neu, was genau an die Stelle verdinglichter ökonomischer Formen, etwa anstelle des Geldes, treten könnte und sollte. In der Auseinandersetzung darf dabei nicht vergessen werden, dass die Gründe, die Marx für die Aufhebung des Systems allseitiger sachlicher Abhängigkeit angibt, fortbestehen. Bei allen Gefahren, die sie birgt.

Literatur

Adorno, Theodor W. & Horkheimer, Max (1956): Diskussionen über Theorie und Praxis. In: Horkheimer (1985): Gesammelte Schriften Bd. 19, Frankfurt a. M. (Fischer), S. 32–72.
Adorno, Theodor W. (1964/1965): Zur Lehre von der Geschichte und der Freiheit. Frankfurt a. M. (Suhrkamp).
Adorno, Theodor W. (1966): Negative Dialektik. In: Ders. (1998): Gesammelte Schriften Bd. 6. Frankfurt a. M. (Suhrkamp), S. 7–412.
Adorno, Theodor W. (1968): Diskussionsbeitrag zu »Spätkapitalismus oder Industriegesellschaft?«. In: Ders. (1998): Gesammelte Schriften Bd. 8. Frankfurt a. M. (Suhrkamp), S. 578–587.
Aristoteles (1991): Werke. Berlin (Akademie-Verlag).
Engels, Friedrich (1843): Fortschritte der Sozialreform auf dem Kontinent. In: Marx, Karl & Engels, Friedrich (1975): Werke. Band 1. Berlin (Dietz), S. 480–496.
Engels, Friedrich (1875): Brief an August Bebel vom 28.3.1875. In: Marx, Karl & Engels, Friedrich (1975): Werke. Band 19. Berlin (Dietz), S. 3–9.
Kurnitzky, Horst (1994): Der heilige Markt. Frankfurt a. M. (Suhrkamp)
Lenin (1918): Staat und Revolution. In: Ders. (1972): Werke. Band 25. Berlin (Dietz), S. 392–507.
Marx, Karl (1845): Thesen über Feuerbach. In: Marx, Karl & Engels, Friedrich (1975): Werke. Band 3. Berlin (Dietz), S. 5–7.
Marx, Karl (1857/1858): Grundrisse der Kritik der politischen Ökonomie. In: Marx, Karl & Engels, Friedrich (1975): Werke. Band 42. Berlin (Dietz).
Marx, Karl (1858): Urtext. In: Ders. (1953): Grundrisse der Kritik der Politischen Ökonomie Berlin (Dietz), S. 871–947.
Marx, Karl (1868): Brief an Ludwig Kugelmann vom 11.7.1868. In: Marx, Karl & Engels, Friedrich (1975): Werke. Band 32. Berlin (Dietz), S. 552f.

Marx, Karl (1872): Das Kapital. Band 1. In: Marx, Karl & Engels, Friedrich (1975): Werke. Band 23. Berlin (Dietz).
Marx, Karl (1875): Kritik des Gothaer Programms. In: Marx, Karl & Engels, Friedrich (1975): Werke. Band 19. Berlin (Dietz), S. 11–32.
Marx, Karl (1894): Das Kapital. Band 3. In: Marx, Karl & Engels, Friedrich (1975): Werke. Band 25. Berlin (Dietz).
Maye, Harun (2006): Die Paradoxie der Billigkeit in Recht und Hermeneutik. In: Vismann, Cornelia & Weitin, Thomas (Hg.): Urteilen/Entscheiden. München (Wilhelm Fink).
Mensching, Günter (1992): Das Allgemeine und das Besondere. Der Ursprung des modernen Denkens im Mittelalter. Stuttgart (Metzler).
Meyer, Ahlrich (1977): Frühsozialismus. Theorien der sozialen Bewegungen 1789–1848. Freiburg/München (Karl Alber).
Platon (2001): Werke in 8 Bänden, Darmstadt (Wissenschaftliche Buchgesellschaft).

Geld und Gerechtigkeit

Martin Eichler

Der Vortrag untersucht einige zentrale Aspekte des Zusammenhangs von Geld und Gerechtigkeit.[1] Ich werde zuerst einige Wirkungen des Geldgebrauchs analysieren, die in engem Zusammenhang mit einer Kritik des Geldes stehen und die ich als Perversion, Destruktion und Individualisierung bezeichne. Unter Umständen verletzt der Gebrauch des Geldes unseren Gerechtigkeitssinn und destruiert die »Ordnung der Dinge«. Dieser »perverse« Gebrauch des Geldes ist allerdings zu unterscheiden von seinem herkömmlichen, ökonomischen. Untersucht man letzteren, so treten Fragen nach der gerechten Ökonomie – dem gerechten Tausch und der gerechten Verteilung – ins Zentrum. Bevor ich auf diese eingehe, ist es notwendig, eine methodische und erkenntnistheoretische Reflexion anzustellen. Das Problem der Gerechtigkeit ist nämlich nicht allein unter Rückgriff auf das Geld behandelbar, sondern bedarf einer Reflexion des »hinter« dem Geld stehenden Wertes und einer Bestimmung des Verhältnisses, in dem Geld und Wert zueinander stehen. Dieses wird anhand eines Exkurses zu unterschiedlichen Behandlungsarten der Unterscheidung von Wesen und Erscheinung näher expliziert. Der dritte Teil behandelt dann die Fragen nach dem gerechten Tausch und der gerechten Verteilung. Als ein zentrales Problem der Gerechtigkeit erweist sich dabei der jeweilige Maßstab, das Beurteilungskriterium. Abschließend werden mit der proportionalen Gerechtigkeit und der Billigkeit zwei Ansätze diskutiert, mit diesem Problem umzugehen.

---

[1] Der Text wurde für die Veröffentlichung leicht überarbeitet und erweitert.

Geldgebrauch und Kritik am Geld

Seit es Geld gibt, gibt es die Kritik am Geld. »Kein ärger Brauch erwuchs den Menschen als das Geld!«, ruft Sophokles' Kreon, und Shakespeares' Timon von Athen klagt: »Verdammt Metall, / Gemeine Hure du der Menschen, die / Die Völker tört«. Die kritischen Bewertungen des Geldes lassen sich grob anhand von zwei Aspekten unterscheiden.[2] Hier nur am Rande zu erwähnen ist die Verselbstständigung des Geldes vom Mittel zum Zweck. Das Geld schafft danach eine Verwendungsweise der Dinge, die ihnen nicht angemessen ist, das Geld wird, obwohl es doch Mittel sein soll, um seiner selbst willen begehrt. Marx generalisiert dieses Argument und betont den immanenten Zug des Geldes zur Verselbstständigung. Der »Mittler [das Geld; M.E.] ist die *wirkliche Macht* über das, womit er mich vermittelt. Sein Kultus wird zum Selbstzweck« (Marx 1844a, S. 446). In unserem Zusammenhang wesentlich ist der zweite Punkt, die Kritik am Geld als falschen und verfälschenden Maßstab, der zudem die Macht hat, die Dinge zu erwerben, die er ausdrückt. Noch einmal Timon: »So viel hievon macht schwarz weiß, häßlich schön; / Schlecht gut, alt jung, feig tapfer, niedrig edel. / [...] sichtbare Gottheit, / Die du Unmöglichkeiten eng verbrüderst, / Zum Kuß sie zwingst!«

Anhand dieses Zitats lassen sich drei verschiedene Problempunkte isolieren. Ich bezeichne sie als den pervertierenden oder verkehrenden, den destruierenden bzw. anarchischen und den individualisierenden Moment des Geldgebrauchs.

Augenfällig beschreibt Shakespeare im gerade Zitierten das pervertierende

---

[2] Als positiv gilt im Allgemeinen der zivilisierende Charakter des Geldes. Ferdinando Galiani etwa stimmt im tiefsten 18. Jahrhundert in einem Buch, das große Teile des Wirtschaftsliberalismus vorwegnimmt, das Hohelied des Geldes an: »Man sieht also, daß der Handel sowie das Geld, als dessen wichtigste Triebfeder, die Entwicklung vom unkultivierten Naturzustand, in dem jeder nur an sich denkt, zu einem gedeihlichen Nebeneinander vorangetrieben haben, bei dem jeder für alle denkt und schafft« (Galiani 1751, S. 160). Auch Karl Marx schlägt in dieselbe Kerbe: »Wie sich das Geld zum Weltgeld, so entwickelt sich der Warenbesitzer zum Kosmopoliten. Die kosmopolitische Beziehung der Menschen zueinander ist ursprünglich nur ihr Verhältnis als Warenbesitzer. [...] [M]it der Entwicklung des Weltgeldes im Gegensatz zur Landmünze entwickelt sich der Kosmopolitismus der Warenbesitzer als Glaube der praktischen Vernunft im Gegensatz zu angestammten religiösen, nationalen und anderen Vorurteilen, die den Stoffwechsel der Menschheit hemmen« (Marx 1859, S. 128).

bzw. verkehrende Moment des Geldgebrauchs. Das Geld kann das Schlechte zum Guten, das Hässliche zum Schönen machen. Dem Geldgebrauch wohnt ein Perversionsmechanismus inne, der sich durch die verschiedensten Alltagsbilder bzw. -vorstellungen versinnbildlichen lässt; der lüsterne Greis, der das schöne Mädchen befingert, oder der Sohn des Millionärs, der sich vom Militärdienst freikauft. Diese Handlungen sind ungerecht, sie verletzen unser Gerechtigkeitsgefühl. Sie richten sich gegen die herkömmliche Ordnung der Dinge, gegen das, was als gut angesehen wird. Geld ist dabei nicht das einzige Ding bzw. das einzige soziale Verhältnis, welches solche Verkehrungen oder Perversionen bewirken kann.

Notwendige Begleiterscheinung der Perversion ist die Destruktion, das anarchische Moment des Geldgebrauchs. Wird die Ordnung der Dinge umgekehrt, wird sie zugleich zerstört. In dieser Perspektive ist der negative Klang, der dem Wort Perversion in aller Regel innewohnt, infrage gestellt. Denn es steht nicht fest, dass die jeweilige Ordnung der Dinge auch gut ist oder von uns als gut angesehen wird. Mit Geld lässt sich bspw. gezielt Kritik üben, wie folgendes randständige Beispiel verdeutlichen kann: Vor einigen Jahren fand im französischen Straßburg ein antirassistisches Grenzcamp statt, welches den Zweck hatte, am Ort des Europaparlamentes die Einwanderungspolitik der Europäischen Union anzuprangern. In diesem Camp etablierte sich schnell so etwas wie eine »linke Ordnung«, zu der auch die Verpflegung durch eine Volksküche gehörte. Für das Essen musste nichts gezahlt werden, die Kosten wurden durch Spenden gedeckt. Diese Spenden wurden durch Umzüge der Küchencrew eingetrieben, die mit lautem Topfschlagen und Tellergerassel nachts durchs Camp zogen und immer wieder fröhlich riefen: »No border, no nation, we need donation.« Als sie am Plenumszelt der Internetgruppe vorbei kamen, wurden ihnen 100 Euro in die Hand gedrückt, unter der Bedingung jedoch, dass sie mit ihrem Geschrei aufhören sollten. Begeistert waren die Volksküchler davon nicht. Diese Spende war eine Beleidigung, eine bewusst eingesetzte Perversion, um die Ordnung der Dinge zu stören. In diesem Sinne besitzt das Geld anarchische Macht.

Der dritte Aspekt, der durch den Geldgebrauch eintritt, ist die Individualisierung. In unserem Zusammenhang bedeutet Individualisierung das Heraustreten aus der herkömmlichen Ordnung der Dinge. Die Geldbesitzerin ist fähig, zu pervertieren. Sie besitzt qua Geld eine Macht, die ihr sonst nicht zukäme. Marx fasst dies in den Pariser Manuskripten zusammen:

> »Was durch das Geld für mich ist, was ich zahlen, d.h., was das Geld kaufen kann, das bin ich, der Besitzer des Geldes selbst. So groß die Kraft des Geldes, so groß ist meine Kraft. Die Eigenschaften des Geldes sind meine [...] Eigenschaften und Wesenskräfte« (Marx 1844b, S. 564).

Dieses individualisierende Moment wird sowohl kritisiert, als auch euphorisch gelobt. Nach Moses Hess, einem Zeitgenossen von Marx, ist die Konsequenz der Geldbenutzung das »absterbende, isolierte Individuum«, das von »seiner Lebenswurzel, seinem Lebenselemente getrennte, wie eine faule Frucht vom Lebensbaume abgefallene« Individuum (Hess 1845, S. 344f.). Der Geldbesitzer tritt aus der Ordnung der Dinge heraus und verletzt den organischen Gesellschaftskörper. Auf der anderen Seite ist das Individuum aber gerade deswegen in der Lage, die überkommene Ordnung der Dinge zu reflektieren, und muss sich ihr nicht mehr in jedem Fall unterwerfen.

Marx zieht interessanterweise genau die gegenteilige Konsequenz aus dem Charakter des Geldes. Das Geld bringt Individualität nicht hervor, beim Geldgebrauch ist »das, was ich bin und vermag, [...] keineswegs durch meine Individualität bestimmt« (Marx 1844b, S. 564). Das Geld verhindert als großer Gleichmacher gerade das Wirken der je spezifischen Kräfte und Eigenschaften der Individuen. Diese unterschiedlichen Ansichten vom Individuum spielen offenbar auf zwei getrennten Ebenen, die sich wiederum auf die Unterscheidung von Perversion und Destruktivität/Anarchismus zurückbinden lassen. Der Geldgebrauch setzt die Individuen frei, und zwar von jeglicher gewachsenen Ordnung, und etabliert zugleich eine neue Ordnung, die die »wahre« Individualität verhindert.

Perversion und gerechter Tausch

Ausgehend von den drei Momenten des Geldgebrauchs bleibt die Frage zentral, warum das Geld in der Lage ist, die Dinge zu pervertieren. Es hat dieses Vermögen deshalb, so Marx in den Pariser Manuskripten, weil es der »existierende und sich betätigende Wert aller Dinge« ist (Marx 1844b, S. 566). Ein Zusammenhang zwischen dem Geld und den Dingen ist nur konstruierbar, wenn man von einer Doppelstruktur der Dinge selbst ausgeht. Dem Geld korrespondiert etwas in den Dingen, dieses ist ihr (ökonomischer) Wert und ohne diesen Wert könnte man die Dinge nicht kaufen. Neben ihren »natürlichen« Qualitäten besitzen die Dinge damit einen ökonomischen Wert, eine Wertqualität. Die Perversion tritt ein, wenn die natürlichen Qualitäten mit der Wertqualität in ein konträres Verhältnis geraten und die Wertqualität sich gegen die natürlichen Qualitäten durchsetzt. Bezogen auf die handelnden Personen heißt das: Die »natürlichen Qualitäten« werden dann pervertiert, wenn diese im Kauf dieser Qualitäten den Qualitäten der Person entgegenstehen, die kauft. Das ist die Situation, an die Shakespeare denkt. Das Geld vermag Dinge, die es nicht vermögen können soll. Hier tritt aber eine wichtige Frage auf: Ist jeder Geldgebrauch eine Perversion oder Verkehrung, oder sollte von Perversion nur in bestimmten Situationen gesprochen werden? In gewissem Sinne scheint es so zu sein, dass im geldvermittelten Tausch immer eine Perversion vorliegt, da man, wenn man mit Geld bezahlt, stets allein auf die Wertqualität Bezug nimmt.

Interessant ist aber, warum uns das so selten stört – wir kaufen und verkaufen in der Regel ohne moralische Skrupel. Diese setzen nur dann ein, wenn man es mit dem bewussten Konflikt zweier Maßstäbe zu tun hat. Der Greis, der sich das Mädchen kauft, pervertiert die Ordnung der Dinge deswegen, weil ein starkes moralisches Empfinden existiert, das eine solche Handlung verdammt. Dagegen existieren bei der Mehrzahl der geldvermittelten Tauschvorgänge keine expliziten moralischen Maßstäbe, die gegen eine Monetarisierung der Gegenstände/Menschen sprechen. In der Mehrzahl der Fälle scheint der geldvermittelte Tausch unproblematisch. Damit existiert eine Grenze zwischen dem pervertierenden und dem ökonomischen Gebrauch des Geldes. Zwar gibt es Versuche, eine solche Grenze theoretisch zu bestimmen – der bekannteste ist vielleicht der von Jürgen Habermas, anhand der Unterscheidung zwischen sprachlich vermittelter Lebenswelt und geld- und machtgesteuertem System –, jedoch scheint mir dieses Grenze historisch, lokal und politisch kontingent und nicht eindeutig zu ziehen zu sein. Aber unabhängig davon, wie und ob die Grenzziehung theoretisch gefasst werden kann, gilt: Begibt man sich in den Bereich, der als der Bereich der Ökonomie gilt, tritt das Problem der Perversion zurück und macht zwei anderen Platz – dem des gerechten, geldvermittelten Tauschs und dem der gerechten Verteilung.

Bevor ich aber auf diese eingehen werde, halte ich es für sinnvoll, eine methodische Reflexion anzustellen und nach dem Zusammenhang von Geld und Wert zu fragen. Gehen wir also auf die Metaebene.

Martin Eichler

Geld und Wert

Metareflexionen sind zu begründen. Warum also ist die Frage nach dem Verhältnis von Geld – bzw. aufseiten der Güter: Preis – und Wert an dieser Stelle wichtig? Im Alltag wird zwischen Geld und ökonomischem Wert in der Regel nicht unterschieden, und zwar aus dem einfachen Grund, dass es keine Notwendigkeit dazu gibt. Geld ist der Ausdruck des Wertes oder ist selbst der Wert. Wir kommen im Alltag ohne die Unterscheidung aus. Ich denke, dies zeigt sich auch auf dieser Tagung: Wenn hier über das Geld gesprochen wurde, dann wurde oft über Geld und Wert gesprochen, ohne diese Unterscheidung zu einem Problem machen zu müssen. Nun gibt es aber spezifische Fälle, in denen die Unterscheidung getroffen werden muss – dann nämlich, wenn ein Problem auftritt. Ich möchte hier drei Kontexte nennen:

1. In einem ökonomischen Kontext wird die Unterscheidung relevant, wenn sich die Preise von bewerteten Dingen aller Art zu sehr von ihrem realen Wert (was immer das ist) unterscheiden. Dies ist typischerweise bei Spekulationsblasen der Fall.
2. In einem moralischen Kontext wird zwischen Preis und Wert unterschieden, wenn man der Überzeugung ist, dass ein bestimmtes Gut zu teuer oder auch zu billig ist.
3. Beim Betreiben von ökonomischer Theorie fragt man in der Regel nach dem, was »hinter« den Preisen und dem, was »hinter« dem Geld steht.

Diese Frage nach dem »Dahinter« wirft allerdings – zumindest im ökonomietheoretischen Kontext – Probleme auf, ganz einfach gesprochen deswegen, weil wir das Dahinter nicht sehen können. Fragen nach dem, was den Wert ausmacht, sind spekulative Fragen, sie sind nichts, was in einem experimentellen Sinn überprüft werden könnte. Die bloße Unterscheidung von Wert und Geld/Preis ist dabei noch nicht das Problem. Die Schwierigkeit beginnt dort, wo man nicht weiß, was man tut, wenn man dem Wert einen *bestimmten* Inhalt beimisst.

Unstrittig ist, dass es eine im Geld ausgedrückte Einheit gibt, wie auch immer diese Einheit entsteht, ob im Tausch, im Zins oder im religiösen Opfer. Es entsteht ein intersubjektiver Wert, der den getauschten Produkten zugeschrieben wird. Einen solchen Wert als zugrunde liegenden Inhalt des Tausches kannte man bereits in der Antike. Ein berühmtes literarisches Beispiel aus der *Ilias* ist der Tausch der Rüstungen zwischen den beiden Gastfreunden Glaukos und Diomedes; die eine ehern und neun Rinder wert, die andere aus Gold und 100 Rinder wert (auch das ist hinsichtlich des Zwecks einer Rüstung eine Perversion).

Nun ist der Versuch der Bestimmung des Inhalts des Wertes deswegen problematisch, weil es Grenzen gibt, was wir von diesem Wert wissen können, oder anders formuliert: weil unser Wissen vom Wert ein spezielles Wissen ist. Wir haben zum Inhalt des Wertes nur einen spekulativen Zugang, der eine eigene Form des Wissens produziert. Spekulation ist keine Willkür, sie ist methodisch kontrolliert, d.h., sie gehorcht rationalen Kriterien einer Theoriebildung wie dem der Konsistenz, der Übereinstimmung mit beobachtbaren Fakten etc. Sie beinhaltet aber ebenso ein Moment an Unsicherheit, da sie von Sätzen ausgeht, die nicht beweisbar sind. Das heißt wiederum nicht, dass Theorien über den Wert nicht entwickelt werden sollen. Marx' Theorie des Arbeitswertes etwa kann den Mehrwert elegant erklären, auch wenn sie schon nicht mehr erklären kann, warum nur Arbeiter und nicht etwa Kapitalisten diesen produzieren.

Wenn sich aber Wirtschaftswissenschaftlerinnen als Politikberater aufspielen und vorgeben, genau zu wissen, was getan werden muss, dann verletzen sie die Grenzen dieses Wissen. Ähnlich verhält es sich mit Robert Kurz' These einer finalen Krise. Sie ist nur gültig unter der Annahme, dass wir im beweisbaren Sinne wissen, woraus der ökonomische Wert gebildet wird, nämlich in diesem Fall die menschliche Arbeit. Vielleicht kann man diese Situation in gewissem Sinne auch mit der Freud'schen Psychoanalyse vergleichen. Wenn Freud die Erzählungen seiner Patienten auf gewisse Grundmuster zurückführt, dann ist dieses Moment des Zurückführens spekulativ. Der Unterschied zwischen Ökonomie und Psychoanalyse ist der, dass es in der Psychoanalyse (unter Umständen) zu einer Heilung kommt, die wiederum in gewisser Weise die Theorie stützt, aber selbst dies ist kein unumstößlicher Beweis, da der heilende Effekt ja auch im Akzeptieren einer erfundenen Geschichte liegen kann.

Theorien, die nach dem Inhalt des Wertes fragen, stellen sich zwangsläufig das Problem der Unterscheidung von Wesen und Erscheinung, wobei in der Folge die Frage entsteht, wie man vom Wesen zur Erscheinung gelangt. Aber es gibt auch Theorien, die diese Unterscheidung zurückweisen. Ich möchte hier Hegels Theorie des Strafens und Aristoteles' Theorie des gerechten Tausches als gegenläufige Beispiele anführen.

WESEN UND ERSCHEINUNG – EIN ABSTECHER ZU HEGEL UND ARISTOTELES

Die Grundthese der Hegel'schen *Philosophie des Rechts* bezüglich des Zusammenhangs von Verbrechen und Strafe besteht darin, dass das Verbrechen die Strafe begrifflich bereits enthält (Hegel 1821, S. 193). Der Verbrecher erteilt die Zustimmung zur Strafe durch seine Tat (ebd., S. 192), und mehr noch, erst durch seine Strafmündigkeit wird der Verbrecher als Person, d. h. als verantwortlicher Teil des Gemeinwesens anerkannt oder, wie Hegel schreibt, »geehrt« (ebd., S. 191). Diese Straftheorie erkennt die Straftäter als Handelnde an, als freie Personen, und psychologisiert sie nicht. Sie geht von einer Geltung des Rechts aus, der sich alle als freie Personen unterwerfen können. Die Strafe wird dabei als Aufhebung der Verletzung des Rechts verstanden. Sie ist »dem Begriff nach Verletzung der Verletzung« und damit »Wiedervergeltung« (ebd., S. 192). Der Begriff der Verletzung zeigt laut Hegel die Gleichheit im Bereich des Verhältnisses von Verbrechen und Strafe an. Am Verbrecher ist selbst eine Verletzung zu verüben, die den verletzten »Raum des Rechts« wiederherstellt. In Verbrechen und Strafe liegt so eine grundlegende Identität.

Es ist wichtig, zu untersuchen, was diese Identität ausmacht. Hegel betont, dass »aus [der; M. E.] Tat selbst […] der Begriff und der Maßstab der Strafe genommen« werden sollten (ebd., S. 191). Spätestens an dieser Stelle wird aber ein Problem offensichtlich. Hegel selbst sieht es in der »Bestimmung der Gleichheit« (ebd., S. 193). Rhetorisch gefragt: Welche Gleichheit besteht zwischen einer Gefängnisstrafe und einer Körperverletzung? Auf den ersten Blick ist eine solche nicht gegeben; und wenn sie augenscheinlich nicht gegeben ist, muss man an anderer Stelle suchen. Hegel bedient sich dabei eines, man möchte sagen, theoretischen Kniffes. Er schreibt: »[D]ie Gerechtigkeit der Strafbestimmungen nach ihrer qualitativen und quantitativen Beschaffenheit ist aber ohnehin ein Späteres, als das Substantielle der Sache selbst« (ebd.). Auf die Art und Weise der Strafe kommt es Hegel erst einmal gar nicht an, sondern nur auf das »Substantielle der Sache selbst«, und dieses besteht in der angesprochenen bloßen Identität von Verbrechen und Strafe als Verletzung. Hegel muss hier also mit einem »doppelten Boden« operieren, mit einer Unterscheidung von Wesen und Erscheinung. Die *Gleichheit* von Verbrechen und Strafe ist »nicht die Gleichheit in der spezifischen, sondern in der *an sich* seienden Beschaffenheit der Verletzung« (ebd., S. 192). Nur auf der Ebene des »an sich« oder des Wesens, nicht jedoch auf der Ebene der Erscheinung oder der Realität ist eine Gleichheit zu konstatieren. Die Verletzung ist ein *impliziter* Maßstab, der Verbrechen und Strafe zusammenbindet. Interessanterweise gibt Hegel dieser zugrunde liegenden Identität den Namen »Wert«. Er ist für Hegel »das *innere Gleiche* von Sachen«, die »in ihrer Existenz spezifisch ganz verschieden sind« (ebd.; Hervorhebung M. E.).

Auch wenn sich Ökonomie und Recht in vielerlei Hinsicht nicht ähneln, hinsichtlich der Frage nach dem gemeinsamen Inhalt aller getauschten Güter und der Identität von Verbrechen und Strafe lässt sich eine strukturelle Analogie konstatieren. Dass allerdings nicht zwangsläufig auf eine Unterscheidung von Wesen und Erscheinung zurückgegriffen werden muss, um den Zusammenhang von Wert und Geld zu klären, zeigt sich anhand von Aristoteles' *Nikomachischer Ethik*. Aristoteles fragt im 5. Buch des genannten Werkes allgemein nach dem, was Gerechtigkeit ist, und bestimmt sie als die soziale Tugend. Dabei berührt er auch die Frage nach dem gerechten Tausch. Um von einem solchen überhaupt sprechen zu können, müsse eine arbeitsteilige Gesellschaft gegeben sein, in der die handelnden Personen sich als unabhängige Bürger gegenübertreten, die über ihren Besitz frei verfügen können. Unter diesen Prämissen folge die Verteilung der Produkte im Tausch: »Zwischen den Partnern muß […] ein Ausgleich geschaffen werden« (Aristoteles 1969, S. 133).

Es stellt sich die Frage, nach welcher Regel, nach welchem Maßstab die Produkte und Dienstleistungen der Bürger ausgetauscht werden. Das Ergebnis ist gegeben: »Die Erzeugnisse sind […] auszugleichen« (ebd.). Dies erfordert aber die Vergleichbarkeit der Produkte, oder wie Aristoteles schreibt: »[A]lles, was ausgetauscht wird, [muss] irgendwie vergleichbar sein. […] Es müssen sich also alle Dinge durch eine bestimmte Einheit messen lassen« (ebd.). Die zugrunde liegende Einheit im Tausch ist, sobald dieser eine gewisse Regelmäßigkeit entwickelt, ein intersubjektiver Wert, der den getauschten Produkten zugeschrieben wird. Doch die entscheidende Frage ist die nach dem Inhalt des Wertes. Aristoteles argumentiert in einer Weise, die zum einen an die oben genannte Hegel'sche Doppelstruktur erinnert, auf der anderen Seite diese aber nicht als Lösung eines Problems anbietet, sondern sie vielmehr in ihrem problematischen Gehalt bewahrt. Wenn bei Hegel die Identität von Verbrechen und Strafe in der Wiedervergeltung, der doppelten Verletzung, bestand, so scheint im ökonomischen Bereich der Bedarf oder das Bedürfnis diese Rolle zu spielen. Aristoteles fährt, die Frage nach der gemeinsamen Einheit der zu tauschenden Produkte beantwortend, fort: »Nun, diese Einheit ist in Wahrheit der Bedarf; er hält alles zusammen« (ebd.). Ohne den Bedarf an Produkten, die man selbst nicht herstellt, gäbe es keinen Tausch und damit auch keine Gleichheit. Aristoteles präzisiert diese Aussage aber noch einmal: »Daß so sehr verschiedene Dinge [wie die verschiedenen Produkte; M. E.] in Wahrheit durch ein gleiches Maß meßbar werden, ist allerdings unmöglich, doch im Hinblick auf die Bedarfsfrage läßt es sich ausreichend verwirklichen« (ebd., S. 135).

Der Ausgangspunkt von Hegel und Aristoteles hat in der uns interessierenden Hinsicht eine gleiche Struktur. Man könnte in beiden Fällen von einer wesentlichen Gleichheit und der davon unterschiedenen Erscheinung sprechen. Aristoteles wählt diese theoretische Lösung aber nicht, wie das letzte Zitat zeigt. Die existierenden Dinge sind für ihn an sich ungleich, nicht gleich. Gleich sind sie, weil sie getauscht werden; sie werden im Tausch *gleich gemacht*. Eine reale Gleichheit aber, eine Gleichheit nach allen Qualitäten, gibt es nicht – gäbe es sie, wäre gar kein Tausch nötig, dann verfügte man bereits über das begehrte Produkt. Der Bedarf ist weniger das Wesen als vielmehr die notwendige Bedingung des Tausches. Ich denke, man kann die aristotelische Lösung als Reflexion der Schwierigkeit der oben genannten Theorien verstehen, die seit Hegel den Namen Spekulation trägt. Im strengen Sinne beweisbar ist die Angabe eines Inhalts des Wertes nicht, wir können darüber nur (methodisch kontrolliert) spekulieren.

Ein zweiter Aspekt der aristotelischen Theorie, der hier aber nur am Rande erwähnt werden soll, ist der, dass das Geld eine größere Bedeutung gewinnt. Die Gleichheit der Dinge entsteht praktisch erst im Tausch und wird durch die Existenz des Geldes auf Dauer gestellt. Das Geld ist nicht mehr der neutrale Ausdruck einer naturgegebenen Einheit, sondern es zwingt in seiner Benutzung die Dinge immer wieder zusammen. Ohne das Geld gibt es diese Einheit nicht, auch wenn es selbst nicht die Einheit ist. Es kann das, was der Bedarf, die Arbeit oder alle anderen Kandidaten einer Wertsubstanz allein nicht vermögen. Es ist, so Aristoteles, »eine Art austauschbarer Stellvertreter des Bedarfs« (ebd., S. 133). »[E]s wird in gewissem Sinn zu einer Mittelinstanz, denn alles läßt sich an ihm messen, auch das Zuviel also und das Zuwenig, wie viele Schuhe denn etwa einem Haus oder Nahrungsmitteln gleichwertig sind« (ebd.). Erst durch das Sein des Geldes als Messinstrument werden die Dinge gleich. »Geld ist also jenes Ding, das als Wertmesser Meßbarkeit durch ein gemeinsames Maß und somit Gleichheit schafft« (ebd., S. 135). Die Gleichheit stellt sich erst im Nachhinein ein. Dadurch, dass ein gemeinsames Maß geschöpft wird, werden die Dinge allgemein miteinander verglichen und schließlich auch gleichgesetzt.

Die Gerechtigkeit in der Ökonomie

Nach diesem methodischen Zwischenruf wende ich mich wieder der Diskussion um den gerechten Tausch und die gerechte Verteilung zu. Es ist zu betonen, dass die Diskussion über den gerechten Tausch bzw. den gerechten Preis im Alltag selten reale Auswirkungen hat. Die Preise werden in aller Regel nicht nach Gerechtigkeitsvorstellungen gebildet, sondern sind für die Einzelnen »immer schon da«. Welche theoretischen Modelle man auch benutzt, um ihre Bildung zu erklären, der oder die Konsument/-in kann an ihnen nichts ändern, er bzw. sie kann sich nur nach dem besten Preis umsehen oder eben nicht kaufen.

»Gerechte Preise« können aber von Produzentenseite gebildet werden, etwa im Falle des sogenannten »fairen Handels«. Hier ist ein Verständnis der Konsumenten erforderlich, bzw. die Bereitschaft, den angemesseneren Lohn, den die Arbeiter in diesem Falle bekommen, auch als Gebrauchswert zu schätzen. Gerechtere Preise können auch von Staatsseite implementiert werden – indem Kosten, etwa Umweltkosten, den Unternehmen auferlegt werden, die sie dann wiederum an die Konsumenten weitergeben. Eine Diskussion um gerechte Preise wie auch um eine gerechte Verteilung, zu der ich nun komme, ist aber immer ein Stück weit utopisch, da sie eine Handlungsfreiheit in einem Praxisfeld voraussetzt, in dem es heute keine oder eine nur beschränkte Handlungsfreiheit gibt. Die Versuche, die Preisbildung gerechter zu gestalten, sind Ausnahmen.

Bei der Diskussion um die Gerechtigkeit in der Verteilung gehe ich von Marx und dessen Arbeitswertbegriff aus. Auch wenn der Arbeitswert als Grundlage der kapitalistischen Ökonomie akzeptiert ist, stellt sich immer noch die Frage, ob er auch der gerechte Maßstab der Verteilung ist. Marx behandelt dieses Problem in der *Kritik des Gothaer Programms*. Der Fall der Verteilung der Güter durch eine – wie auch immer eingerichtete – zentrale Instanz ist verschieden vom Fall des Tausches unter Privatpersonen. Die Grenze zwischen dem, was ein Gemeinwesen zu verteilen hat, und dem, was in der Freiheit der einzelnen

Individuen liegt, also getauscht werden kann, ist historisch kontingent und wird auf dem Feld der politischen Auseinandersetzung entschieden (vgl. Castoriadis 1975, S. 246). Wesentliche Auseinandersetzungen drehen sich exakt um jene Grenze. Man denke an den immer wieder aktuellen Streit zwischen Liberalismus und Sozialdemokratie um den Einfluss des Staates in bestimmten Lebensbereichen. Auch die klassische Bestimmung des Kommunismus, wonach die Produktionsmittel in die Hände der Arbeiterklasse (also des Gemeinwesens) übergehen sollen, und die Verteidigung der Liberalen, dass eben genau dies nicht funktioniere, argumentieren entlang dieser Grenze.

Fragt man nun nach der richtigen Verteilung, so ist fast unmittelbar ersichtlich, dass die Arbeit nicht das einzige Kriterium sein kann. Auch bei einer gesellschaftlichen Verteilung des Reichtums unter der Ägide der Arbeitsleistung muss etwas vom Ertrag der einzelnen Individuen abgezogen werden, sei es aus Gründen der Verwaltung, der Wohlfahrt für Kinder, Alte und Kranke etc.

Der wichtigere Punkt ist aber, dass Marx den angenommenen gültigen Maßstab, die geleistete Arbeit, selbst zum Problem macht. Das Problem liegt schon in der Gleichbehandlung der Individuen als solcher; es ist zwar gerechter als das bisherige, es

> »erkennt keine Klassenunterschiede an, weil jeder nur Arbeiter ist wie der andre; aber es erkennt stillschweigend die ungleiche individuelle Begabung und daher Leistungsfähigkeit der Arbeiter als natürliche Privilegien an. *Es ist daher ein Recht der Ungleichheit, seinem Inhalt nach, wie alles Recht«* (Marx 1875, S. 21).

Recht, das sich an einem einzelnen, abstrakten Maßstab orientiert, bietet keine volle Gerechtigkeit. Er ist nie in der Lage, die gesamte Situation oder den »ganzen Menschen« in die Gerechtigkeitsüberlegung einzubeziehen. Die durch den Maßstab gestiftete Gleichheit entspricht nicht denen, die ihr unterworfen werden. Die Individuen werden gleichgemacht, anstatt ihnen gemäß behandelt zu werden. Marx fasst noch einmal zusammen:

> »Das Recht kann seiner Natur nach nur in Anwendung von gleichem Maßstab bestehn; aber die ungleichen Individuen (und sie wären nicht verschiedne Individuen, wenn sie nicht ungleiche wären) sind nur an gleichem Maßstab meßbar, soweit man sie unter einen gleichen Gesichtspunkt bringt, sie nur von einer *bestimmten* Seite faßt, z. B. im gegebnen Fall sie *nur als Arbeiter* betrachtet und weiter nichts in ihnen sieht, von allem andern absieht. [...] Um alle [...] Mißstände zu vermeiden, müßte das Recht, statt gleich, vielmehr ungleich sein« (ebd.).

Hier ist die Schwierigkeit in aller Klarheit benannt. Das abstrakte Recht, die alleinige Berücksichtigung des Arbeitswertes, kann keine wahre Gerechtigkeit stiften. Solange die Verteilung in der Anwendung eines abstrakten Maßstabes, einer allgemeinen Regel besteht, berücksichtigt sie nicht die ganze Situation, das ganze Individuum.

Ich werde nun zum Abschluss noch zwei Möglichkeiten diskutieren, dem Dilemma des abstrakten Maßstabes zu entkommen. Diese sind die »proportionale Gleichheit« und die »Billigkeit« oder »Angemessenheit«.

DIE PROPORTIONALE GLEICHHEIT UND DIE BILLIGKEIT

Die Ausführungen von Marx zeigen, dass die volle Gerechtigkeit nicht in einer abstrakten Gleichheit der Personen, ihre Bewertung nicht unter einem Maßstab (sei es der der Arbeit oder ein anderer) bestehen kann. Um den einzelnen Individuen gerecht zu werden, muss eine Vielzahl von Faktoren berücksichtigt werden. Man kann diese Situation formalisieren. Ein solcher Versuch liegt bereits in der *Nikomachischen Ethik* vor. Das Gerechte im Tausch wie auch in der Verteilung wird von Aristoteles als Verhältnis von vier Termen bestimmt. Dieses Verhältnis bezeichnet er als »proportionale Gleichheit« oder »geometrische Proportionalität«. Aristoteles schreibt: »Also muß das Gerechte eine Mindestzahl von vier Gliedern aufweisen, denn die Menschen, für die es das Gerechte darstellt, sind zwei, und die Dinge, an denen es in Erscheinung tritt – die (zu verteilenden) Objekte –, sind zwei« (Aristoteles 1969, S. 126).

Mit heutigen Mitteln kann man diese Überlegung durch eine Verhältnisgleichung ausdrücken. »Mensch A verhält sich zu Produkt B wie Person C zu Produkt D.« Oder:

$$\frac{\text{Person A}}{\text{Produkt B}} = \frac{\text{Person C}}{\text{Produkt D}}$$

Gerechtigkeit wäre also hergestellt, wenn die vier Terme im richtigen Verhältnis zueinander stünden, wenn zwischen ihnen eine Gleichheit hergestellt wäre. Für den oben diskutierten Fall der Verteilung der Güter nach den geleisteten Arbeitsmengen würde der Fall so aussehen:

$$\frac{\text{Arbeitsleistung Person A}}{\text{Gütermenge B}} = \frac{\text{Arbeitsleistung Person C}}{\text{Gütermenge D}}$$

Die Personen sind hier grundsätzlich gleich bewertet, unterschieden werden sie nur hinsichtlich ihrer Arbeitsleistung. Gefragt wird nach der Gütermenge. Produziert Clara (Person A) die doppelte Zeit von Paul (Person C), etwa acht Stunden im Vergleich zu vier Stunden, dann »wiegt« Clara doppelt so viel wie Paul, was sich folgendermaßen ausdrückt:

$$\frac{8 \text{ Stunden Arbeit Clara}}{2 \text{ x Gütermenge}} = \frac{4 \text{ Stunden Arbeit Paul}}{1 \text{ x Gütermenge}}$$

Im Ergebnis erhält Clara die doppelte Gütermenge von Paul. Die Frage ist nun: Ist diese formale Bestimmung der Gerechtigkeit im Austausch wie im Tausch befriedigend? Zwei Probleme erscheinen mir zentral. Das erste betrifft die jeweilige Bewertung der einzelnen Faktoren. Niemand kann wirklich sagen, was – um beim Marx'schen Beispiel zu bleiben – die wirkliche Arbeitsmenge der Personen ist, ebenso ist die Bewertung der Güter kompliziert. Es ist nicht einmal klar, wie sie sich überhaupt quantifizieren lassen sollen, wenn nicht auf das Geld und die Preise zurückgegriffen wird, also den Fakt, dass die Güter heutzutage immer schon quantifiziert sind. Zum Zweiten stellt sich die Frage, welche Faktoren in die Gleichung eingehen sollen. Nimmt man das Marx'sche Kriterium ernst, wonach das ganze Individuum in allen seinen Facetten einbezogen werden soll, sind die Faktoren potenziell unendlich. Es wäre dann gar keine Gleichung mehr aufstellbar. Immerhin ist es aber vielleicht möglich, hier so etwas wie eine hinreichend gute Gerechtigkeit herzustellen, indem alle Kriterien einbezogen werden, die uns wichtig sind. Das Problem der angemessenen Quantifizierung bleibt aber bestehen.

Neben der Formalisierung des Problems der Gerechtigkeit bietet sich noch ein zweiter Ausweg an – die Billigkeit. Aristoteles diskutiert sie am Recht, sie ist aber auch anwendbar auf andere Praxisfelder. Die Grundüberlegung ist dabei, dass der Maßstab, der Gerechtigkeit garantieren soll, in immer der falsche ist, denn er ist abstrakt und allgemein. Es muss also eine Korrekturinstanz geben, die den allgemeinen Maßstab auf die konkrete Situation anzuwenden in der Lage ist. Bei der Formalisierung wäre das die Hinzufügung immer neuer Faktoren zur Gleichung. Hier ist die Korrekturinstanz die Billigkeit.

Ein Gesetz muss allgemein gefasst sein, denn es soll situationsübergreifend Anwendung finden. In dieser Allgemeinheit liegt die Notwendigkeit, dass es den Einzelfall, die ganze Situation, nie antizipieren kann. Das Gesetz ist gegenüber der »Fülle dessen, was das Leben bringt«, unzulänglich. Insofern ist es ungerecht, wie wir schon an Marx' *Kritik des Gothaer Programms* nachvollziehen konnten. Ohne allgemeine Maßstäbe der Beurteilung, ohne Gesetze in diesem Sinn, kommen wir aber nicht aus. Zu korrigieren ist der Fehler des Gesetzes in der Praxis der Rechtsprechung, »der Richter [versucht,] diese Form des Ungerechten [...] auszugleichen« (Aristoteles 1969, S. 129). Der ideale Richter begreift die Gesetze als notwendig unzureichend für die Beurteilung einer Situation, da sie gerade nicht situativ, sondern allgemein sind. Für die Beurteilung der Situation kann es nun aber nicht wieder neue Maßstäbe geben, allenfalls Richtlinien und vor allem: Erfahrung. Diese ist nicht mehr in eine Formel zu pressen. Ich gebe zwei Beispiele: Das erste ist zugegebenermaßen populistisch. Wenn heutzutage Kündigungen wegen des Diebstahls von Brötchen ausgesprochen werden und diese vor Gericht Bestand haben, dann treten Richter nicht mehr in ihrer Funktion auf, die Gesetze angemessen bzw. billig anzuwenden, sondern sie werden zu »Paragraphenautomaten«, wie Max Weber das nennt. Sie exekutieren blind eine allgemeine Regel, nämlich die der Verurteilung des Diebstahls. Interessant wäre wohl der Fall, wenn alle, die solche Bagatelldiebstähle schon einmal begangen haben, entlassen werden würden. Es gäbe dann wohl keine Richter mehr, die noch Klagen beurteilen könnten. Das zweite Beispiel entstammt der Psychologie. Das Verhältnis von Recht und Billigkeit kann mit dem Verhältnis von Diagnose und Therapie verglichen werden. Eine Diagnose muss allein aus Gründen der Abrechnung bei der Krankenkasse notwendigerweise allgemein sein, der einzelne Fall passt aber niemals in das Raster der diagnostizierten Krankheit. Eine erfolgreiche Therapie kann dementsprechend auch nicht einfach aus der blinden Anwendung des von der Diagnose vorgegeben Weges bestehen, sondern muss die konkrete Situation des Patienten berücksichtigen.

Es gibt allerdings zwei wesentliche Schwierigkeiten, die die Idee der Billigkeit in der Ökonomie betreffen. Die eine betrifft die Explikation jener geistigen Instanz, die für die Billigkeit sorgt. Das ist die Urteilskraft, die eben darin besteht, die ganze Situation angemessen zu bewerten. Es ist schwierig, mehr als eine tautologische Bestimmung dessen anzugeben, was die Urteilskraft auszeichnet. Welche Kriterien sind es, die für eine gute Urteilskraft sorgen, und welche, die eine solche verhindern? Die zweite Schwierigkeit liegt in der Frage, wer bei der Verteilung ökonomischer Güter Richter sein soll. Welcher Institution kann man eine solche Urteilskraft zutrauen?

Literatur

Aristoteles (1969): Nikomachische Ethik. Stuttgart (Reclam).
Castoriadis, Cornelius (1975): Wert, Gleichheit, Gerechtigkeit, Politik. Von Marx zu Aristoteles und von Aristoteles zu uns. In: Ders. (1983): Durchs Labyrinth. Seele, Vernunft, Gesellschaft. Frankfurt a.M. (Suhrkamp), S. 221–276.
Galiani, Ferdinando (1751): Über das Geld. In: Tabarelli, Werner (1999): Ferdinando Galiani »Über das Geld«. Düsseldorf (Verlag Wirtschaft und Finanzen), S. 79–411.
Hegel, Georg Wilhelm Friedrich (1821): Grundlinien der Philosophie des Rechts oder Naturrecht und Staatswissenschaft im Grundrisse. In: Ders. (1970): Werke. Band 7. Frankfurt a.M. (Suhrkamp).
Hess, Moses (1845): Über das Geldwesen. In: Ders. (1980): Philosophische und Sozialistische Schriften 1837–1850. Eine Auswahl. Berlin (Akademie), S. 329–347.
Marx, Karl (1844a): Auszüge aus James Mills Buch »Elémens d'économie politique«. In: Marx, Karl & Engels, Friedrich (1969): Werke. Ergänzungsband 1. Berlin (Dietz), S. 443–464.
Marx, Karl (1844b): Ökonomisch-philosophische Manuskripte aus dem Jahre 1844. In: Marx, Karl & Engels, Friedrich (1969): Werke. Ergänzungsband 1. Berlin (Dietz), S. 465–590.
Marx, Karl (1859): Zur Kritik der Politischen Ökonomie. In: Marx, Karl & Engels, Friedrich (1981): Werke. Band 13. Berlin (Dietz), S. 3–160.
Marx, Karl (1875): Kritik des Gothaer Programms. In: Marx, Karl & Engels, Friedrich (1962): Werke. Band 19. Berlin (Dietz), S. 11–32.

Geld gegen Strich

Über die Kunst der Ware, scheinbar keine zu sein

Sonja Witte

In der Leipziger Volkszeitung vom 12.04.1908 wird berichtet,

> »daß ein protestantischer Geistlicher Kirchenexamen mit seinen Konfirmanden abhält. […] Der Pastor beginnt eben das Wort Christi zu sagen: ›Wachet und betet, damit ihr nicht in Anfechtung fallet‹ und fordert ein Mädchen auf, das Weitere zu sagen. Sie platzt mit: ›denn der Geist ist willig, aber das Fleisch ist teuer‹ heraus. […] Der Vorstellungsweg, der zum Resultat der Fehlleistung führt, ist klar: Fleisch – Sinnesgenuß, man wird dafür noch bezahlt – das Fleisch ist teuer. […] Die Kleine hat in ihrem Satz weniger ihre Vertrautheit mit dem Kleinhandelpreis verschiedener Fleischgattungen verraten […], viel eher ihr Wissen um die Prostitution« (Reik 1978, S. 217).

Darüber hinaus zeigt sich das Wissen des Mädchens um die Logik des kapitalistischen Tauschaktes: Es kann nicht mit rechten Dingen zugehen, wenn es so wäre, dass man für den Sinnesgenuss auch noch das Geld quasi gratis dazubekommt. Normalerweise heißt es im Tausch: Wer etwas bekommt, muss auch etwas Gleichwertiges hergeben – Geld gegen Ware und Ware gegen Geld.

Der Tausch von Geld gegen Körper ist das Hauptthema des mexikanischen Künstlers Santiago Sierra – nicht nur Thema, sondern vielmehr das Grundprinzip vieler seiner Performances, die nach folgendem Muster ablaufen: Sierra kauft menschliche Körper als Arbeitskraft, die in einem Handlungsablauf verausgabt wird. Die Handlungsabläufe sind von ihm vorgegeben und schriftlich in Konzepten festgehalten. Ausgestellt werden meistens die während der Performances gemachten Schwarz-Weiß-Fotos (zusammen mit dem verschriftlichten Konzept), teilweise ist das Publikum direkt bei den Aktionen anwesend oder diese haben Spuren in Galerien hinterlassen. Auf die zeitweise Empörung der Kunstkritik, die sich meist an der Art der gekauften Arbeit – wie z. B. dem Masturbieren vor laufender Kamera in *Zehn Personen, die dafür bezahlt werden zu masturbieren* aus dem Jahr 2000 – entzündet, entgegnet er:

> »Ich folge nur den allgemein akzeptierten Regeln der Gesellschaft. Ich kaufe Menschen und zahle ihnen die in ihrem Land üblichen Löhne. [...] [N]icht das Moment der Produktion ist erniedrigend, sondern das System der Entlohnung. Wir finden es nicht beschämend zu masturbieren, dafür zu bezahlen aber schon. Vom Standpunkt der entlohnten Person ist es egal, ob es um Produktion von Samen oder von Schrauben geht« (Sierra/Schneider 2004, S. 30).

Viele seiner Arbeiten seit dem Ende der 1990er Jahre thematisieren die mit Lohnarbeit verbundene Erniedrigung der Subjekte in Verbindung mit einer Kritik an der »Kunstwelt«, die Sierra zufolge ignoriere, dass auch die Kunst Teil des auf Ausbeutung und Folter basierenden kapitalistischen Systems sei.

In dem Werk *160 cm lange Linie auf vier Personen tätowiert* (2000) lautet das Konzept:

> »Vier heroinsüchtige Prostituierte gaben für einen Schuss Heroin ihre Zustimmung, sich tätowieren zu lassen. Für Fellieren verlangen die Prostituierten normalerweise 2000 bis 3000 Peseten, also zwischen 15 und 17 Dollar, während der Preis für einen Schuss Heroin bei 12.000 Peseten liegt, was ungefähr 67 Dollar entspricht« (ebd., S. 94).

An die Stelle der traditionellen Malerei tritt die Nutzung des Körpers als Staffelei. Der Künstler trägt die Farbe nicht auf eine Leinwand auf, hier wird die Haut selbst zur Bildfläche – und es wird nicht nur auf die Haut aufgetragen, sondern die Farbe wird in die Haut eingelassen. Der Tausch Geld gegen Strich hinterlässt seine Spuren am Körper, dieser wird verletzt und gekennzeichnet, mit einem krummen Strich verunziert, anstelle des Streichens eines Pinsels auf Stoff oder Holz wird ein Schnitt in Haut gesetzt – der Tausch Geld gegen Körper verspricht hier kein doppeltes Glück wie in der Fehlleistung der Konfirmandin. Sierra formuliert in der Gleichsetzung von

Ware und Kunstwerk mit – durch den Tausch initiierter – Verausgabung von »Hirn, Muskel und Nerv« (Marx) die Einheit von Kunst und gesellschaftlicher Realität der Ausbeutung.

Im Folgenden werde ich dieser Positionierung Sierras hinsichtlich der Bedeutung der ästhetischen Form in seinen Werken nachgehen und diese »spezifischen Objekte« von Donald Judd aus den 1960er Jahren gegenüberstellen. Die spezifischen Objekte und die Performances von Sierra nehmen gegenteilige Stellungnahmen zu dem Verhältnis von Werk, Form und Wirklichkeit ein: Während bei Sierra das Werk zeigt, dass ästhetische Form von der kapitalistischen Realität kontaminiert und ihre (behauptete) Abstinenz eine ideologische Fassade ist, die seine Aktionen als eine solche enttarnt, sperren sich die spezifischen Objekte Donald Judds gegen jegliche Bezugnahme auf die empirische Wirklichkeit und konzentrieren sich ganz auf die Auseinandersetzung mit ästhetischen Kategorien. Hier geht es um die Darstellung der Form um der Form willen, die sich als Kontrapunkt zum Empirischen versteht – Sierra hingegen stellt dar, dass zwischen ästhetischer Form und Warenform nicht zu unterscheiden sei, sondern dass das Kunstwerk »von dieser Welt« ist. In beiden Fällen zeigt sich – spiegelverkehrt – am Problem der Form meines Erachtens der Gedanke Adornos, das Gelingen eines Kunstwerks führe ein Moment seines Scheiterns mit sich. Weder die totale Flucht in noch aus der Form gelingt ... Unter Rückgriff auf Reiks Darstellung des Indizes als unheimlicher Kippfigur zwischen dem Glauben an die Allmacht der Gedanken und der Rückführung auf reale Tatsachen interpretiere ich im Folgenden Sierras Aktionen als kriminalistische Untersuchung des »ungelösten Falles« der Form von Judds spezifischen Objekten. Für Reik führt der Indizienbeweis, die Rückführung auf Tatsachen zwecks Aufklärung, zugleich die unbewusste – und unheimliche – Vorstellung mit sich, eine unsichtbare Macht habe »spurlos« ein Verbrechen verübt. Freud aufnehmend, der in der Kunst ein Relikt des magischen Glaubens an die Allmacht der Gedanken sieht, werde ich an der jeweils gegensätzlichen Verwendung der Form bei Judd und Sierra zeigen, inwiefern die Spannung zwischen Ästhetischem und Außerästhetischem den »Mucken« der sinnlich-übersinnlichen Ware nicht unähnlich ist, beide aber doch nicht dasselbe sind. Darin – so hoffe ich, zeigen zu können – bewahrheitet sich der Sinn im Unsinn der Konfirmandin, nämlich, dass in diesen Fällen der Tausch nicht ganz aufgeht.

Kunst ist Arbeit: Santiago Sierra

Ich beginne mit *Losgebrochene, in einem Winkel von 60 Grad zum Boden geneigte und von fünf Personen gehaltene Wand einer Galerie*. Das Konzept lautet:

> »In einer Galerie wurde eine Gipskartonwand losgebrochen. Fünf Arbeiter stellten sich als Stützen zur Verfügung, um die Wand an fünf Tagen jeweils vier Stunden lang in einem Winkel von 60 Grad zu halten. Vier stützten die Wand, während einer Acht gab, dass der Neigungswinkel stimmte. Jeder Arbeiter bekam für die fünf Tage 700 Pesos bezahlt, was etwa 65 Dollar entspricht« (Sierra/Schneider 2004, S. 112).

Man stelle sich vor, man betritt zum Zeitpunkt der Aktion die Galerie, ohne zu wissen, dass hier eine Performance stattfindet. Vermutlich würde man die Galerie in der Annahme, es fänden Renovierungsarbeiten statt, schnell wieder verlassen. Wenn man hingegen die Galerie mit dem Wissen betritt, dass hier eine Kunstperformance stattfindet, aber *ohne* das Prinzip von Sierras Arbeiten zu kennen, so würde man die Szenerie vermutlich zunächst als eine Art Installation mit lebenden Elementen auffassen. Erst das schriftliche Konzept macht klar, was hier zu sehen ist: Es handelt sich hier nicht entweder um Kunst *oder* bezahlte Tätigkeit, sondern um Kunstmachen *als* Arbeit. Das Geld als Bestandteil der Aktion verändert die Bedeutung des Sichtbaren – im Verstehen der Performance verbindet sich Ästhetisches mit Außer-, Nichtästhetischem. Die Installation steht nur so lange, wie die Arbeiter nach festgelegtem Stundenlohn bezahlt werden. Sie besteht aus lebendiger Arbeitskraft und der Wand. Der Neigungswinkel von 60 Grad ist eine Anordnung, der aus finanziellen Gründen gefolgt wird. Der Kunstraum dient nicht als neutraler Container für in ihm ausgestellte künstlerische Objekte, sondern die Galerie ist mit einem Teil ihrer Wand in die Installation integriert. Die Wand dient nicht dazu, die Kunst vor der äußeren Welt zu schützen und abzuschirmen. Aus ihr wurde ein Teil herausgebrochen – die Abgrenzung zum Außerhalb der Kunstwelt ist defekt. Der gekippte Teil der Wand ist Teil der durch den Tauschakt Geld gegen die Nutzung des Körpers als Arbeitskraft konstituierten Ware Kunstwerk.

Erkennungsmerkmale von Sierras Arbeiten sind eine reduzierte Formensprache und die Wiederkehr von ihm festgelegter Regeln und Abläufe. Er knüpft dabei an unterschiedliche Strömungen zeitgenössischer Kunst an, an die Performance- und Conceptart der 1970er und am Minimalismus der 1960er Jahre. Die Referenz auf den Minimalismus zeigt sich z. B. in der Knappheit der Titel und schriftlichen Anweisungen zu den Performances und in der Einteilung in Maßeinheiten wie Arbeitsstunden, Höhe des Lohnes, Anzahl der mitwirkenden Personen, Gewicht von verwendetem Material etc. Je reduzierter, so Sierra, die künstlerische Vorgehensweise ist, desto stärker tritt die sozialpolitische Aussage seines Werkes in den Vordergrund, die auf eine emotionale Wirkung abzielt, auf eine moralische Schockwirkung. »[N]ichtkomplexe Formen lassen sich ausgezeichnet handhaben, machen wenig Lärm und unterstreichen die Einstimmigkeit des Werks« (ebd., S. 34). In der angestrebten Einstimmigkeit des Werkes besteht eine Gemeinsamkeit mit dem frühen Minimalismus. Hier gilt das Prinzip, dass alles am Werk in gleicher Weise auf das Ganze des Werkes bezogen wird, kein Part soll von sich behaupten können, aus weniger starken Gründen an seiner Stelle zu sein als die anderen, alles steht in gleichem Verhältnis zum Ganzen des Werkes, Ornamente sind verboten. Sierra übernimmt dieses insofern, als jedes Element der Performance auf das Ganze des Tauschvorganges bezogen ist. Und wie in minimalistischen Werken sind diese mit einem Blick zu erfassen, die Suche nach unentdeckten Stellen ist zwecklos, es geht um Transparenz. Ebenso folgen Sierras Arbeiten einem streng logischen Aufbau, der dem Rezipienten/der Rezipientin möglichst transparent gemacht wird. Unterstrichen wird die Bezugnahme auf den Minimalismus von Sierra außerdem durch die signalhafte Verwendung von reduzierten, abstrakten, formalen Elementen: einfarbige Flächen (wie die Wand der Galerie), Striche (wie sie auf Rücken tätowiert werden), rechteckige Formen wie in der Aktion *12 gegen Bezahlung in Kartons ausharrende Arbeiter*, in denen zwölf Arbeiter 50 Tage lang vier Stunden täglich in rechteckige Kartons gepackt wurden, die besichtigt werden konnten.

VON FORM BESESSEN: DONALD JUDDS SPECIFIC OBJECTS

Donald Judd gilt als einer der ersten Hauptvertreter des Minimalismus, obgleich er selbst sich immer gegen diese Zuordnung gewehrt hat, mit den Worten: »Ich mache nur spezifische Objekte.« Die Abstraktheit der Objekte steht im Gegensatz zu Sierras konkretistischen Performances. Judds spezifische Objekte sind Erkundungen von Kunst als Form. Mit diesen ist er berühmt geworden, sein Ausgangspunkt aber war die Malerei. Zu Beginn der 1960er Jahre ging es zunächst um die Einführung realer Dreidimensionalität in den zweidimensionalen Bildraum. Indem er auf rechteckige Flächen dreidimensionale Objekte setzte, thematisierte er das Verhältnis von zweidimensionaler Bildfläche und realer räumlicher Tiefe – wie etwa eine schwarze Fläche und eine auf ihrer Mitte angebrachte Backform aus dem Jahr 1961, ohne Titel. Es handelt sich offensichtlich um ein Bild – aber nicht um ein Bild *von* einer Backform, sondern es befindet sich hier *wirklich* eine dreidimensionale Backform auf einer zweidimensionalen Fläche. Backform und Bildfläche grenzen sich scharf voneinander ab; während das Schwarz der rauen, strukturierten Bildfläche das Licht absorbiert, reflektiert das Licht auf der in den Raum hineinragenden Metalloberfläche. Der Rahmen des Bildes ist in diesem Fall nicht die Umrahmung eines virtuellen Raumes, die Ränder des Rechteckes sind nicht Fenster zu einer illusionären Welt. Das, was sich innerhalb des Rahmens befindet, ist das, was es ist: eine Backform. Sie wird nicht repräsentiert, sondern ist präsent.

Judds Credo ist die Ablehnung von Illusionismus in zweifacher Hinsicht: Erstens geht es nicht um eine Darstellung von Dingen, die wo- oder wann anders auffindbar waren oder wären – das Objekt soll nicht an ein anderes Ding außerhalb des Bildes erinnern, nicht etwas Vorfindbares nachahmen. Eine gemalte Backform würde auf einer zweidimensionalen Fläche ein dreidimensionales Objekt außerhalb des Bildes imitieren. Es geht auch nicht um symbolische Darstellung: Bei Judd ist eine Kiste eine Kiste und nicht die Nachahmung einer Schatzkiste, eines Sarges, einer Musikbox oder Ähnlichem – die Backform ist keine Reminiszenz ans Backen und verhandelt nicht die Bedeutung der Herstellung von Kuchen, sondern die Backform konfrontiert mit ihrer räumlichen Tiefe die Zweidimensionalität des Bildes.

Es geht zweitens um die Vermeidung von optischem Illusionismus überhaupt. In der Reduktion der Anlehnung an reale Objekte erreicht abstrakte Malerei mittels Farbe und Form optische Tiefe auf einer zweidimensionalen Fläche – Judd geht weiter und konkretisiert mit der Backform reale Tiefe auf der Fläche.

Die Frage der Konstitution realen optischen Raumes radikalisiert Judd in seinen dreidimensionalen Objekten. *Untitled 1962* ist Judds zweites frei stehendes Objekt, bestehend aus zwei rot gestrichenen, rechtwinklig zueinander ausgerichteten Holzflächen mit Löchern, in die ein schwarzes, um neunzig Grad gebogenes Rohr eingelassen ist. Rückblickend erinnert sich Judd, er sei mehr zufällig auf die drei Elemente in seinem Atelier gestoßen und wusste zunächst nicht, was er damit anstellen sollte. Zunächst hätte er den Eindruck gehabt, es gäbe eine unübersichtliche Anzahl von Möglichkeiten, die Materialien anzuordnen. Über das Zusammenfügen der Teile zu den ersten Objekten sagt er: »I was puzzled by them [...]. I had made what I wanted« (zit. n. Serota 2004, S. 15).

Untitled 1962 verhandelt Offen- und Geschlossenheit als konstitutive Bedingungen von Raum. Die zwei Holzflächen, zum rechten Winkel angeordnet, ergeben keine klare Definition von Innen und Außen. Der Übergang zwischen dem Innenraum und dem Außenraum des rechten Winkels ist fließend. Das schwarze Rohr verfügt hingegen über einen klar zum Außen abgegrenzten Innenraum. Damit wird ein räumlicher Gegensatz von Offenheit und Geschlossenheit konkretisiert. Die Anordnung des Rohres stellt zugleich Offenheit und Geschlossenheit des Raumes her: Es führt durch den halb geöffneten Raum zwischen den rechtwinkligen Flächen einen runden, abgeschlossenen Innenraum ein. Das Rohr verbindet durch seinen Winkel von 90 Grad die zwei Tafeln. Das Rohr definiert damit einen Innenraum innerhalb des Zwischenraums der Flächen und mündet zugleich an der Rückseite der Holzflächen in den offenen äußeren Bereich des rechten Winkels. In der Verbindung von Löchern und Rohr wird ein Zusammenhang zwischen der Rück- und Vorderseite des rechten Winkels geschaffen und zwischen dem dreidimensionalen Raum und der zweidimensionalen Fläche wird offener und geschlossener Raum konstituiert. Die Fundsachen aus dem Atelier von Judd hatten, indem sie ihn gepuzzelt hatten, ergeben, was er wollte: eine Anordnung, die einen logischen Zusammenhang zuvor unabhängiger Materialelemente ergibt. Die Teile ergeben einen Zusammenhang, welcher durch strenge Gegensätze definiert ist.

An einem weiteren Objekt, *Untitled 1963*, wird ein anderer, mit der Konstitution von Raum zusammenhängender Aspekt von Judds Objekten deutlich: die Stillstellung von Zeit. Im Gegensatz zu *Untitled 1963* geben die Maserung des Holzes und die Astlöcher bei *Untitled 1962* noch einen Hinweis auf Gewordenes. *Untitled 1963* verbirgt die Gleichmäßigkeit und der nichttransparente Auftrag roter Farbe auf dem Sperrholz die Vorgeschichte des Materials. In der Nichtsichtbarkeit der Maserung als Hinweis auf Gewachsenes, Gewordenes oder Gemachtes wird der Anspruch des Objekts, abstrakt und autonom zu sein, betont. Es gibt keine Spuren, keine Details, kaum Unregelmäßigkeiten, an denen das Auge hängen bleibt. Bei *Untitled 1962* hingegen ergibt sich im Nachvollzug der Maserung von Astloch zu Astloch unwillkürlich eine Rhythmisierung des Blicks, die der Fixierung des Raumes durch das Objekt entgegensteht. *Untitled 1963* vermeidet das und kommt dadurch der Idee des spezifischen Objektes näher, wie sie Hubermann beschreibt:

> »Angesichts dieser Objekte wird es nichts zu glauben oder zu imaginieren geben, da sie nicht lügen, nichts verbergen, nicht einmal die Tatsache, dass sie leer sein können. [...] Nichts wird hier ›ausgedrückt‹, folglich geht nichts aus etwas hervor, da es ja keinen Ort, keine Verborgenheit gibt, wo sich etwas verbergen könnte, um daraus wieder hervorzukommen, um irgendwann wiederaufzutauchen« (Hubermann 1999, S. 43f.).

Die Abstinenz vom Außerästhetischen steht in Zusammenhang mit der gespannten Bündigkeit der Form des spezifischen Objekts: Es macht Ernst mit der Form, es gibt kein Spiel der Teile, keine lockeren, assoziativen Verbindungen, sondern strikte Gegensätze. Nicht nur bezüglich der Definition des Raumes in den Kategorien Tiefe, Höhe, Breite, rund oder rechtwinklig, offen oder geschlossen etc., sondern auch bezüglich der Farbe und der Materialarten. Rot trifft bei Judd auf Schwarz, Gelb auf Grün, matt auf glänzend, Holz auf Metall, Plexiglas auf Stahl etc. – es gibt keine gleitenden Übergänge der Materialarten, sondern Gegensätze der Materialien.

Der Minimalismus ist von der Form besessen. In der Konfrontation der Farben, Formen und Materialarten der einzelnen Teile treten diese zu einer einheitlichen Konstellation zusammen, die in diesen frühen Arbeiten von Judd den Raum als Geformtes thematisiert. Das minimalistische Objekt gibt dem Betrachter/der Betrachterin keine darüber hinausgehende Botschaft mit. »What you see is what you see« (Frank Stella) – nichts mehr und nichts weniger, es soll der Idee nach keinerlei Referenz auf Empirisches, keine Bezugnahme auf etwas, was dem Objekt äußerlich wäre, geben.

»The space of art is made by thought«, so Judd (zit. n. Serota 2004, S. 61) – sein Objekt will, indem es Raum herstellt, Gedachtes darstellen. Dieser Raum ist insofern leer, als er sich einer Hermeneutik entzieht: Die geformte Gestalt lässt sich in keinen anderen Inhalt übersetzen als in Form. »Der Formbegriff markiert die schroffe Antithese der Kunst zum empirischen Leben« (Adorno 1973, S. 213). Das spezifische Objekt möchte ein tautologisches Objekt sein. In der radikalen Tendenz zur reinen Form zeigt das spezifische Objekt, gerade indem es diese nie erreichen kann (reine Form wäre rein Gedachtes), die Crux der Form: Um Form zu werden, braucht das Kunstwerk etwas anderes, was zu Form werden soll – das Material, die Teile, die Judd in seinem Atelier zufällig fand. Das In-Form-Bringen der Teile verwandelt diese in etwas anderes, Nichtpartikulares. In der Formgebung wird nicht nur mit einem Außerästhetischen äußerlich verfahren, sondern die Form *widerfährt* dem Material; in Form bringen heißt immer auch *ver*formen. Um Form zu werden, braucht es zu formendes Material, welches, in Form gebracht, zu etwas anderem wird, als bloßes Material zu sein, ohne sich in Luft aufzulösen. Die Form ist nichts Vorabgegebenes, was einem Vorästhetischen wie ein Stempel gewaltsam aufgedrückt würde – sie greift aber sehr wohl in das Vorästhetische ein.[3] »Kunst gerät in die Schuld des Lebendigen, nicht nur, weil sie durch Distanz die eigene Schuld des Lebendigen gewähren läßt, sondern mehr noch, weil sie Schnitte durchs Lebendige legt, um ihm zur Sprache zur verhelfen, es verstümmelt« (ebd., S. 217). Das spezifische Objekt kehrt im Museum der Welt, aus der es kommt, den Rücken. Es verbirgt – fast – seine Herkunft aus dem profanen Materialhaufen einer Künstlerwerkstatt, in der dieser unter die Logik der Form gebracht wurde.

Die minimalistische Obsession der Form und die Abstinenz des Objekts von der Referenz auf Außerästhetisches bedingen sich gegenseitig und stehen zugleich in einem Widerspruch: Wäre das Objekt das, was es der Tendenz nach sein will – nur Form –, würde sich das Objekt in eine Idee auflösen. Das Objekt, sagt Judd, ist »a simple expression of complex thought« – als tautologische, reine Form aber wäre es bloßer Gedanke, eine Idee *ohne* Ausdruck. Damit ist das Objekt nicht umstandslos das, was es sein will: Die Einheit der Form stellt sich nicht ohne den Umweg über das Material dar, das Objekt ist nicht ganz bruchlose Einheit der Form. Um den Vorrang der Form auszudrücken, braucht es *etwas*, was nicht *nur* Form ist. Das materielle Objekt als Darstellung von

---

3 Der hiermit zusammenhängenden Bedeutung von Aggression im künstlerischen Akt kann ich hier nicht weiter systematisch nachgehen, thematisch taucht sie aber im vierten Abschnitt wieder auf, in dem ich Sierras Arbeiten als Reaktion auf einen »ungelösten Fall«, also ein Verbrechen, interpretiere. Bemerkenswert vielleicht – für das Nachdenken über Sublimierung, aber auch kriminalistische Untersuchungen selbst –, wie Sierras »Verfolgung des Verbrechens« sadistische Formen annimmt.

Form ist nicht das Gleiche wie die Form selbst. Adorno fasst dies als Gelingen des Werkes in seinem Scheitern: »Die Artikulation, durch die das Kunstwerk seine Form erlangt, konzediert in gewissem Sinn stets auch deren Niederlage« (ebd., S. 219). Im minimalistischen Objekt formuliert sich der Fall, dass die Form zwingend, aber nicht alles sein kann. Diesen und keinen anderen, anderswo entlehnten Inhalt hat das spezifische Objekt – es schert sich um nichts als um ästhetische Kategorien und weist dadurch zugleich auf ein Jenseits der Kunst.

Nichts als die Wirklichkeit – Transformation des Objekts in Taten

Damit kehren wir zurück zu Sierra. Er macht

> »keinen Hehl aus seiner Bewunderung für die Heroen der Minimalart [...], auch keinen Hehl über seinen Unmut über sie. [Er sagt:] ›Im Innersten meines Herzens bin ich ein Minimalist mit einem Schuldkomplex. [...] Für mich sind [die minimalistischen Strategien] aber nur Instrumentarien – ich spreche von etwas anderem. [...] Für mich ist es noch immer eine gute Schule, wenn auch eine Schule mit Meistern, die bis zur Arroganz blind sind‹« (Sierra/Schneider 2004, S. 33).

Sierra bedient sich minimalistischer Strategien, um die abstrakten Objekte »aufzuklären«, zu verweltlichen, bei ihm ist der blinde Fleck der spezifischen Objekte mit Wirklichkeit aufgefüllt. Während Judds Objekte unter dem Diktat der Form vor Außerästhetischem fliehen, stürzen sich Sierras Performances in die Realität des Tauschvorgangs. Zumindest *suggerieren* die Performances von Sierra, dass hier ein alltägliches Geschäft der kapitalistischen Ausbeutung betrieben wird. Von der Arbeit wollen die spezifischen Objekte nichts wissen – weder von der, die zu ihrer Herstellung noch von der, die zur Herstellung anderer Dinge aufgewendet wurde. In Bezug auf den Minimalismus sagt Sierra:

> »[W]enn es darum ging, zum Wesen des produzierten Gegenstandes vorzudringen, verstehe ich nicht, wie dieser Weg zum Quader und nicht zur Ware führen konnte. [...] Nicht leere Gefäße zu entdecken ist das Interessante, sondern sie zu verwenden [...]. [Ich sehe] den Minimalismus als ein Arsenal von Instrumenten, [kann] aber seine inhaltliche Leere nicht ertragen« (Sierra/Schneider 2004, S. 38f.).

Die unerträgliche Leere füllt er mit *realen* Personen und Handlungen. Doch gerade in dieser Strategie der »Auffüllung«, die sich als Gegenentwurf zum minimalistischen Objekt versteht, besteht zugleich eine entscheidende Gemeinsamkeit. Ebenso, wie Judds spezifische Objekte dreidimensionaler Raum als optische Realität *sind*, sind bei Sierras Performances nicht nur die beteiligten Personen und Dinge real, auch der Tauschakt selbst ist »echt«. Es soll hier kein Tauschvorgang *dargestellt* werden, sondern es soll *sein*, was es *ist*: Tausch. Ebenso stellt das Rohr in *Untitled 1962* nicht anderes dar, das Objekt stellt geformten Raum her. Sierras Aktionen scheinen keinen Tauschvorgang zu imitieren, es wird wirklich Geld verausgabt und Arbeitsschritte ausgeführt, keine Darstellung von Handlung, sondern die Beteiligten handeln. Das ist das Spezifische an den Aktionen von Sierra – sie sperren sich gegen ästhetischen Ausdruck, sie dementieren, ästhetische Darstellung zu sein. Ebenso wie das spezifische Objekt möchten Sierras Performances nicht repräsentieren, sondern präsentieren, was sie sind. Insofern sind seine Aktionen im engen Sinne auch keine Performances – denn sie wollen ja eben kein Schauspiel sein.

Sierras Aktionen und Judds Objekte haben somit eines gemeinsam: In beiden Fällen geht es um die Minimalisierung von Referenz. Der entscheidende Unterschied zwischen beiden liegt in der Frage: Referenz auf was? Das minimalistische Objekt möchte nichts als Kunst sein und flieht vor der Bezugnahme auf Nichtästhetisches in die Richtung der Unmöglichkeit der reinen Form. Sierras Aktionen hingegen möchten nichts als die Wirklichkeit sein und fliehen in der Übernahme der minimalistischen Form zugleich vor dieser, um das Ästhetische abzuschütteln.

Wie geht Sierra bei der Ausfüllung des spezifischen Objekts mittels des minimalistischen Handwerkszeugs genau vor? Zunächst einmal treten anstelle des fixen Objekts Handlungsabläufe. Durch die Darstellungsform Performance findet eine Umwandlung in Handlung statt und das bedeutet für die Rezeption: Schriftliche Anweisungen, Fotos, Körper, Dinge, verteilte Dinge im Raum etc. werden nach und nach erfasst. Der Zuschauer rekonstruiert die einzelnen Bestandteile Stück für Stück als Tauschvorgang. Die einzelnen Elemente der Aktionen sind aufeinander bezogen, sie bilden – ebenso wie das spezifische Objekt – eine Einheit, in diesem Fall als Tauschakt. Das Werk gibt es nicht außerhalb der Zeit seiner Aufführung. Und wenn das Publikum nicht direkt anwesend ist, dokumentieren Fotos die Produktion des Werkes. Das spezifische Objekt hingegen verweist nach Möglichkeit nicht auf seinen

Produktionsprozess – bei Sierras Tauschakt *besteht* das Kunstwerk in seiner Durchführung. Im Unterschied zum spezifischen Objekt stellen die Performances eine Einheit dar, innerhalb der etwas passiert: Während das dreidimensionale Objekt Raum konstituiert, in dem Bewegung und Zeit still gestellt worden zu sein scheinen, stellt sich die Aktion als Geschehen von einer bestimmten Dauer im Raum dar. Innerhalb der festgelegten Dauer folgt die Zeit einem bestimmten Rhythmus: Sie ist als Arbeitszeit eingeteilt in Einheiten – es gibt Stundenlohn und festgelegte Arbeitstage.

Sierra versetzt ein zeit- und bewegungsloses Objekt in Bewegung und Zeit, in menschliche Körper, verwandelt von reiner Präsenz der Form in die Sprache der gesellschaftlichen Tatsachen – ganz so, als würde er einen bisher ungelösten Fall aufklären. Sierra schlägt eine Antwort auf die offene Frage, die das spezifische Objekt aufwirft, vor; er verleiht dem leeren Raum Sinn, füllt die Form. Betrachtet man das spezifische Objekt als eine offen gebliebene Frage, auf die Sierra antwortet, so hat das spezifische Objekt, so möchte ich im Folgenden zeigen, Ähnlichkeit mit einem Kriminalfall, an dem bisher »wesentliche Punkte des Tatbestandes, solche der Zeit, des Ortes, der Gelegenheit und des Motivs, rätselhaft geblieben waren« (Reik 1978, S. 249f.).

KRIMINALISTISCHE UNTERSUCHUNG: ÜBERFÜHRUNG DER FORM IN HANDEL

> »Die Kriminalisten haben eine Art Katechismus aufgestellt, nach welchem man bei jedem geheimnisvollen und komplizierten Kriminalfall zu fragen hat: [...] *Was – Wer – Wann – Wo – Wie – Womit – Weshalb?* Gelänge es, alle diese Fragen bei einem Kriminalfall zu lösen, so wäre er vom kriminalistischen Standpunkt gelöst« (Reik 1978, S. 15f.).

Theodor Reik versteht »alle Momente, welche zur Beantwortung einer einzelnen oder aller dieser Fragen geeignet erscheinen, als Indizien« (ebd., S. 16). Ist ein Kriminalfall gelöst, haben sich die Indizien, die zunächst zu deutende Hinweise auf einen möglichen Tathergang waren, in Indizienbeweise des wirklich stattgefundenen Tatherganges verwandelt.

Bei Sierra bewies die Anordnung der Elemente der Aktion: Hier liegt ein Tausch von Geld gegen Körper vor. Nehmen wir seine Arbeit *Eine jeman-*

dem gegen Bezahlung eintätowierte Linie von 30 cm Länge als Beispiel. Das Konzept lautet:

> »Calle Regina 41, Mexiko-Stadt, Mai 1998 – Ich suchte jemanden, der weder Tätowierungen hatte, noch sich welche machen lassen wollte und sich nur wegen des Geldes bereit erklärte, sein Leben lang ein Zeichen auf der Haut zu tragen. Die Person wurde dafür mit 50 Dollar bezahlt« (Sierra/Schneider 2004, S. 134).

Nehmen wir also Sierras Werk als Beispiel für einen Indizienbeweis, wie ihn Reik auffasst, so sind hier in der Tat fast alle Antworten auf die Fragen des kriminalistischen Katechismus enthalten:

- *Was* ist geschehen? Ein Handel hat stattgefunden: Geld gegen Strich.
- *Wer* war beteiligt? Sierra, der zu Tätowierende, eventuell noch jemand, der tätowiert.
- *Wann* hat das Ganze stattgefunden? Im Mai 1998.
- *Wo?* In der Calle Regina 41 in Mexiko-Stadt.
- *Wie* ist es dazu gekommen? Sierra hat sich jemanden gesucht, der sich auf den Handel einlässt.
- *Womit* wurde die Tat durchgeführt? Mit Geld, Farbe und einer Tätowiernadel.

Auf die letzte Frage aber – *Weshalb* – ist die Antwort nicht so klar: Weil Sierra Geld bezahlt hat und eine Person bezahlt wurde? Das Motiv bleibt etwas rätselhaft. Dennoch ist der Fall nahezu vollständig gelöst.

Reik beschreibt die der Kulturgeschichte der unbewussten Bedeutung des Indizes zugrunde liegende Dynamik als eine Verkehrung ins Gegenteil: »Das Indiz bestätigt am Anfange der Kriminalistik den Glauben an die Allmacht, um ihn zuletzt zerstören zu helfen« (Reik 1978, S. 250f.). Anfänglich, so Reik, galten Indizien nicht als Teile einer Spur, an der der genaue Tathergang zu rekonstruieren ist, sondern das Indiz selbst galt bereits als sicherer Beweis. Und zwar dafür, dass etwas *nicht* mit rechten, mit weltlichen Dingen zugegangen war. Als Indiz wurde ein Hinweis aufgefasst, der zu beweisen schien, dass Magie am Werke gewesen war. Es galt als Beleg des Tatbestandes, dass etwas weiter aufzuklären unmöglich sei, es zeigte, so Reik, die magische Verursachung eines Verbrechens an. Am Indiz schien sichtbar zu werden, dass ein Zauberer einen Mord mittels beschwörenden Denkens verübt hatte.

Folgt man Freud, liegt hier eine Gemeinsamkeit von Kunstwerk und

Indiz, denn ihm zufolge steht »Kunst, die gewiß nicht als l'art pour l'art begonnen hat, [...] ursprünglich im Dienste von Tendenzen, die heute zum großen Teil erloschen sind. Unter diesen lassen sich mancherlei magische Absichten vermuten« (Freud 1999, S. 111). Und die Zauberei ist »im wesentlichen die Kunst, die Geister zu beeinflussen« (ebd., S. 97). Die Zauberei ist eine Kunst – und Kunst eine Zauberei: »Mit Recht spricht man vom Zauber der Kunst und vergleicht den Künstler mit einem Zauberer« (ebd., S. 111). Der Künstler spiele und tue damit etwas »der Befriedigung Ähnliches [...] dieses Spielen [ruft] – dank der künstlerischen Illusion – Affektwirkungen hervor [...], als wäre es etwas Reales« (ebd.). Das Spiel des Künstlers heißt Wunscherfüllung – diese allerdings findet, so Freud, nicht in Form der realen Befriedigung statt, sondern Herstellung und Rezeption haben die Form einer Als-ob-Wunscherfüllung. Die Kunst ist nach Freud das Zaubern von Realität, in dem durch wunscherfüllendes Denken eine wunscherfüllende Wirkung erzeugt wird. Die Kriminalistik dagegen verzichtet als wissenschaftlich fundierte Untersuchung von Geschehnissen der äußeren Realität auf den Glauben an die Zauberei – »die wissenschaftliche Phase hat ihr volles Gegenstück in jenem Reifezustand des Individuums, welcher auf das Lustprinzip verzichtet hat und unter Anpassung an die Realität sein Objekt in der Außenwelt sucht« (ebd., S. 111). Nach Freud wäre also die Kunst als ein Relikt des Glaubens an die Allmacht der Gedanken ein Gegensatz zur Kriminalistik.

Reiks psychoanalytische Geschichte des Indizes bezieht sich auf diesen Gegensatz der Allmacht der Gedanken auf der einen und Geschehnisse der äußeren Realität auf der anderen Seite, und beschreibt das Indiz als Spannung zwischen diesen beiden Polen. Weiter begründet er den Wechsel der Bedeutung des Indizes als eine Reaktion auf die unheimliche Wirkung des Glaubens an die Allmacht der Gedanken. Der unbewusste Erfolg einer gelungenen Beweisführung dient demnach dazu, anhand von Tat-Sachen den Glauben an die Allmacht der Gedanken zu widerlegen. Das Indiz verwies zunächst auf das Reich der magischen Mächte, der allmächtigen Gedanken, die unsichtbar sind und unbemerkt von einem unbekannten Ort aus angreifen. Deshalb hat ein unaufgeklärter Fall, so Reik, eine unheimliche Wirkung – insbesondere bei unaufgeklärten Morden wecke das Scheitern der Verwandlung des Indizes in einen Beweis die von diesem verdrängte, alte Bedeutung des Indizes.

»Aus dem Dunkel, in das die Aufklärung jenen primitiven Allmachtsgebrauch gebannt hat, scheint er [...] wieder emporzutauchen. [...] Indizien sind greifbare Zeichen, die beweisen (oder zu beweisen scheinen), daß es keine Verbrechen durch Gedankenallmacht gibt, sondern erweisen, daß wir in einer Welt leben, die nur mechanischen Gesetzen gehorcht. [...] Der Nachweis, daß ein Schuß aus einem bestimmten Revolver stammt, tut dem geheimen Allmachtsglauben erheblichen Abbruch. [...] Die Elemente des Unheimlichen werden ausgeschaltet« (Reik 1978, S. 248f.).

Die Spurensuche des Kriminalisten Sierra nach dem Inhalt der Form des spezifischen Objekts führt zu der Lösung: Kunst sei nicht, wie Judd sagt, »made by thought« – sondern Wirklichkeit. Seine Aktionen treiben dem minimalistischen Objekt seine weitgehende Abstinenz vom Empirischen, die für Sierra unerträgliche Leere, aus. Wie nach der Lösung eines Kriminalfalles erkennen wir in den Aktionen »nun, daß jene Bestätigung unseres Allmachtsglaubens nur eine scheinbare war, daß es Zauberei, Magie, Gedankenmord in unserer nüchternen Welt nicht gibt, daß alles mit natürlichen und künstlichen, keineswegs aber mit übernatürlichen Dingen zugeht« (Reik 1978, S. 249). Sierras Aktionen beschwören Wirklichkeit – die einzelnen Elemente der Performances sollen, wie Indizien, zusammengefügt als Beweis für einen tatsächlichen Vorgang stehen.

AM ENDE EIN UNGELÖSTER FALL ...

Doch ist, wie Sierra behauptet, das Kunstwerk in diesem Fall wirklich nichts als die Wirklichkeit? Zur Erinnerung: Die letzte Frage des kriminalistischen Katechismus – die Frage nach dem *Weshalb* – wurde nicht wirklich beantwortet. Die Bestimmung des Ablaufes der Performances trifft Sierra in der Formulierung des Konzepts. Die Verausgabung von Geld steht am Anfang der Aktion und kennzeichnet den weiteren Verlauf als bezahlte Tätigkeit, die Menschen erniedrigt. Aus der Performance heraus lässt sich aber nicht begründen, *warum* das stattfindet. Der einzige Grund ist: weil Sierra zuvor diesen Einfall hatte. Weshalb werden Menschen dafür bezahlt, wochenlang in Kisten zu sitzen? Wenn es doch egal ist, ob es um die »Produktion von Samen oder von Schrauben« geht, warum wird der leere Kasten von Judd als Kabine einer Peepshow verwendet und nicht für die Verfertigung von Schrauben?

Der Neigungswinkel von 60 Grad ist äußerst schweißtreibend und schlecht für den Rücken – die Wand wäre auch stehenbleiben, hätte dieser 50 oder 70 Grad betragen. Die Wahl der 60 Grad ist aber nicht dem bloßen Zufall geschuldet, sondern gerade der Tatsache, dass dieser Neigungswinkel zu einem hohen Grad der Belastung der Arbeiter führt. Das Motiv, der Zweck der Verausgabung von Geld für Ausbeutung um der Ausbeutung willen, für die brutale Aneignung der Körper als Ware gegen Bezahlung, weist hier nicht über die subjektive, willkürliche Entscheidung Sierras hinaus, wie hoch der bei der Arbeit entstehende Leidensdruck zu sein habe.

Und gerade darin unterscheiden sich seine Inszenierungen vom kapitalistischen Tausch von Geld gegen die Ware Arbeitskraft. Der Sadismus von Sierras Performances ist lediglich subjektiv motiviert und hierin steckt die Differenz zur gesellschaftlichen Realität kapitalistischer Praxis. Hier hat die Aneignung von Arbeitskräften durchaus eine, wenngleich nicht weniger irrationale, Funktion, die im Konkretismus und im Vorrang des subjektiven Motivs der Performances von Sierra verschluckt wird: Die Produktion von *Mehrwert* als Zweck und Resultat des Kapitalkreislaufes, der als unsichtbarer Motor der Produktion und der Umsetzung von Geld in Ware und Ware in Geld außer Reichweite der Regie subjektiven Interesses regiert. »Der kapitalistische Produktionsprozeß ist daher auch nicht bloß die Produktion von Waren. Er ist ein Prozeß, der unbezahlte Arbeit absorbiert, Material und Arbeitsmittel – die Produktionsmittel – zu Mitteln der Absorption unbezahlter Arbeit macht« (Marx 1964b, S. 376). Die »Frucht des Kapitals«, Mehrwert, wird nicht aus der Bezahlung um der Bezahlung willen, sondern aus der *unbezahlten* Verausgabung von »Hirn, Muskel, Nerv« geschöpft – das ist das Vertrackte. »Die Mehrarbeit der Arbeitskraft ist die Gratisarbeit des Kapitals und bildet für den Kapitalisten Mehrwert, einen Wert, der ihm kein Äquivalent kostet. Das Produkt ist daher nicht nur Ware, sondern mit Mehrwert befruchtete Ware« (ebd., S. 43). Die Marx'sche Formel für den Kauf bloßer Ware, für nicht spezifisch kapitalistische Ware, ist *G-W*, Geld gegen Ware – dieser Tausch wird in Sierras Inszenierungen vollzogen. Das spezifisch kapitalistische ist markiert durch ... den Strich. *G-W-G'*, Geld – Ware – Mehrgeld, lautet die vollständige Formel für den Kreislauf des Geldkapitals, der, wie Marx schreibt, die »schlagendste und charakteristischste Erscheinungsform des industriellen Kapitals, dessen Ziel und treibendes Motiv« (Marx 1964a, S. 65) ist.

Geld gegen Strich

Im Pochen der Performance darauf, nicht Schauspiel, nicht Darstellung, nicht Nachahmung, sondern realer ökonomischer Vorgang zu sein, taucht ein ästhetisches Moment auf: Sie ist Dargestelltes und Darstellung zugleich. Die Aktionen *sind* in der Tat Kunstwerk und kapitalistische Ware zugleich – und das macht die Performance zu einer spezifischen Ware: zu einer Ware, die sich selbst spielt. Das, was sie aber zu einer kapitalistischen Ware macht, ist nicht Gegenstand der Performance – hier zeigt sich ein anderer Strich. Der im Tausch gestiftete Zusammenhang der Elemente Geld, Arbeitskraft und Ware in Sierras Aktionen stellt eine schräge Pose der kapitalistischen Realität dar. »Die Zweckmäßigkeit der Kunstwerke, durch den sie sich behaupten, ist nur der Schatten der Zweckmäßigkeit draußen. Ihr ähneln sie nur der Form nach« (Adorno 1973, S. 209). Die Form ist der Spielraum, in der ein Warentauschkrimi gespielt wird – aber eben nur *als ob* ...

In die Form eines ästhetischen Indizes gebracht, stellt sich am Geld als Element der Kunstperformance zugleich der Fetisch des Geldes in Kapitalform dar, in dem

> »Geld die Gestalt Gottes ist, seit er vom Himmel fiel. Nichts anderes stellt es dar als den gegen die Menschen verselbständigten gesellschaftlichen Zusammenhang der Menschen untereinander, der einst als göttlichen Ursprungs gedacht worden war und nicht weniger rätselhaft dadurch wurde, daß er in die Brieftasche paßt. Im Fetischcharakter des modernen Geldes schleppt sich gewissermaßen dessen archaische Erbschaft fort« (Pohrt 1990, S. 41).

Das Motiv bleibt allemal im Dunkel.

In ihrem Fetischcharakter sind Ware und Kunst der Form nach verwandt. Wie das Indiz zwischen seiner Bedeutung als Beweis für die Allmacht der Gedanken und als Beweis für Objekte der äußeren Realität eingespannt ist, bestimmt sich Kunst, wie Adorno schreibt, als Aporie zwischen »der Regression auf buchstäbliche Magie« und dem »mimetischen Impuls an dinghafte Rationalität« (vgl. Adorno 1973, S. 86f.) – ihr Platz ist zwischen der Zauberei und der Kriminalistik. Insofern ist der Satz der Konfirmandin nicht nur ein Versprechen: Wie in der Gesellschaft und zugleich anders geht es in der Kunst mit rechten und zugleich nicht mit rechten Dingen zu.

Literatur

Adorno, Theodor W. (1993): Ästhetische Theorie. Frankfurt a.M. (Suhrkamp-Verlag).
Freud, Sigmund (1999): Totem und Tabu. GW Bd. IX. Frankfurt a.M., (Fischer-Verlag).
Hubermann, Didier (1999): Was wir sehen blickt uns an. Zur Metapsychologie des Bildes. München (Fink-Verlag).
Marx, Karl (1964a): Das Kapital – Kritik der politischen Ökonomie, 2. Band. Marx-Engels-Werke, Bd. 24. Berlin (Dietz-Verlag).
Marx, Karl (1964b): Theorien über den Mehrwert. Marx-Engels-Werke, Bd. 26. Berlin (Dietz-Verlag).
Pohrt, Wolfgang (1990): Der Geheimagent der Unzufriedenheit. Balzac – Rückblick auf die Moderne. Berlin (Tiamat-Verlag).
Reik, Theodor (1978): Der unbekannte Mörder. Psychoanalytische Studien. Hamburg (Hoffmann und Campe Verlag).
Serota, Nicholas (Hg.) (2004): Donald Judd [aus Anlass der Ausstellung Donald Judd, Tate Modern, London, 5. Februar – 25. April 2004, K20 Kunstsammlung am Grabbeplatz, Düsseldorf, 19. Juni – 5. September 2004, Kunstmuseum Basel und Museum für Gegenwartskunst, 2. Oktober 2004 – 9. Januar 2005]. Köln (Dumont-Verlag).
Sierra, Santiago & Schneider, Eckhard (2004): Santiago Sierra: 300 tons and previous works [published on the occasion of the Exhibition »Santiago Sierra, 300 Tons«, April 3 to May 23, 2004, Kunsthaus Bregenz]. Köln (Kunsthaus Bregenz).

Autorinnen und Autoren

Rolf Haubl, Prof. Dr. Dr., Jg. 1951, Diplompsychologe und Sprachwissenschaftler, Gruppenlehranalytiker (DAGG) und Supervisor (DGSv), Professor für Soziologie und psychoanalytische Sozialpsychologie an der Johann Wolfgang Goethe-Universität Frankfurt am Main sowie Direktor des Sigmund-Freud-Instituts.

Arbeitsschwerpunkte: Krankheit und Gesellschaft, sozialwissenschaftliche Emotionsforschung, Sozioökonomie.

Oliver Decker, Jg. 1968, Studium der Psychologie, Soziologie und Philosophie an der Freien Universität Berlin, nach dem Abschluss zum Diplom-Psychologen 1997 wissenschaftlicher Angestellter an der Medizinischen Fakultät der Universität Leipzig, 2003 Promotion zum Doktor der Philosophie mit der Schrift »Der Prothesengott« (Universität Kassel), 2010 Habilitation an der Leibniz Universität Hannover (Venia Legendi für Sozialpsychologie). Seit 2010 Vertretungsprofessor für Sozialpsychologie an der Universität Siegen.

Er ist u. a. Herausgeber der Zeitschrift »Psychoanalyse – Texte zur Sozialforschung« und Mitherausgeber der Zeitschrift »Psychotherapie & Sozialwissenschaften«. Die unter seiner Leitung (zusammen mit Elmar Brähler) entstandenen »Mitte«-Studien zum Rechtsextremismus bestimmen die öffentliche und wissenschaftliche Debatte zum Thema maßgeblich mit. 2011 erschien im zuKlampen Verlag sein neues Buch »Der Warenkörper – Zur Sozialpsychologie der Medizin«.

Claus-Dieter Rath, Dr. rer. soc., Psychoanalytiker in Berlin und Mitbegründer der Freud-Lacan-Gesellschaft – Psychoanalytische Assoziation Berlin und des Psychoanalytischen Kollegs. Sekretär für psychoanalytische Forschung bei der Fondation Européenne pour la Psychanalyse.

Arbeits- und Interessensschwerpunkte: Konzeptionen der Deutung in der klinischen psychoanalytischen Arbeit; Was in der psychoanalytischen Kur wirkt; Freud'sche »Kulturarbeit« und die psychoanalytische Kur.

Veröffentlichungen über Fragen der psychoanalytischen Praxis, der Geschichte der Psychoanalyse und über die Massenpsychologie des Alltagslebens. Mitherausgeber von: Lacan und das Deutsche. Die Rückkehr der Psychoanalyse über den Rhein (hrsg. mit Jutta Prasse), Freiburg i.Br. 1994; Jahrbuch für klinische Psychoanalyse (hrsg. mit André Michels, Peter Müller und Achim Perner), Tübingen (edition diskord), 1998ff.

Jean Clam, Prof. Dr., Philosoph, Soziologe und Psychoanalytiker. Forscher am Centre National de la Recherche Scientifique, Paris.

Forschungsprojekte: Philosophie und Epistemologie der Sozial- und Humanwissenschaften; Intimität, Sexualität, Gesellschaft. Zum Wandel des Begehrens und seiner Theorie.

Neuere Buchpublikationen: Was heißt: Sich an Differenz statt an Identität orientieren? Zur De-ontologisierung in Philosophie und Sozialwissenschaft, Konstanz (UVK), 2002; Trajectoires de l'immatériel. Contributions à une théorie de la valeur et de sa dématérialisation, Paris (CNRS Editions), 2004; Kontingenz, Paradox, Nur-Vollzug. Grundprobleme einer Theorie der Gesellschaft, Konstanz (UVK), 2004; Sciences du sens. Perspectives théoriques, Strasbourg (Presses Universitaires de Strasbourg), 2006; L'intime: Genèses, régimes, nouages. Contributions à une sociologie et une psychologie de l'intimité contemporaine, Paris (Ganse Arts et Lettres), 2007; Aperceptions du présent. Théorie d'un aujourd'hui par-delà la détresse, Paris (Ganse Arts et Lettres), 2009.

Robert Heim, Prof. Dr. phil., Studium der Psychologie, Philosophie und Sozialwissenschaften in Zürich und Paris. Promotion über den französischen Strukturalismus, Habilitation 1991 an der Universität Hannover über die Handlungsrationalität der Psychoanalyse. Ausbildung zum Psychoanalytiker in Zürich, seit 1993 in eigener Praxis in Frankfurt am Main tätig. Zwischen

1988 und 2007 lehrte er an der Universität Hannover psychoanalytische Sozialpsychologie, seit 2007 am Fachbereich Gesellschaftswissenschaften der Universität Frankfurt am Main. Publikationen zur Theorie und Praxis der Psychoanalyse, insbesondere zu ihren Anwendungen in den Bereichen Gesellschaft, Religion und Kultur.

Buchveröffentlichungen: Die Rationalität der Psychoanalyse, Frankfurt a. M. 1993; Utopie und Melancholie der vaterlosen Gesellschaft, Gießen 1999; Unterwegs in der vaterlosen Gesellschaft. Zur Sozialpsychologie Alexander Mitscherlichs (hrsg. mit E. Modena), Gießen 2008.

Hannes Gießler, Leipzig, Jg. 1979, abgeschlossenes Philosophie- und Geschichtsstudium, seither selbstständig in der Jugend- und Erwachsenenbildung. Nebenbei promovierend: »Der Markt – seine historischen Errungenschaften und das sozialistische Ansinnen seiner Aufhebung«.

Gelegentliche Veröffentlichungen in Zeitschriften, z. B.: Umgebessert, eingetaktet (Dossier über die Oktoberrevolution, die Industrialisierung und die Planwirtschaft), in: Jungle World Nr. 47, 22, November 2007; Beihilfe zur Erschaffung des Neuen Menschen? Verstrickungen und Scheitern der Psychoanalyse im Erziehungswesen der jungen Sowjetunion – ein Indizienprozess, in: Psychoanalyse. Texte zur Sozialforschung (hrsg. von Oliver Decker), Heft 2/2010.

Tobias Grave, Studium der Philosophie, klass. Philologie und Germanistik in Leipzig und Nantes. Staatsexamen für das höhere Lehramt in Deutsch und Ethik/Philosophie. Anschließend div. wissenschaftliche Tätigkeiten, u.a. wissenschaftlicher Mitarbeiter an der Universitätsbibliothek Leipzig und Lehrbeauftragter an der Universität Leipzig. Treibt als einzige Form der Spekulation Philosophie auf dem Land.

Horst Kurnitzky, geb. 1938 in Berlin, Studium der Architektur, Philosophie, Soziologie, Germanistik (Linguistik) und Religionswissenschaften (Anthropologie) in Berlin und Frankfurt am Main (Theodor W. Adorno, Max Horkheimer, Klaus Heinrich, Peter Szondi) und Doktor der Religionsphilosophie (1974), Dissertation über den Ursprung des Geldes im Opferkult, »Triebstruktur des Geldes«, an der Freien Universität Berlin. Arbeit als Architekt, Lehre an Universitäten in Deutschland und Mexiko, Vorträge an Universitäten in

West-Europa und Amerika; Berater von Universitäten und Regierungen in Lateinamerika. Verfasser zahlreicher Bücher, Essays und Artikel über Kunst, Kultur, Politik und Gesellschaft; Hörspiele, Features und Radio-Essays über philosophische und anthropologische Themen der Kunst, Kultur, Gesellschaft und Ökonomie. Kurator von Kunstausstellungen und Filmautor.

Buchveröffentlichungen: Versuch über Gebrauchswert, Berlin 1970/1980; Triebstruktur des Geldes, Berlin 1974/1980, Mexiko 1978/1992; Zapata/Berlin 1975/1978; Ödipus, ein Held der westlichen Welt, Berlin 1978/1981, Mexiko 1992; Precioso Dinheiro, Amor Verdadeiro (Das liebe Geld, die wahre Liebe), Lissabon 1985; Der heilige Markt, Frankfurt am Main 1994; Vertiginosa Inmovilidad (Rasende Bewegungslosigkeit), Mexiko 1998; Globalización de la violencia (Globalisierung der Gewalt), Mexiko 2000; Retorno al Destino (Die Wiederkehr des Schicksals), Mexiko 2001; Die unzivilisierte Zivilisation, Frankfurt am Main 2002, Vilnius 2004, Mexiko 2005; Extravíos de la antropología mexicana (Irrwege der mexikanischen Anthropologie), Mexiko/D. F. – Monterrey/N. L. 2006; Chollima Korea, An Inside View of Totalitarianism and Leader Cult (Chollima Korea, eine Innenansicht von Totalitarismus und Führerkult), Lulu/N. Y. 2007.

Kunstausstellungen: Museum des Geldes, Düsseldorf/Eindhoven/Paris 1978–1979; Wand-Bild-Mexiko, Berlin 1982. Filme: Niemanns Zeit, Berlin 1985; El Eco, hommage à Mathias Goeritz, Berlin 1992.

Christoph Türcke, Jg. 1948, Professor für Philosophie an der Hochschule für Grafik und Buchkunst.

Wichtigste Bücher: Erregte Gesellschaft. Philosophie der Sensation (2002); Vom Kainszeichen zum genetischen Code. Kritische Theorie der Schrift (2005); Heimat. Eine Rehabilitierung (2006); Philosophie des Traums (2008); Jesu Traum. Psychoanalyse des Neuen Testaments (2009). Erster Träger des Sigmund-Freud-Kulturpreises (2009).

Sonja Witte, geb. 1979, wohnt in Bremen und hat hier Kulturwissenschaft, Soziologie und Philosophie studiert. Gefördert von der Hans-Böckler-Stiftung, schreibt sie derzeit an ihrer Dissertation »Mensch und Maschine im Kino – Zum Verhältnis von Technik und Zeitlichkeit in der (psychoanalytischen) Filmtheorie«. Neben ihrer Beschäftigung mit psychoanalytischer Kulturtheorie und Kritischer Theorie der Kulturindustrie stellt die Auseinandersetzung mit postnazistischer Generationengeschichte und kollektiver Schuldabwehr der deutschen Verbrechen im Nationalsozialismus einen weiteren Schwerpunkt dar. Hierzu hat sie als Mitglied der Gruppe »kittkritik« den Sammelband »Deutschlandwunder – Wunsch und Wahn in der postnazistischen Kultur« (Ventil-Verlag, 2007) mit herausgegeben.

Martin Eichler, MA; geb. 1978, studierte Philosophie und Soziologie in Leipzig und Cambridge. Promoviert zur Zeit über Karl Marx und arbeitet für die Sächsische Akademie der Wissenschaften.

Psychosozial-Verlag

Wolf-Detlef Rost
Psychoanalyse des Alkoholismus

Michael Tillmann
Ich, das Geräusch

2009 · 308 Seiten · Broschur
ISBN 978-3-8379-2007-9

2009 · 110 Seiten · Broschur
ISBN 978-3-89806-618-1

Dieses Buch will das Verständnis für die Psychodynamik hinter der Sucht fördern und sieht den Alkoholismus als Symptom einer tiefer liegenden Störung. Ausgehend von der psychoanalytischen Theorie werden dazu unterschiedliche Formen von Alkoholabhängigkeit diagnostisch erfasst und an zahlreichen Fallbeispielen erläutert. Darüber hinaus reflektiert der Autor psychodynamisch die gängige Behandlungspraxis sowie die Selbsthilfe und entwickelt ein kausal angelegtes Modell der Behandlung von Süchtigen.

Dieses von psychoanalytischen Gedanken inspirierte Buch will helfen, das individuelle Symptom zu verstehen und mit gesellschaftlichen Einflüssen in Beziehung zu setzen. Während Globalisierung und Moderne entsinnlichen und verstören, fordert der Tinnitus zu einer Kommunikation auf, mithilfe derer diese verloren gegangene Sinnlichkeit wiedergefunden werden kann: Betrachten Sie den Tinnitus nicht als etwas Feindliches, sondern versuchen Sie zu verstehen, was er Ihnen sagen möchte.

Walltorstr. 10 · 35390 Gießen · Tel. 0641-969978-18 · Fax 0641-969978-19
bestellung@psychosozial-verlag.de · www.psychosozial-verlag.de

PSYCHOSOZIAL-VERLAG
ANALYSE DER PSYCHE UND PSYCHOTHERAPIE

Günter Gödde, Michael B. Buchholz Mathias Hirsch

Unbewusstes   **Trauma**

2011 · 138 Seiten · Broschur
ISBN 978-3-8379-2068-0

2011 · 138 Seiten · Broschur
ISBN 978-3-8379-2056-7

Ursprünglich als philosophische Problemstellung aufgekommen, erhob Freud das »Unbewusste« zum Zentralbegriff der Psychoanalyse. Die Autoren zeichnen die Entwicklung des Begriffs in seiner ganzen Vielfalt nach und unterscheiden dabei zwischen einem vertikalen und horizontalen Modell des Unbewussten. Um das Konzept des Unbewussten in all seiner Komplexität zu begreifen, müssen beide Modelle in ihrem Zusammenspiel berücksichtigt werden. Dies birgt ein neues Verständnis des Verhältnisses von psychoanalytischer Theorie und Praxis.

Die Psychoanalyse begann als Traumatheorie, entwickelte sich zur Triebpsychologie und kann heute als Beziehungspsychologie verstanden werden, die (traumatisierende) Beziehungserfahrungen als Ursache schwerer psychischer Störungen sieht. Dabei dient die Internalisierung von Gewalterfahrungen eher der Bewältigung lang andauernder »komplexer« Beziehungstraumata, akute Extremtraumatisierungen haben hingegen Dissoziationen zur Folge. Der Begriff »Trauma« sowie der Umgang mit Traumatisierung in der Therapie werden vorgestellt.

Die kompakten Bände der Reihe »Analyse der Psyche und Psychotherapie« widmen sich jeweils einem zentralen Begriff der Psychoanalyse, zeichnen dessen historische Entwicklung nach und erläutern den neuesten Stand der wissenschaftlichen Diskussion.

Walltorstr. 10 · 35390 Gießen · Tel. 0641-969978-18 · Fax 0641-969978-19
bestellung@psychosozial-verlag.de · www.psychosozial-verlag.de

PSYCHOSOZIAL-VERLAG
ANALYSE DER PSYCHE UND PSYCHOTHERAPIE

Wolfgang Berner
Perversion

Hans Sohni
Geschwisterdynamik

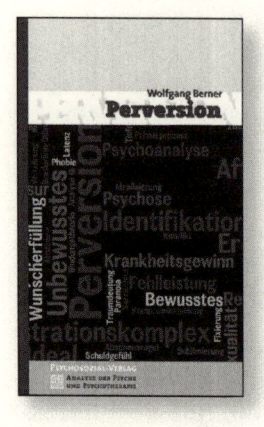

2011 · 139 Seiten · Broschur
ISBN 978-3-8379-2067-3

Erscheint im Oktober 2011 · ca. 140 Seiten
Broschur · ISBN 978-3-8379-2117-5

Das Studium der Perversionen eröffnete Freud tiefe Einsichten in die Funktionsweise von Sexualität und Erotik, die für seine Theoriebildung über die menschliche Psyche von entscheidender Bedeutung waren. Viele dieser Einsichten haben bis heute ihre Gültigkeit, viele wurden inzwischen ergänzt und differenziert. In dem Band wird gezeigt, dass und wie die klassische Psychoanalyse – etwa bei Fetischismus, Exhibitionismus oder Sadismus – hilfreich sein kann. Es werden die für eine Perversionstherapie notwendigen Parameter betrachtet und auch weitere Therapieformen vorgestellt.

Mit Geschwistern verbindet man die Vorstellung von tiefer Verbundenheit, aber auch von Rivalität. Sie sind in Mythologie und Märchen, in Romanen und Filmen allgegenwärtig. Bis in die 1980er Jahre wurden Geschwisterbeziehungen beinahe vollständig aus dem psychoanalytischen Diskurs ausgeblendet. Dem setzt Hans Sohni eine psychoanalytische Entwicklungspsychologie lebendiger Geschwisterbeziehungen entgegen. Er beleuchtet den Einfluss des Geschwisterstatus auf die Persönlichkeitsentwicklung und untersucht die Dynamik von Abgrenzung und Bezogenheit.

Die kompakten Bände der Reihe »Analyse der Psyche und Psychotherapie« widmen sich jeweils einem zentralen Begriff der Psychoanalyse, zeichnen dessen historische Entwicklung nach und erläutern den neuesten Stand der wissenschaftlichen Diskussion.

Walltorstr. 10 · 35390 Gießen · Tel. 0641-969978-18 · Fax 0641-969978-19
bestellung@psychosozial-verlag.de · www.psychosozial-verlag.de